ESO

Educació visual i plàstica I

J. Ricart

TEIDE

Advertiment

D'acord amb la llei, aquest llibre no és un material fungible. Per tant, els exercicis que s'hi proposen no s'han de resoldre in situ, sinó al quadern de l'alumnat. Si al llibre hi ha espais en blanc, requadres buits o línies de punts, és simplement perquè l'alumnat tingui un model o una pauta de resolució.

Coberta
La Page

Disseny de maqueta
Naono SL

Realització tècnica
R. M. del Castillo, A. Muñoz

Maquetació
Admagraf

Il·lustracions
J. Asensio, B. Cuxart, A. Monteys, Pano Estudi, J. Ricart

Fotografies
AGE Fotostock, AISA, Album, Alfa-Omega, Arxiu Teide, M. Clemente, Latin Stock Photos, Oronoz, Prisma

Primera edició, 2015

info@editorialteide.com
www.editorialteide.com

ISBN: 978-84-307-9036-4
Dipòsit legal: B-8543-2015
Imprès a Indice SL - Fluvià 81-87 - 08019 Barcelona

Índex

Cloud Gate, al Millenium Park, Chicago (Estats Units), obra de l'artista Anish Kapoor.

UNITAT 1

El llenguatge visual

1 Les creacions plàstiques i visuals

2 Les imatges

3 Elements del llenguatge visual

4 Tipus de llenguatges visuals

1. Les creacions plàstiques i visuals

El **llenguatge visual i plàstic** és una forma d'expressió i de comunicació que es pot fer servir en qualsevol àmbit: des de l'escola fins, més endavant, en el món laboral. Utilitzem aquest llenguatge quan confeccionem la portada d'un treball escrit, quan fem dibuixos descriptius sobre la natura o quan fem fotografies, quan presentem una informació esquematitzada i en una infinitat d'ocasions més.

Quan manipulem o modelem artísticament una matèria, n'obtenim **creacions plàstiques**. I, com que aquestes creacions artístiques han estat realitzades per ser observades, també s'anomenen **visuals**.

1

En aquestes creacions artístiques podem observar diferents formes d'expressió a través del llenguatge visual i plàstic. Joan Miró utilitzava formes simples i colors primaris; Joaquín Sorolla, formes figuratives i, mitjançant els colors, plasmava la llum del paisatge; Henry Moore s'expressà per mitjà d'escultures de grans dimensions.

1. Mural de Joan Miró, 1952-1953. Barcelona, aeroport del Prat.
2. *La migdiada*, Joaquín Sorolla, 1912. Madrid, Museo Sorolla.
3. *Rei i reina*, Henry Moore, 1898. Dumfries (Escòcia).

2

3

El **llenguatge** és la facultat que té l'ésser humà de poder comunicar els propis pensaments, idees, emocions i desitjos als altres éssers humans. El llenguatge fa servir sistemes de signes i símbols que s'organitzen segons un codi.

Les persones ens comuniquem per mitjà de llenguatges diferents, que usen codis molt diversos. El llenguatge oral, per exemple, està format per sons, que són signes auditius; el llenguatge escrit, en canvi, està format per lletres, que són signes gràfics. Hi ha, també, altres tipus de llenguatges –el musical, el gestual, el visual, etc.– que utilitzen altres signes: el so, els colors, les formes, els gestos, les actituds, etc.

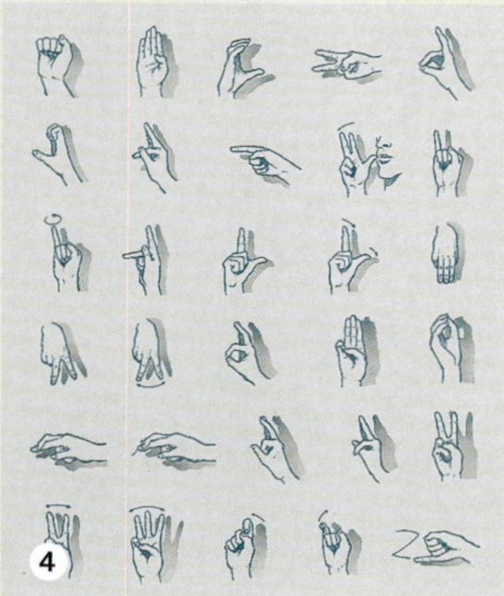

4 L'alfabet dels sordmuts és un llenguatge format per signes visuals.
5 Senyals de circulació.
6 El llenguatge musical té un codi propi; les diverses qualitats del so es representen per mitjà de símbols musicals.

7 Pictogrames per a la senyalització d'una escola d'art de Rotterdam, dissenyats per Bauman Studio (1. lectura; 2. fotografia; 3. comunicacions; 4. teatre; 5. exàmens; 6. geometria; 7. ordinadors; 8. il·luminació; 9. pintura; 10. moda; 11. dibuix; 12. so; 13. aula d'estudi; 14. tipografia; 15. disseny 3D).

Els llenguatges més utilitzats per l'ésser humà són el verbal, l'escrit, el musical, el gestual, i el visual i plàstic. Cada un d'aquests llenguatges es diferencia pels signes, pel codi i per la manera d'utilitzar-los en la comunicació.

1 El llenguatge oral o verbal

En el llenguatge oral o verbal s'utilitzen sons, que són signes auditius que s'agrupen formant paraules. Aquestes paraules s'organitzen seguint unes normes per poder transmetre missatges. Perquè el receptor pugui comprendre els missatges orals, cal que conegui el codi utilitzat.

2 El llenguatge escrit

El llenguatge escrit està format per lletres, que són signes gràfics. L'ordenació de les diverses lletres de l'alfabet segons un determinat codi permet emetre missatges. El llenguatge escrit té el mateix codi que el llenguatge verbal i utilitza diversos signes gràfics per representar els diferents sons del llenguatge oral.

3 El llenguatge musical

En la música s'utilitzen sons que poden ser emesos per la veu humana, per instruments musicals o per objectes diversos. Els sons poden tenir diferents altures, durades, timbres i intensitats, i s'ordenen formant ritmes, melodies i composicions.

4 El llenguatge gestual

En aquest llenguatge s'utilitzen signes que es poden fer amb el cos i que es perceben mitjançant el sentit de la vista. El llenguatge gestual també té un codi. Tant en el teatre i el mim com en la dansa s'utilitza el llenguatge gestual.

Les persones utilitzem constantment el llenguatge gestual per expressar-nos; quan arruguem les celles o esbossem un somriure, ens estem comunicant per mitjà d'aquest llenguatge.

5 El llenguatge visual i plàstic

El llenguatge visual té el seu propi codi de signes: les imatges. Les imatges estan formades per uns elements bàsics que s'interrelacionen mitjançant un codi específic, i això fa que adquireixin un significat.

2. Les imatges

El **llenguatge plàstic i visual** fa servir un codi de signes propi: les imatges. Les imatges estan formades per uns elements bàsics que es relacionen entre ells segons un codi específic, la qual cosa fa que adquireixin un significat.

El concepte d'imatge fa referència a la configuració mental d'allò que percebem a través dels sentits. Generalment, és la representació mental d'alguna cosa real que observem o bé d'alguna idea que tenim sobre allò que hem vist. Podem materialitzar una imatge mental fent-ne una representació en una pintura o en un dibuix.

Convé distingir les creacions o imatges plasmades sobre paper, fusta o una altra superfície de les creacions que tenen volum, fetes amb materials com el fang o la plastilina.

1 Les dimensions de les imatges

Els dibuixos o quadres realitzats sobre una superfície plana, com aquest quadre de Monet, s'anomenen **bidimensionals**. La paraula *bidimensional* significa 'de dues dimensions'. Aquestes obres tenen dues dimensions: amplada i llargada.

1 *Banyistes a La Grenouillère*, Claude Monet, 1869. Londres, National Gallery.

2 *Gat*, Fernando Botero, 1992. Barcelona.

Les creacions que tenen volum, com per exemple l'escultura *El gat*, de Botero, s'anomenen **tridimensionals**. Són representacions en tres dimensions: amplada, llargada i alçada.

Les imatges o representacions mentals –d'allò que hem vist o d'allò que imaginem– són en tres dimensions, ja que aquesta és la nostra manera de veure les coses. No obstant això, sovint les imatges estan materialitzades en dues dimensions, perquè és més ràpid i senzill que fer-ho en tres. Per això s'acostuma a associar el concepte d'imatge amb la representació bidimensional.

2 Tècniques de creació d'imatges

Per diferenciar una imatge d'una altra cal explicar què representen i analitzar el material o tècnica que s'ha utilitzat per crear-les.

A continuació pots veure algunes imatges artístiques en dues dimensions. Aquestes imatges s'anomenen **graficoplàstiques**. Per produir-les, calen tècniques i procediments graficoplàstics adequats per treballar sobre superfícies planes.

3

4

5

6

3 *La cortina egípcia*, Henry Matisse, 1948. Washington, Philips Collection.
4 *Els dofins*, pintura naturalista procedent del palau de Cnossos. Creta (Grècia), Museu d'Heraklion.
5 *Els esposos Arnolfini*, Jan van Eyck, 1434. Londres, National Gallery.
6 *Mare i fill*, Pablo Picasso, 1922. Baltimore (Estats Units), The Baltimore Museum of Art.

Les imatges graficoplàstiques tenen unes característiques molt diferents d'altres que han estat produïdes per mitjà de **procediments fotomecànics** o **informàtics**, com per exemple les fotografies, les pel·lícules, els vídeos... Per crear-les s'han utilitzat materials, tècniques i instruments realment diferents.

7

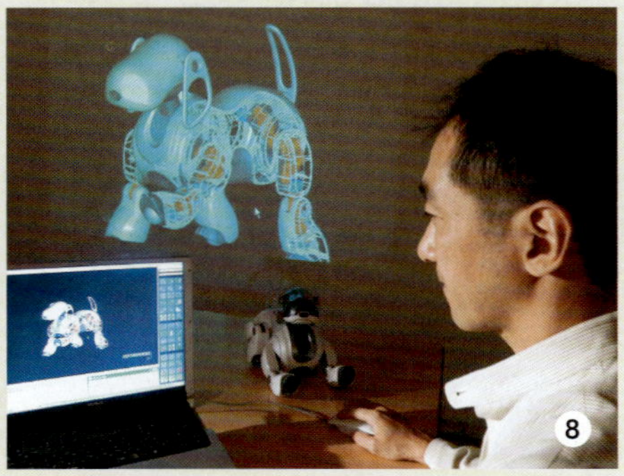
8

7 Fotografia.
8 Imatge realitzada per ordinador.

3. Elements del llenguatge visual

El llenguatge visual, com tot llenguatge, està constituït per un conjunt d'elements bàsics. Aquests es poden classificar en tres grups: **elements visuals**, **elements conceptuals** i **elements de relació**.

1 Els elements visuals

Són els que veiem a primera vista: la **forma**, la **grandària**, el **color** i la **textura**. Aquests elements caracteritzen l'aspecte dels objectes i es perceben amb el sentit de la vista. Generalment, quan descrivim l'aparença d'una cosa, n'esmentem el color, la textura, la grandària i la forma, és a dir, els seus elements visuals.

Exemple de...

Descripció dels elements visuals d'una imatge

En aquesta obra de Paul Cézanne, hi veiem unes **formes** rodones o esfèriques que semblen pomes, de **color** vermell i verd. Les de color vermell són en un **gran** plat de **color** blanc que hi ha **sobre** una taula. La **textura** de la taula i la paret s'ha creat per mitjà de pinzellades.

Natura morta amb pomes, Paul Cézanne, 1890. Museu de l'Ermitage, Sant Petersburg (Rússia).

- La **forma**

És l'aparença externa dels objectes i ens ajuda a descriure'ls. Per exemple, després d'observar la fotografia de la dreta, podem dir que la poma té forma rodona, la taula té forma quadrada, i el got, forma cilíndrica.

- La **grandària**

Es refereix a la mida de les formes. Podem distingir fàcilment un objecte gros entre uns altres de més petits. La grandària de les coses, a més, ajuda a entendre millor l'espai.

• El **color**

És necessari tant per descriure les coses com per representar-les. Ens permet fer que ressaltin uns objectes respecte d'altres i té una gran capacitat expressiva a causa del seu valor simbòlic.

1

2

❶ *El puzle dels micos*, Keith Haring, 1988. Nova York, galeria Tony Shafrazi. En aquesta obra destaca la utilització de colors plans i llampants.

❷ Els colors de la natura canvien segons la llum que els il·lumina. El color d'aquesta flor, per exemple, depèn de la llum que rep.

• La **textura**

És la qualitat de la superfície dels objectes, una qualitat que ens ajuda a percebre'ls i a descriure'ls. Hi ha textures rugoses, suaus, poroses, compactes, delicades...

3

4

❸ Portada de la revista *HQ (High Quality)*, dissenyada per l'estudi de comunicació visual Rolf Müller. En la imatge d'aquesta portada destaca la utilització de la textura.

❹ La textura de la part exterior i interior d'un coco és molt diferent.

2 Els elements conceptuals

El **punt**, la **línia**, el **pla** i el **volum** són elements invisibles, fruit d'un pensament geomètric o racional. Per representar-los gràficament es fan servir materials diversos i unes tècniques anomenades *tècniques graficoplàstiques*.

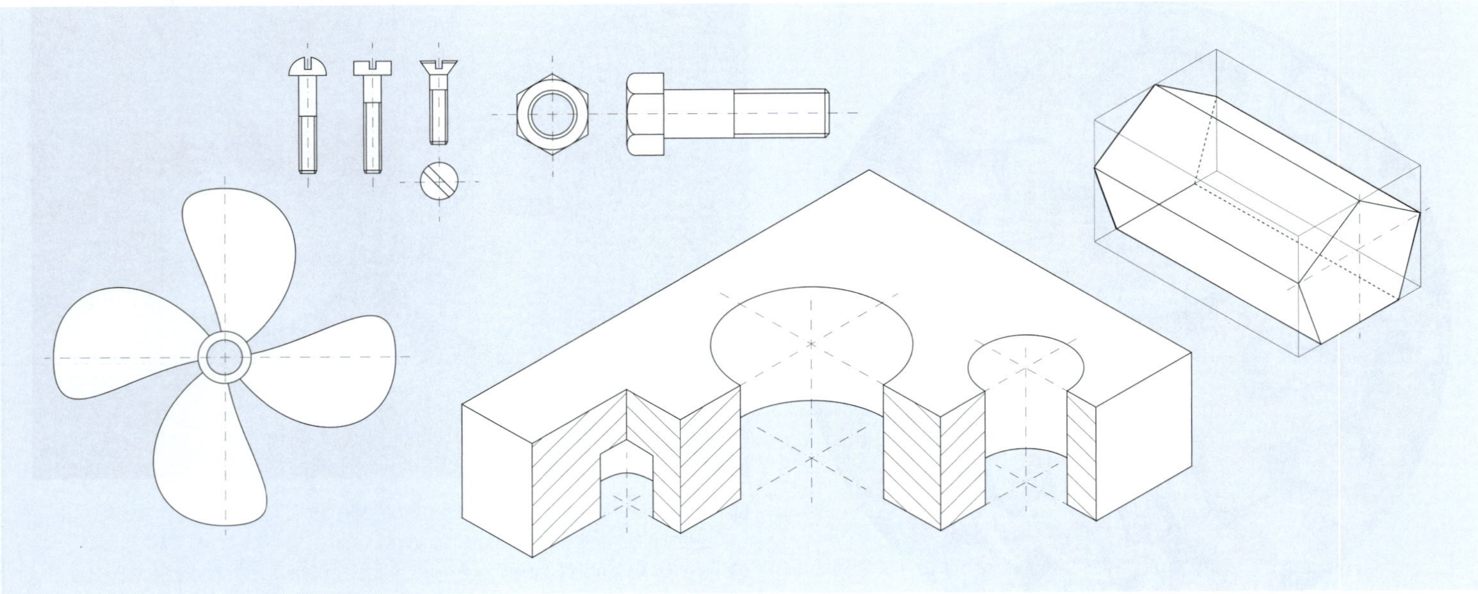

- El **punt** és la representació gràfica més petita i elemental.
- La **línia** s'obté per acumulació de punts, l'un seguit de l'altre. Les línies poden ser rectes o corbes.
- El **pla** és un espai determinat per dues línies rectes que es tallen. Aquest espai té dues dimensions.
- El **volum** és l'espai que ocupen els objectes. Té tres dimensions i queda delimitat per dos plans.

1 *Pinta del vent*, obra d'Eduardo Chillida, 1977. Sant Sebastià (Donostia).

2 *L'Heure de Tous*, obra de l'escultor neorealista Arman, 1985. París (França).

3 i 4 Interior i exterior del Guggenheim Museum, projectat per Frank Lloyd Wright, 1956-1959. Nova York (Estats Units).

3 Els elements de relació

La **posició**, l'**equilibri**, l'**ordre** i la **proporció** són elements de relació. S'anomenen així perquè organitzen i relacionen els elements visuals i conceptuals d'una determinada composició.

5 *El Crist de sant Joan de la Creu*, Salvador Dalí, 1951. Glasgow (Escòcia), Mungo Museum of Religious Art and Life.
En aquest quadre de Dalí es pot observar com els elements de relació (proporció, equilibri, perspectiva) ajuden a produir un impacte visual més gran.

6 Cartell per a una exposició dissenyat per August Media, 1997.
Quan es dissenya un cartell, cal tenir en compte que la relació entre els diferents elements (textos i imatges) és molt important per aconseguir captar l'atenció i crear impacte.

7 Cartell de la companyia aèria Fly Emirates a l'entrada de l'Aeroport Internacional de Dubai (Unió dels Emirats Àrabs).

4. Tipus de llenguatges visuals

Els llenguatges visuals són els que fan servir les imatges per portar a terme l'acte de comunicació. Dins del grup dels llenguatges visuals hi ha els llenguatges visuals tradicionals (el dibuix, la pintura, l'escultura), les arts fotomecàniques (la fotografia, el gravat, el cinema, el vídeo i la televisió) i el disseny. Cadascun d'aquests llenguatges té uns elements i una sintaxi propis.

1 Arts plàstiques

Les arts plàstiques són llenguatges visuals que fan servir procediments i tècniques graficoplàstiques. Les arts plàstiques es coneixen també amb el nom de *llenguatges visuals tradicionals*, i durant molt de temps van ser les úniques que es van utilitzar en la creació d'imatges.

El dibuix

En general, es considera que el dibuix és una representació gràfica realitzada preferentment sobre una superfície plana i utilitzant el traç o les línies com a element bàsic.

Les característiques bàsiques que diferencien els dibuixos de les altres imatges són les següents:

- El *suport*: es fan sobre superfícies llises i lleugeres, com ara el paper.
- La *tècnica*: es fan servir estris que milloren el traç, com ara el llapis, el plomí, el carbonet... Així mateix, l'ordinador permet crear línies i traços; també és, per tant, una eina de dibuix.
- Les *dimensions*: generalment són reduïdes.

1

2

❶ *Estudis per a la sibil·la Líbia*, Miquel Àngel (Michelangelo Buonarroti). Nova York, Museu Metropolità d'Art.

❷ *Dona baixant les escales amb un nen als braços*, Rembrandt (Harmensz van Rijn). Nova York, Perpont Morgan Library.

La pintura

La pintura és una representació sobre una superfície preferentment bidimensional. Els elements bàsics de la pintura són la forma, el color i la textura. Aquests elements plàstics varien considerablement segons les tècniques i els procediments que s'utilitzen.

3 *Triple retrat de Carles I*, rei d'Anglaterra, Anton van Dyck, 1636. Londres (Regne Unit), Royal Collection.

L'escultura

L'escultura és una representació artística tridimensional o volumètrica. Els principals elements plàstics de l'escultura són la forma i l'espai; el material i la textura també són factors molt importants.

Les escultures són formes tridimensionals que es desenvolupen en l'espai i es poden observar des de diversos punts de vista. Per veure la complexitat d'una obra escultòrica, sovint l'espectador s'ha de moure al seu voltant i ha d'observar-la des de diversos punts de vista. En canvi, en el dibuix i la pintura l'espectador pot mantenir una actitud pràcticament immòbil.

4 *Laocoont i els seus fills.* Art grec (segle I aC). Roma, Museus del Vaticà.

5 *L'últim ídol*, Eduardo Paolozzi, 1963. Colònia, Ludwig Museum.
Paolozzi va incorporar tota mena de materials i objectes en la seva obra: rodes, anuncis d'aspiradores, llaunes de préssec, imatges d'estrelles de Hollywood...

2 Disseny

Dissenyar és projectar la forma i les característiques d'un objecte que s'ha de produir industrialment.

Generalment, els dissenyadors es valen del dibuix o del traç com a mitjà d'expressió.

En el camp del disseny trobem diverses disciplines o especialitats:

Disseny de l'espai

Aquesta especialitat inclou totes les disciplines relacionades amb la configuració de l'espai: l'arquitectura, l'interiorisme, l'escenografia i l'aparadorisme.

1

2

❶ i ❷ Interior i exterior del Museu Guggenheim de Bilbao, projectat per l'arquitecte Frank Gehry, 1992-1997.

Disseny del producte

Consisteix a definir la forma i els materials dels objectes que s'han de fabricar industrialment. El disseny del producte inclou el disseny d'objectes d'ús habitual: electrodomèstics, mobles, objectes decoratius, eines de treball, cotxes, etc.

3

4

❸ Cadira dissenyada per a la Hill House, obra de C. R. Macintosh, 1902-1903. Macintosh va projectar cases, interiors, mobles i objectes decoratius, i és considerat un dels pioners del disseny.

❹ *Cadira vermella-blava*, Gerrit T. Rietveld, 1918. El disseny d'aquesta cadira reflecteix l'estètica del grup De Stijl: colors primaris, formes geomètriques planes i línies horitzontals i verticals.

Disseny gràfic i de la imatge

El disseny gràfic i de la imatge s'ocupa de la comunicació de missatges a través d'imatges o de representacions visuals. També s'anomena *disseny de la comunicació*.

Dins d'aquest àmbit hi ha diverses especialitats: el disseny editorial, l'embalatge, la il·lustració, la publicitat i el disseny de la imatge corporativa.

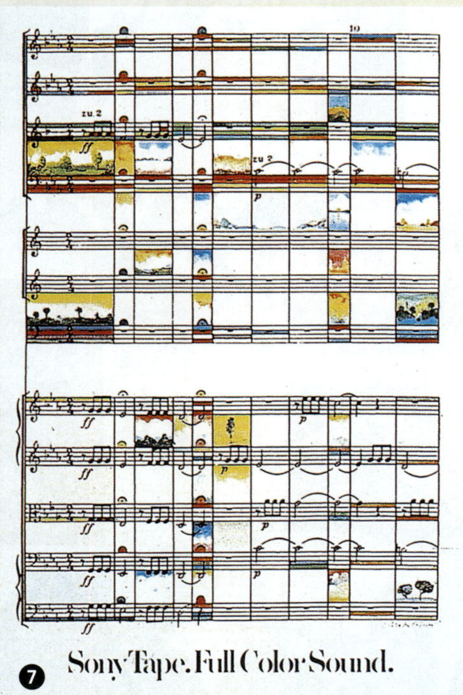

5 El disseny editorial defineix l'aspecte que han de tenir els llibres, els diaris, les revistes i les publicacions de tota mena.

6 La identitat corporativa és el programa de disseny que identifica una empresa, associació o institució. Això inclou tant el disseny de la marca com la seva aplicació a tots els suports de comunicació: papereria bàsica, expositors, cartells, publicitat, etiquetes, objectes de regal...

7 Pòster i anunci de la casa Sony, Milton Glasser. Els cartells tenen l'objectiu d'atreure l'atenció de les persones. Cal que siguin imatges de lectura fàcil i que siguin eficaços a l'hora de convèncer els espectadors que comprin o consumeixin allò que s'hi està anunciant. Aquesta eficàcia s'aconsegueix amb els colors, la tipografia, les imatges i la composició general del cartell.

8 Embalatge d'oli d'oliva. La venda d'un producte es pot incrementar gràcies al disseny de l'embalatge. Els colors vius i la il·lustració d'aquesta capsa esdevenen un reclam en les prestatgeries d'una botiga.

Disseny tèxtil i d'indumentària

El disseny tèxtil i d'indumentària comprèn tant el disseny dels estampats dels teixits com el disseny de les peces de roba per fer vestits. Els dissenyadors de moda són els encarregats de definir l'aspecte de les peces de roba que es produeixen industrialment.

3 Còmic

Els primers còmics amb la forma i les convencions actuals van aparèixer a finals del segle XIX, coincidint amb el descobriment del cinema. Tant el cinema com el còmic són narracions fetes amb seqüències d'imatges que es desenvolupen en un determinat espai de temps. Per això, el llenguatge del còmic té força elements comuns amb el del cinema.

En el còmic, en comptes de les imatges fotogràfiques, s'utilitzen dibuixos fets en vinyetes, i la reproducció de la veu i el so es fa per mitjà de textos escrits. Els diàlegs entre els personatges es posen dins de bafarades i els sons es representen per mitjà d'onomatopeies.

Abans de començar a dibuixar un còmic, és important planificar el nombre de vinyetes que hi haurà i la distribució dels diàlegs en les diverses vinyetes. A més, cal assegurar-se que la connexió entre dues vinyetes consecutives sigui clara i que no es perdi el fil conductor de la història.

1 Tira de còmic de Mafalda, dibuixada per Quino (extreta del llibre *10 años con Mafalda*, Lumen, 1973).

2 Diferents tipus de vinyetes en una pàgina de còmic.

3 Ús de diferents tipus de vinyetes en una pàgina del dibuixant de còmic Sergio Toppi.

Les vinyetes

La **vinyeta** representa la part mínima de la narració en un temps determinat i correspon als moments més importants de la narració o la història que s'explica. Cada vinyeta mostra un moment diferent de la narració i, després d'una vinyeta, n'hi haurà una altra que farà referència a un moment posterior.

Les vinyetes poden tenir diferents mides i formats: rectangulars (horitzontals, verticals), circulars, quadrades, etc. Cada vinyeta pot tenir un enquadrament diferent segons el tipus de pla (general, de detall, etc.) i l'angle de visió (picat, normal, etc.).

L'espai que separa la vinyeta s'anomena **blanc** o **carrer** i actua com una transició que connecta les diferents imatges que s'han dibuixat. Segons com sigui aquest espai, la transició pot ser més o menys suau.

Els textos

Els textos serveixen per expressar els diàlegs i pensaments dels personatges, donar informació sobre la narració i representar els sorolls i sons.

Els diàlegs i pensaments dels personatges s'escriuen dins d'un espai anomenat **bafarada** o **globus**. La bafarada té una petita cua que assenyala el personatge que està parlant. Quan es vol indicar un pensament, la bafarada es representa en forma de núvol i la cua com a petits núvols.

Quan el text es refereix a la veu en off o del narrador, s'acostuma a posar dins d'un rectangle anomenat **cartel·la** que va situat a la part superior de la vinyeta.

4 Bafarades i cartel·les per fer parlar els personatges.

Els sorolls i sons es representen fent **onomatopeies**. Les onomatopeies són lletres dibuixades que poden ser dins o fora d'una bafarada. Són més o menys grans i amb un determinat tipus de traç, segons la intensitat del so que han de representar. Alguns exemples són *xof*, que representa una cosa que cau a l'aigua; *glup*, que significa empassar; *crac*, que remet a la idea de cruixir o trencar-se; etc.

El moviment

Per representar el moviment s'utilitzen les **línies cinètiques**. Aquestes línies són traços de diferent tipus i direcció que suggereixen un determinat moviment. Per exemple, per representar el moviment circular d'un determinat objecte es poden fer traços circulars que l'envoltin; amb un llarg traç en una direcció i sentit determinat es representa la trajectòria d'un moviment.

5 Diferents tipus d'onomatopeies i signes per representar sons, cops i altres efectes.

4 Fotografia

La fotografia es basa en el registre de la llum reflectida pels objectes sobre un suport bidimensional sensible a la llum. De fet, la paraula *fotografia* significa 'escriure amb llum'.

En el cas de la fotografia tradicional, el registre de la llum es fa sobre una pel·lícula de plàstic transparent, recoberta de substàncies químiques sensibles a la llum. En canvi, en la fotografia digital, un sensor registra la llum.

L'instrument que s'utilitza per registrar la llum és la *càmera fotogràfica*. La càmera fotogràfica és un aparell més o menys sofisticat que a través de l'*objectiu* capta la llum reflectida pels objectes i la dirigeix a la zona del fons, on hi ha la pel·lícula o el sensor sensible a la llum. A través del *visor* de la càmera es pot *enquadrar* la part de la realitat que ens interessa fotografiar, ja que s'hi pot veure el que quedarà gravat a la pel·lícula o sensor.

❶ Quan fem una fotografia, seleccionem la part de la realitat que ens interessa.

5 Cinema

El naixement del cinema va tenir lloc l'any 1895 a París. Els germans Lumière en van fer la primera exhibició pública amb les pel·lícules *La sortie des ouvriers de l'usine Lumière* i *Arrivée du train à la Ciotat*. Per projectar aquestes pel·lícules van fer servir un aparell que ells mateixos havien inventat: el cinematògraf.

❷ Cartell d'anunci del cinematògraf dels germans Lumière.

❸ Cinematògraf dels germans Lumière.

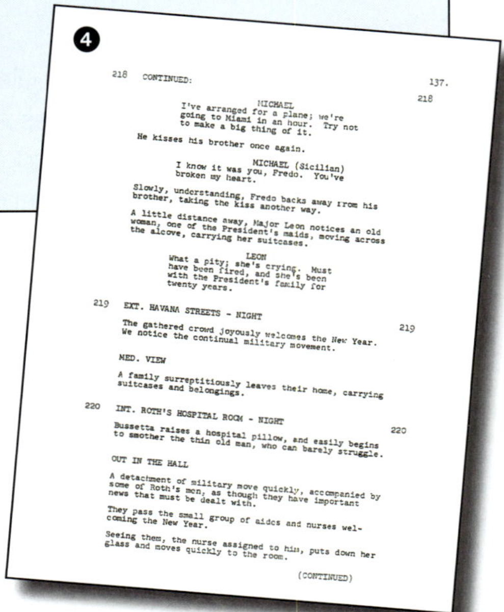

218 CONTINUED: 137.

218

MICHAEL
I've arranged for a plane; we're going to Miami in an hour. Try not to make a big thing of it.

He kisses his brother once again.

MICHAEL (Sicilian)
I know it was you, Fredo. You've broken my heart.

Slowly, understanding, Fredo backs away from his brother, taking the kiss another way.

A little distance away, Major Leon notices an old woman, one of the President's maids, moving across the alcove, carrying her suitcases.

LEON
What a pity; she's crying. Must have been fired, and she's been with the President's family for twenty years.

219 EXT. HAVANA STREETS - NIGHT 219

The gathered crowd joyously welcomes the New Year. We notice the continual military movement.

MED. VIEW

A family surreptitiously leaves their home, carrying suitcases and belongings.

220 INT. ROTH'S HOSPITAL ROOM - NIGHT 220

Bussetta raises a hospital pillow, and easily begins to smother the thin old man, who can barely struggle.

OUT IN THE HALL

A detachment of military move quickly, accompanied by some of Roth's men, as though they have important news that must be dealt with.

They pass the small group of aides and nurses welcoming the New Year.

Seeing them, the nurse assigned to him, puts down her glass and moves quickly to the room.

(CONTINUED)

❹ Pàgina del guió literari d'*El padrí II*, de Francis Ford Coppola, 1974.

El cinema mostra una seqüència de fotografies, anomenades *fotogrames*, l'una darrere de l'altra, a un ritme constant. Actualment, per crear la sensació de moviment, es fan servir vint-i-quatre fotogrames per segon.

En el cinema intervenen els llenguatges escrit, oral, visual, musical i gestual. Tots aquests llenguatges es troben interrelacionats i configuren el llenguatge cinematogràfic. En el tractament cinematogràfic de l'argument, és fonamental la representació del pas del temps.

Abans de començar a filmar una pel·lícula, s'ha de fer un **guió** en el qual es planifiquen l'argument, els diferents temps, l'ordre en què es desenvolupa la narració, la música, etc. El **guió cinematogràfic** està format per un guió literari i un guió tècnic. En el guió literari s'inclouen tots els diàlegs de cada escena, i en el guió tècnic s'especifiquen els detalls d'il·luminació, efectes especials, moviments de la càmera, so, etc.

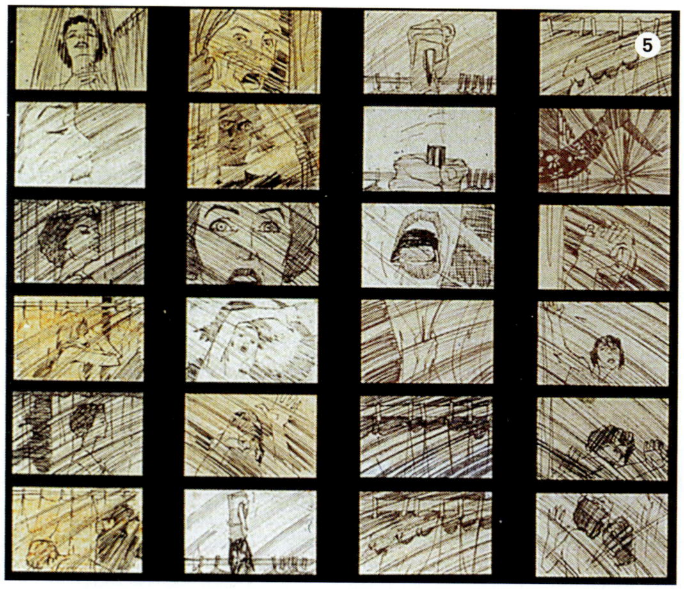

5 Guió il·lustrat d'una pel·lícula o *storyboard*, Saul Bass. En aquesta sèrie de vinyetes hi podem veure representat el desenvolupament del guió d'un fragment d'una pel·lícula.

Amb el guió se sol confeccionar un tipus de còmic que es coneix amb el nom de **guió il·lustrat** o ***storyboard*** i que consisteix a il·lustrar amb dibuixos les indicacions del guió tècnic.

Les vinyetes del guió il·lustrat representen quin tipus d'enquadrament, pla i punt de vista es vol registrar amb la càmera cinematogràfica. Al costat de cada vinyeta s'indica el temps que ha de durar el pla i els moviments de càmera que hi ha entre pla i pla.

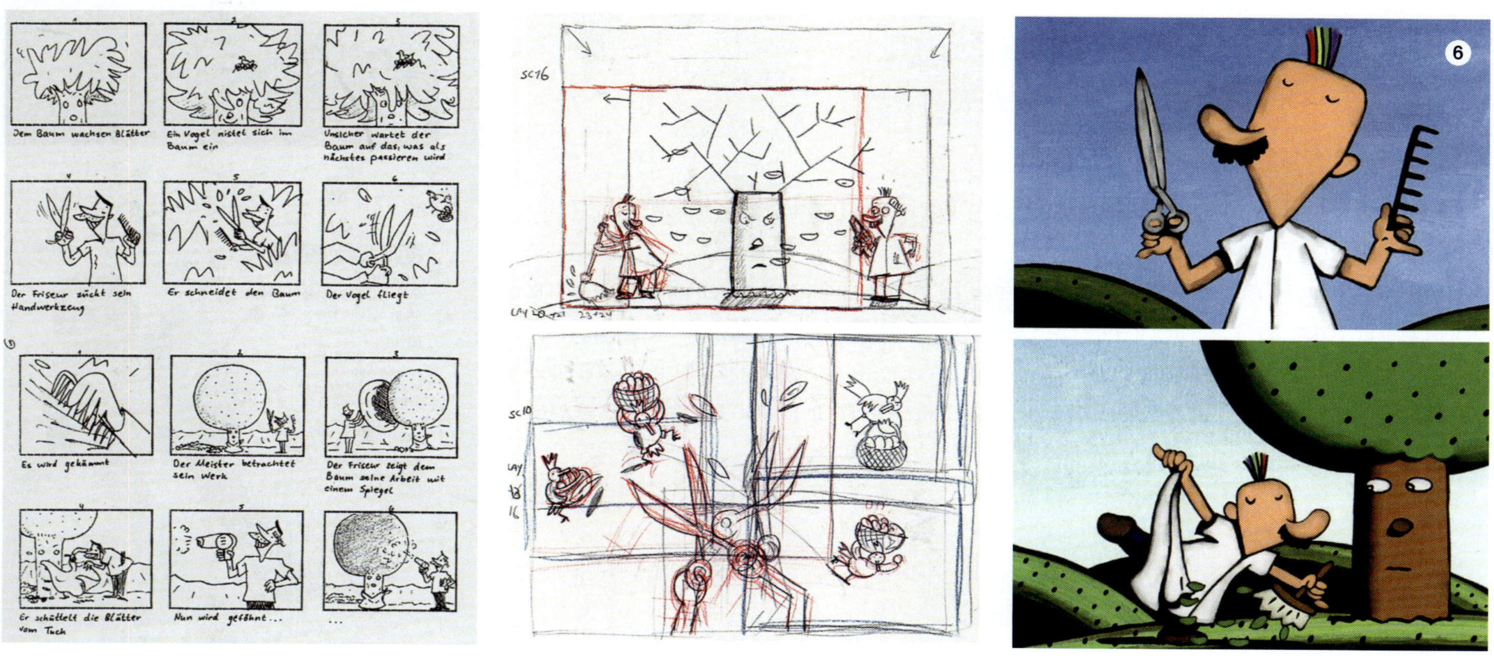

6 Guió il·lustrat i fotogrames de la pel·lícula d'animació *Trim Time*, creada per Gil Alkabetz.

6 Vídeo

El vídeo és un procediment d'enregistrament i reproducció d'imatges en moviment i so per mitjà d'una cinta magnètica. Actualment, però, ja no s'utilitza aquest suport, sinó senyals electrònics que són processats per un ordinador. Això permet fer modificacions i retocs mitjançant programes informàtics i aconseguir resultats més duradors i de més qualitat.

El vídeo i el cinema fan servir imatges molt semblants i comparteixen un mateix llenguatge i unes mateixes formes de producció audiovisual

7 Televisió

La televisió és el mitjà de comunicació de masses amb més poder comunicatiu i ha contribuït en gran manera a la conversió del món contemporani en un veïnatge universal.

La televisió transmet sons i imatges en moviment per mitjà d'ones electromagnètiques o d'un cable. L'invent de la televisió s'atribueix a l'escocès John Logie Baird, que, l'any 1926 i després de diversos intents, va aconseguir enregistrar i televisar el moviment de les persones.

El 1932 la cadena **BBC** (British Broadcasting Corporation) de Londres va començar a emetre programes de televisió amb regularitat, i a la dècada dels cinquanta la televisió ja estava estesa pertot arreu.

La tècnica de producció de la televisió s'assembla molt a la del cinema. Tanmateix, el llenguatge televisiu és molt més pròxim i té moltes més coses en comú amb el llenguatge radiofònic. Tant la ràdio com la televisió transmeten la informació per mitjà d'ones i de manera pràcticament immediata.

8 Nous llenguatges visuals

Infografia

La infografia és la creació d'imatges per mitjà de la tecnologia informàtica.

Actualment, en la premsa escrita es fa servir la infografia per transmetre un nou tipus d'informació. La infografia ha permès sintetitzar la informació en un ens visual en què es combinen imatges i textos, cosa que facilita la lectura de la informació. A més, la infografia també s'ha utilitzat en diversos àmbits de la creació artística.

❶ Gravació d'una seqüència en vídeo.
❷ Sala de control de televisió.
❸ Gràfic de la guia oficial dels Jocs Olímpics de Nagano (1998), en què es pot veure la utilització de la infografia per facilitar la lectura de la informació.

Pàgines web

Les pàgines web són documents visuals que podem veure a través de la pantalla de l'ordinador quan estem connectats a Internet. Les pàgines web estan formades per textos, imatges estàtiques, imatges en moviment i sons, i s'utilitzen per transmetre continguts de tota mena. Gràcies als enllaços, fent un clic amb el ratolí podem navegar per diferents zones de la pàgina i accedir a altres pàgines.

Al començament, les pàgines web feien servir el llenguatge del disseny gràfic, però actualment han desenvolupat un llenguatge propi. El llenguatge de les web ve determinat per la tecnologia i canvia de manera constant, a mesura que es van millorant les capacitats de comunicació a través dels ordinadors i d'Internet. En l'actualitat, Internet s'ha convertit en una eina poderosa de treball i comunicació. El disseny gràfic és un aspecte molt important que cal considerar en la creació d'una pàgina web.

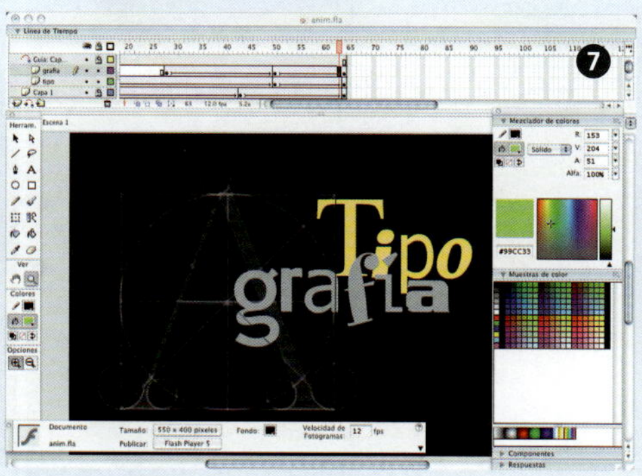

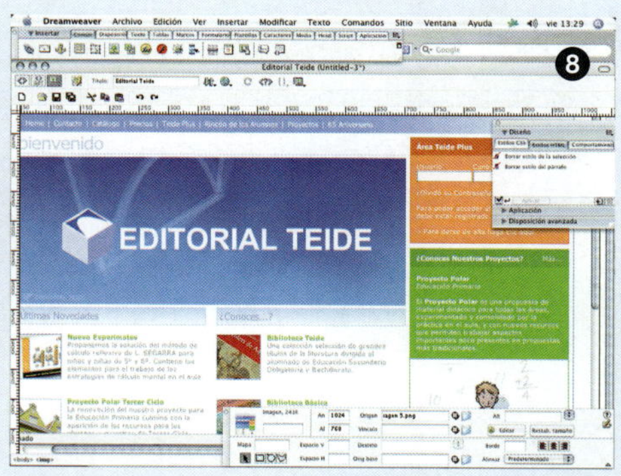

Internet és una font d'imatges i informació. Hi ha molts llocs i pàgines web on podem trobar informació sobre art i disseny.

❹ Lloc web de la revista *Visual*, especialitzada en temes de disseny gràfic.

❺ Lloc web del Museu del Disseny de Londres.

❻ Lloc web del Museu del Prado.

❼ i ❽ En l'actualitat, alguns dels programes més utilitzats en el disseny de pàgines web són el Macromedia Flash i el Dreamweaver.

Què recordo?

1. Què és el llenguatge?
2. Quins signes s'utilitzen en el llenguatge gestual?
3. Quins són els elements visuals del llenguatge plàstic i visual?
4. Què entenem per *imatge*?
5. Què significa *bidimensional*?
6. Quin tipus d'imatge és una pintura?
7. Quina és la diferència bàsica entre un dibuix i una fotografia?
8. Quins són els llenguatges visuals tradicionals?
9. Quina semblança hi ha entre el cinema i la televisió?
10. Com es podria definir el disseny?

Públic visitant obres d'art al Museu Metropolità d'Art de Nova York.

UNITAT 2

La comunicació visual

1 Elements bàsics de la comunicació
2 Significats de les imatges
3 Les imatges de la premsa, la publicitat i la televisió

1. Elements bàsics de la comunicació

La comunicació és l'intercanvi d'informació entre un emissor i un receptor. Quan aquest intercanvi es realitza amb procediments i tècniques visuals com la fotografia, el dibuix, el vídeo, etc., parlem de comunicació visual.

La **comunicació visual** és l'intercanvi de missatges per mitjà d'imatges; per tant, tot el que veiem pot formar part de la comunicació visual.

En la comunicació visual, com en tots els tipus de comunicació, es poden identificar els elements següents:

- **Emissor:** persona o grup de persones que emeten el missatge.
- **Receptor:** persona o grup de persones que el reben i experimenten una reacció com a conseqüència de la percepció del missatge.
- **Missatge:** allò que es comunica.
- **Codi:** conjunt de signes i regles que s'utilitzen per transmetre un missatge. Els humans ens podem comunicar per mitjà del llenguatge verbal, el llenguatge musical, i el llenguatge plàstic i visual. Perquè la comunicació es produeixi de manera satisfactòria, és fonamental que tant l'emissor com el receptor coneguin aquest llenguatge.
- **Canal:** és la via de transport del missatge. Els mitjans graficoplàstics, com la pintura, l'escultura, el dibuix..., i els mitjans tecnològics, com la fotografia, el cinema i la televisió, són canals de comunicació visual. Qualsevol interferència que es produeixi en un canal i dificulti la comprensió d'un missatge s'anomena *soroll*.
- **Referent o context:** és el mitjà o context social en què es produeix la comunicació. Cada època i lloc geogràfic implica un determinat context.

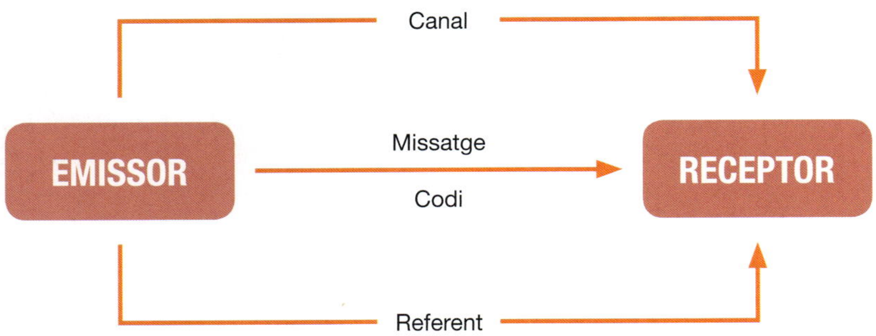

La comunicació visual, com qualsevol altre tipus de comunicació, presenta una sintaxi, que ordena el codi que s'utilitza per fer possible la comunicació. Aquesta sintaxi està formada per una determinada combinació dels elements del llenguatge visual (el color, la forma, el punt, la línia...), que es relacionen i ordenen per crear missatges visuals amb significat.

❶, ❷ i ❸ A dalt es pot veure el cartell que anuncia una conferència sobre la sida; al centre, una persona llegint aquest missatge; a sota, el canal utilitzat per transmetre'l.

1 El codi en la comunicació visual

En tota comunicació s'intercanvien missatges en un codi de signes concret. Aquest codi és compartit per l'emissor i el receptor.

El codi del llenguatge escrit està format per signes, les lletres; el del llenguatge oral també està format per signes, els sons. El llenguatge visual, per la seva banda, utilitza un codi de signes propi, les **imatges**. Les imatges que podem veure al carrer, per televisió, a l'institut i als comerços transmeten missatges visuals per mitjà d'un codi de signes que cal saber interpretar.

Així, en el codi de la comunicació visual, un signe és una imatge que podem percebre amb la vista a partir d'una forma, el **significant**, i que té un sentit per a l'emissor i el receptor: el **significat**.

4

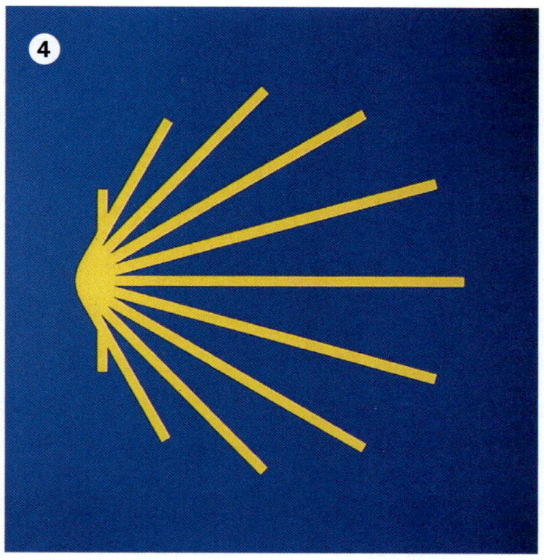

❹ Signe gràfic del camí de Sant Jaume, dissenyat per Macua & García Ramos.

❺ El significant del signe de la suma (+) és una creu formada per dues línies perpendiculars que es tallen. El significat del signe és el concepte de suma.

❺

$$\begin{array}{r} 3789 \\ +\,2534 \\ \hline 6323 \end{array}$$

6

Sovint, els signes formen part d'un conjunt i només poden transmetre informació quan es troben combinats amb altres signes del mateix context.

❻ Poema visual de Joan Brossa, 1984, Barcelona. Les lletres de l'alfabet són un conjunt de signes gràfics que representen sons.

❼ L'interrogant és un signe gràfic que es col·loca al final d'una pregunta.

7

Al llarg del temps, els éssers humans han anat creant uns codis de **signes convencionals**, és a dir, llenguatges.

❽ Escut distintiu del gremi de terrissaires de Barcelona, segle XIV. Els escuts són signes visuals que representen famílies, poblacions, entitats...

❾ Escut de l'empresa automobilística italiana Ferrari.

8

9

2 Finalitats dels missatges visuals

En tot tipus de comunicació, l'objectiu principal de l'emissor és que el missatge sigui entès pel receptor. Perquè la comunicació sigui satisfactòria, cal que el receptor conegui el codi i, per tant, pugui entendre el missatge.

Tots els missatges tenen una finalitat comunicativa determinada. Algunes vegades, l'emissor vol expressar els seus sentiments i transmetre les seves emocions al receptor; altres vegades, simplement vol transmetre una informació, i en alguns casos, pot tenir la intenció de convèncer l'espectador d'alguna cosa. Sovint els missatges visuals tenen més d'una finalitat comunicativa; però, així i tot, sempre n'hi ha una que té més pes que les altres.

Les principals finalitats comunicatives que tenen les imatges són les següents:

Finalitat informativa

Consisteix a descriure alguna cosa i a transmetre aquesta informació a l'espectador de la manera més entenedora possible. La majoria de fotografies de premsa, els dibuixos científics i la major part de les il·lustracions i fotografies dels llibres tenen una finalitat, bàsicament, informativa.

❶ *Doffer boys*, Lewis Hine, 1909. En l'actualitat, aquesta imatge ens dóna informació sobre les condicions de vida i de treball a començaments del segle XX a Geòrgia.

Finalitat comunicativa

Els cartells i els anuncis publicitaris pretenen convèncer l'espectador d'alguna cosa i en busquen la complicitat. El receptor d'aquestes imatges té molt clar quin és el codi que s'utilitza en la creació del missatge.

❷ Anunci publicitari d'un suc de tomàquet mitjançant el qual es vol convèncer l'espectador que és un producte natural i de qualitat.

❸ Cartell d'anunci del Holland Music Festival, dissenyat per Dick Elffers. La finalitat d'aquest cartell és anunciar un festival de música i animar el receptor a participar-hi.

Finalitat expressiva

La imatge transmet l'actitud de l'emissor i les seves emocions sobre el missatge que està comunicant. La majoria de les obres d'art mostren la visió personal que tenen els artistes que les han creat; per tant, tenen una finalitat expressiva.

4

5

❹ *La solitud organitzativa*, Miquel Barceló, 2008. Col·lecció privada de Miquel Barceló.
❺ *Mare amb nen mort II*, Pablo Picasso, 1937. Madrid, Museo Nacional Centro de Arte Reina Sofía.

Finalitat estètica

Consisteix a utilitzar els elements del llenguatge visual més adequats per aconseguir que la comunicació sigui al màxim d'efectiva. Aquesta finalitat es troba en la majoria dels missatges publicitaris i també en moltes obres d'art.

6

7

❻ Decoracions geomètriques de l'Alhambra de Granada.
❼ Cartell de lletres de neó d'una pizzeria.

2. Significats de les imatges

El **significat** d'una imatge és allò que interpreta el receptor quan la mira, i inclou qualsevol sentiment, idea o concepte que aquesta imatge li transmet. El significat d'una imatge pot ser de diversos tipus: hi ha imatges emotives, que transmeten sentiments, i altres que només descriuen fets. No obstant això, en general el significat d'una imatge inclou els aspectes següents:

- **Valors expressius.** Són els aspectes més emotius que trobem en una imatge: els sentiments i les emocions que transmeten.

❶ *Madonna de Belvedere (Madonna del Prato)*, Rafael Sanzio (Raffaello), 1506. Viena, Kunsthistorisches Museum.

❷ *La núvia del vent*, Oskar Kokoschka, 1913. Basilea, Kunstmuseum Basel.
L'autor va prescindir dels elements anecdòtics per expressar emocions.

1

2

- **Temàtica.** És el tema o els elements reals que es poden reconèixer en una imatge: un paisatge, un retrat, una natura morta, un objecte...

3

❸ *Un parell de sabates*, Vincent van Gogh, 1885. Amsterdam, Museu Van Gogh.

- **Simbolisme.** A algunes imatges se'ls atribueix un significat que no es correspon amb els elements que representen i és fruit d'unes associacions fetes per l'espectador, degudes a experiències personals o culturals. Els senyals de trànsit són un exemple d'imatges en què el significat atribuït ha estat fruit d'un acord. En canvi, hi ha altres imatges, com el colom –que representa la pau– o el cor –que representa l'amor–, que no se sap com ni quan es van convertir en símbols. Llegir una imatge significa entendre el missatge que comunica. Per poder interpretar correctament el missatge que transmet una imatge, és necessari conèixer els elements que la integren i fixar-se en com s'han organitzat.

4 *El crani de bou*, Pablo Picasso, 1942. París, col·lecció particular.
Aquest crani és el símbol de la mort i està situat davant d'una finestra tancada a l'esperança. Amb aquesta imatge simbòlica Picasso va voler representar el drama humà de la Segona Guerra Mundial.

5 *El colom de la pau*, Pablo Picasso. La Corunya.

1 Procés en l'anàlisi d'imatges

El **nivell descriptiu** és, sovint, el primer pas en l'anàlisi d'una imatge. Consisteix a fer una relació detallada del contingut de la imatge. No es tracta d'interpretar allò que significa, sinó de descriure la forma, el color, la textura i la composició de la imatge analitzada.

❶ Cartell per al diari *L'intransigeant*, Adolphe Jean-Marie Mouron (A. M. Cassandre), 1925. París.

❷ Esquema compositiu del cartell.

L'anàlisi d'aquest cartell de Cassandre, en un nivell descriptiu, podria ser el següent:

- **Aspectes generals:** és un cartell en què s'anuncia el diari *L'intransigeant*; té un format rectangular apaïsat.

- **Textos:** una part del nom del diari està escrita amb lletres majúscules i en grans dimensions. A la primera part, les lletres *L'intr* són de color negre; a la resta del nom, són de color blanc. En una mida més petita, i en color negre, es pot llegir la frase *Le plus fort*.

- **Descripció de la imatge:** s'hi pot veure la cara esquematitzada d'una persona que sembla que estigui parlant. A l'orella hi arriben diversos fils de telègraf.

- **Colors:** n'hi ha pocs: el blanc, el negre, un color lila i un to marró.

- **Composició:** la imatge té una composició en diagonal, però està molt equilibrada. El seu centre d'interès és en l'orella de la figura i en el nom del diari. La figura principal de la cara destaca sobre el fons de color negre.

L'**anàlisi icònica** de la imatge del cartell podria ser el següent:

- La imatge representa una dona (Marianne, la veu simbòlica de França) que, en veu ben alta, difon les notícies que rep per mitjà dels fils del telègraf.
- L'expressió *L'intra*, que és l'abreviació amb què es coneixia el diari, i l'eslògan *Le plus fort* ens indiquen les qualitats d'aquest diari.
- El cartell va ser creat per convèncer els ciutadans de l'eficiència i rapidesa del diari a l'hora de transmetre informacions d'actualitat. En aquella època, el telègraf era el sistema de comunicació més ràpid i eficaç que hi havia.

❸ i ❹ Aquests dos cartells, dissenyats per David Gentleman, formen part d'una campanya en contra de la construcció d'una carretera.
En aquest cas, el context és fonamental per comprendre el significat de la imatge.

Exemple de...

Activitat d'anàlisi d'una imatge

Fixa't en la resolució d'aquesta activitat d'anàlisi d'una pintura:

Dins de cada rectangle, cal escriure l'expressió que correspongui a l'aspecte de la pintura d'Edvard Munch que s'analitza.

Les paraules a triar són:

rostre deformat – cel vermell i taronja – expressionista – malestar interior – corbes sinuoses – vertical (91 × 73,5 cm) – sofriment personal – oli i tremp – retrat i paisatge – solitud i angoixa

TÈCNICA – oli i tremp

FORMAT – vertical (91 × 73,5 cm)

TEMA – retrat i paisatge

ESTIL – expressionista

El crit, Edvard Munch, 1893. Oslo.

ANÀLISI DESCRIPTIVA
- rostre deformat
- cel vermell i taronja
- corbes sinuoses

ANÀLISI ICÒNICA
- malestar interior
- sofriment personal
- solitud i angoixa

2 Les imatges i el seu context

Fins a l'aparició de la fotografia (segle XIX), la pintura, el dibuix i el gravat eren, gairebé, les úniques tècniques que s'utilitzaven per a la creació d'imatges bidimensionals. Amb la invenció i popularització de la fotografia, el principal objectiu de les imatges graficoplàstiques –la representació fidel de la realitat– queda relegat a un segon pla, i les finalitats estètiques i expressives adquireixen més protagonisme.

Al segle XX es produeixen nombrosos canvis socials i econòmics, i es pateixen dues guerres mundials. Tot això provoca una revolució en les imatges, que en aquest segle adquireixen noves finalitats comunicatives. En les imatges artístiques podem observar una finalitat, sobretot estètica i expressiva; en el disseny gràfic i la publicitat predomina la finalitat comunicativa, i en la fotografia destaca la finalitat representativa.

❶ Cartell per al Festival Beethoven dissenyat per Michael Cronin i Shannon Terry, 1983.
Les flames i les formes dels cabells de Beethoven representen la passió i l'expressió de la seva música.

❷ *El pont de Westminster*, André Derain, 1906. París, col·lecció particular.
Els pintors fauvistes van destacar per l'aplicació plana i extensa del color i per la intensitat cromàtica de les seves obres.

❸ *Mort d'un milicià* (detall), Robert Capa, 1936. Londres, Magnum Photos.
Capa procurava acostar-se tant com fos possible al tema fotografiat per obtenir una bona imatge.

La finalitat de les imatges ha anat canviant al llarg del temps, però, de fet, sempre depèn del subjecte que les contempla. Quan s'observa fora de context una imatge que, en un moment històric anterior, va ser creada amb una finalitat comunicativa concreta, es produeix un canvi en la seva finalitat.

❹ Frontal de Soriguerola, segle XIII. Barcelona, Museu Nacional d'Art de Catalunya.
Les pintures romàniques tenen una funció religiosa i educativa. Actualment són considerades un testimoni valuós del passat i són apreciades, bàsicament, pels seus aspectes estètics i compositius. En canvi, han perdut la funció pedagògica per a la qual van ser creades.

Significat de les imatges segons el context

A continuació podem veure una obra de Goya en què el context és un element imprescindible per entendre'n el significat.

❺ *La família de Carles IV*, Francisco de Goya, 1800. Madrid, Museu del Prado.

Al principi, aquest retrat tenia una finalitat decorativa. Carles IV va encarregar al pintor Francisco de Goya un retrat de família per a una de les estances del Palau Reial. En l'actualitat s'exposa al Museu del Prado, a Madrid, i cada dia el contemplen moltes persones interessades en la història i l'art en general.

Si ens fixem en l'estil d'aquesta obra, podem observar que Goya recorre a unes pinzellades i contrastos de color que no s'utilitzaven en aquella època, ja que s'allunyaven de l'estil naturalista propi del moment. En canvi, uns quants anys més tard, aquest estil seria utilitzat pels pintors impressionistes.

Una altra cosa que sorprèn en aquesta obra són els rostres i les postures d'alguns dels personatges retratats. Es desconeix si la intenció del pintor era fer una caricatura i una crítica o si només volia retratar-los sense fer cap concessió a l'afalac, encara que es tractés de la família reial.

La interpretació que el pintor fa dels membres de la família reial és diferent de la que era habitual en els pintors de l'època. En aquell moment, es considerava una falta de destresa o habilitat no retratar-los d'una manera més afavorida.

Posteriorment, en canvi, aquest tret seria molt valorat i es consideraria una habilitat de Goya per captar la psicologia dels personatges. Per això, alguns pintors impressionistes consideren Goya un referent.

3. Les imatges de la premsa, la publicitat i la televisió

En l'actualitat, la major part de missatges visuals que rebem provenen del món de la premsa, la publicitat i la televisió. Aquest tipus d'imatges tenen característiques pròpies que estan condicionades pel llenguatge i la tècnica utilitzats.

Avui li regalem tres làmines d'El Llibre d'Or de l'Art Català

elPeriódico de Catalunya

DIMARTS 28

La caiguda de Hong Kong causa l'enfonsament de tots els mercats occidentals

Wall Street tanca per impossibilitar un crac històric

L'enfonsament de Nova York

7.715,4 7.160,9 7.570,1 7.520,2 12.00 h

L'índex Dow Jones baixa 554 punts i dispara l'alarma instal·lada el 1987

El sistema de seguretat no va poder frenar el pànic dels inversors

Les borses espanyoles pateixen les

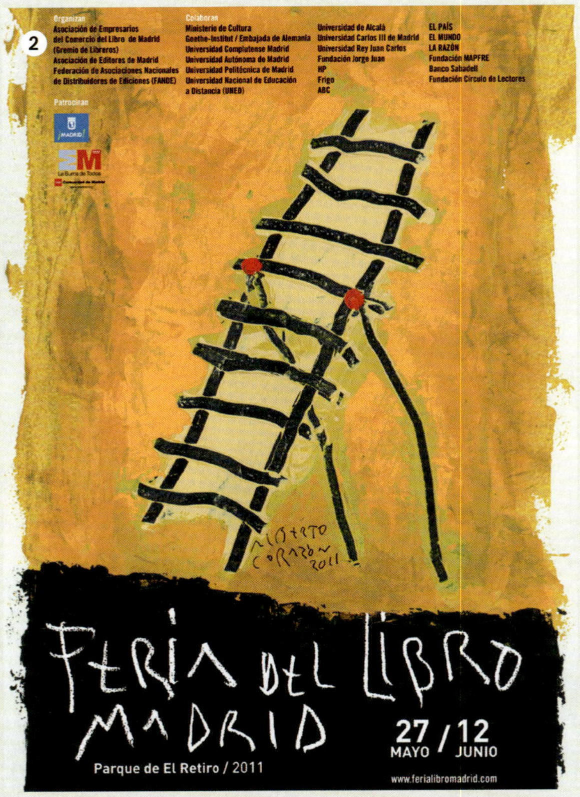

❶ Diaris.
❷ Cartell de la Fira del Llibre de Madrid del 2011, dissenyat per Alberto Corazón.
❸ Programa musical de televisió.
❹ Seqüència d'imatges que descriuen l'argument d'un anunci publicitari de la marca Nike.

1 La premsa

El terme *premsa* inclou els diaris i les revistes. La premsa, juntament amb la televisió i la ràdio, forma part dels mitjans de comunicació de massa (*mass media*). Aquesta paraula va ser creada pel sociòleg MacLuhan i inclou els mitjans de comunicació que poden transmetre missatges a un gran nombre de persones.

Generalment, les imatges que trobem als diaris i revistes complementen la informació escrita. La majoria de les imatges que s'utilitzen són fotografies, i la seva missió és il·lustrar el text escrit. Sovint, aquestes fotografies poden servir per posar de manifest o demostrar que la informació que s'ofereix és veraç. A més, en la premsa també hi podem trobar missatges publicitaris, il·lustracions i diversos tipus de gràfics.

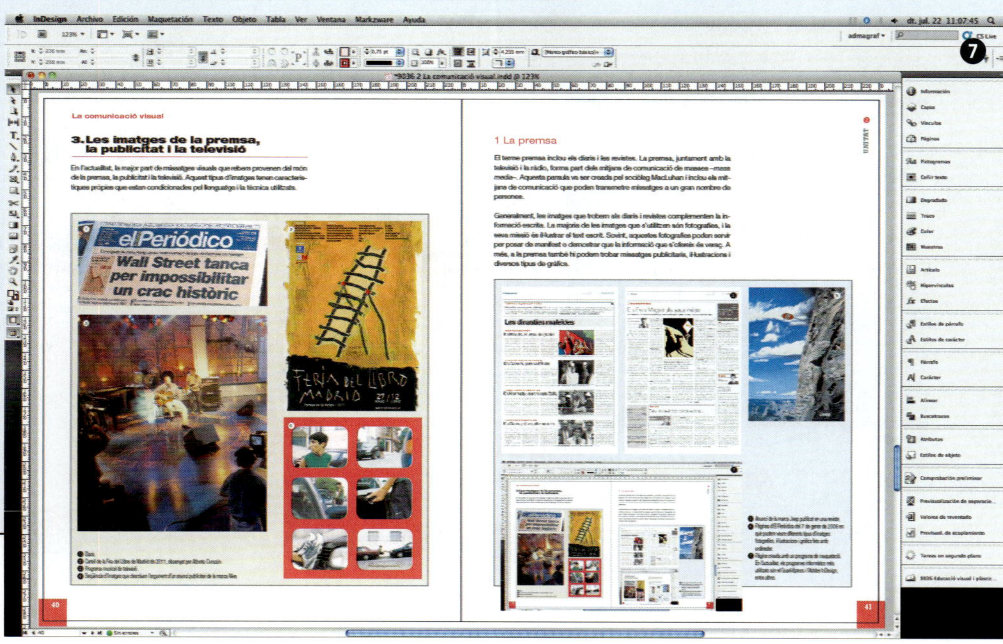

❺ Pàgines d'*El Periódico* del 7 de gener del 2008 en què podem veure diferents tipus d'imatges: fotografies, il·lustracions i gràfics fets amb ordinador.

❻ Anunci de la marca Jeep publicat en una revista.

❼ Pàgina creada amb un programa de maquetació. En l'actualitat, els programes informàtics més utilitzats són el QuarkXPress i l'Adobe InDesign, entre d'altres.

2 La publicitat

La publicitat és una activitat comunicativa present en tots els àmbits de la nostra societat. La publicitat utilitza diversos mecanismes i recursos per convèncer-nos o incitar-nos a consumir determinats productes o serveis. La publicitat fa servir un llenguatge atractiu, molt ben estructurat, i pretén produir un impacte en l'espectador. Un missatge publicitari es pot presentar en diferents suports: televisió, diaris i revistes, cotxes i autobusos, etc.

En les civilitzacions antigues, com ara Egipte, Grècia i Roma, ja trobem exemples de missatges amb fins publicitaris. Però la publicitat com la coneixem avui dia no va néixer fins al segle XIX, amb la Revolució Industrial. En aquella època, les fàbriques van començar a fabricar una gran quantitat de productes en sèrie i als fabricants se'ls va plantejar la necessitat de vendre'ls. La publicitat, per tant, va aparèixer amb la finalitat de donar a conèixer productes a possibles consumidors i incitar-los a comprar.

Els missatges publicitaris poden arribar als receptors o futurs consumidors a través dels diferents mitjans de comunicació: mitjans audiovisuals i mitjans gràfics.

❶ Cartell publicitari de Cruz Verde, dissenyat per Josep Artigas.

❷ Un bàner és una imatge publicitària estàtica o animada que s'inclou en un lloc o una pàgina web. Quan fem clic en un bàner, s'obre la pàgina web del producte anunciat.

La publicitat en els mitjans audiovisuals

Els mitjans audiovisuals permeten utilitzar elements gràfics, sons i imatges en moviment. La limitació d'aquests mitjans és el temps.

- **Televisió.** És el mitjà que ofereix més possibilitats per a la publicitat, ja que arriba a un gran nombre de persones. La televisió permet utilitzar elements gràfics, sons i imatges en moviment.
- **Cinema.** Té les mateixes possibilitats que la televisió, però no pot arribar a tants consumidors com aquesta.
- **Internet.** Cada vegada trobem més missatges publicitaris en els llocs i pàgines web. A més, sembla que aquest mitjà cada dia s'utilitza més com a suport de missatges publicitaris.
- **Ràdio.** Només permet utilitzar sons i veus.

La publicitat en els mitjans gràfics

La publicitat utilitza mitjans gràfics i fotogràfics, i es difon per mitjà de fullets, anuncis en revistes, tanques publicitàries, etc. La limitació d'aquests mitjans impresos és l'espai.

- **Premsa.** És un mitjà molt efectiu, ja que el lector pot mirar la publicitat tant temps com consideri oportú.
- **Revistes.** Es pot incloure publicitat en revistes especialitzades relacionades amb els productes anunciats. D'aquesta manera, la publicitat pot ser més efectiva. Una de les característiques més destacables d'aquest tipus de publicitat és la qualitat de les imatges.
- **Publicitat exterior.** Podem trobar-ne en qualsevol lloc: tanques, façanes, autobusos, etc. Es poden utilitzar imatges molt grans i fins i tot mòbils que poden veure moltes persones.

❸ Cartell contra el maltractament domèstic.

❹ Cartell publicitari del musical *Los miserables* en un autobús de Barcelona.

❺ Aquesta gran sabatilla esportiva forma part de la campanya «Mou-te bé» que va dur a terme l'Ajuntament de Barcelona per promoure el transport públic.

- **Publicitat directa.** Aquest tipus de publicitat està destinada a menys consumidors, però és més personalitzada. El seu principal inconvenient és la distribució. Pot adoptar la forma de cartell, fullet, catàleg... En l'actualitat, aquest tipus de publicitat directa també es transmet per mitjà del correu electrònic.

❻ Fullet publicitari desplegable en què s'anuncia un estudi de gravació de so.

3 La televisió

❶ Programa informatiu.

❷ Debat televisiu.

La televisió és un mitjà audiovisual que permet difondre imatges estàtiques o en moviment i sons, igual que el vídeo, el cinema i Internet.

La televisió transmet a distància imatges i sons per mitjà d'ones o per cable. La diferència principal entre la televisió, d'una banda, i el cinema i el vídeo, de l'altra, és que la transmissió es pot fer en directe, és a dir, en el mateix moment en què s'està enregistrant. Aquesta immediatesa fa que la televisió s'hagi convertit en el mitjà més poderós de la comunicació visual.

La televisió emet programes de diverses classes: programes culturals, musicals, concursos, etc. Podem destacar els tipus de programes següents:

- **Programes informatius.** És el gènere més comú en totes les televisions del món. El seu contingut són les notícies d'actualitat diària.
- **Programes d'actualitat.** Són programes basats en informació periodística. En general, podríem dir que són programes que desenvolupen temes d'actualitat, encara que no sigui immediata, i inclouen reportatges i resums informatius sobre diversos temes.
- **Programes de varietats o magazins.** Són programes que desenvolupen diversos temes en què es barregen entrevistes, actuacions musicals, gags, etc. Normalment, un presentador molt popular s'encarrega de conduir el programa i acostuma a comptar amb el suport d'altres personatges més o menys famosos.
- **Programes esportius.** Són programes que compten amb una gran audiència, sobretot les *retransmissions esportives* en directe. També hi ha programes esportius enregistrats als estudis de televisió, que inclouen entrevistes, reportatges i col·loquis, i que són transmesos en diferit.
- **Programes musicals.** Bàsicament, els formats són dos: concerts i recitals, que poden ser retransmesos en directe o en diferit, i programes de videoclips, que van acompanyats de comentaris fets per un presentador.
- **Programes culturals.** Són programes que tracten temes d'interès molt concret: art, cinema, literatura, medicina... Normalment, els condueix un presentador-comentarista que domina el tema. Els programes d'aquest tipus poden incloure entrevistes, taules rodones, petits reportatges, documentals, etc.
- **Programes de debat.** Són col·loquis o taules rodones sobre un tema prèviament establert. Es poden fer en directe o en diferit, i hi acostumen a participar comentaristes especialitzats, que són dirigits per un presentador-moderador.

- **Programes dramàtics i serials.** Són programes basats en el guió d'un text teatral o literari, que ha estat adaptat per a la televisió. Sovint, aquest tipus de programes inclouen molt diàleg i poca acció. Generalment, consten de diversos capítols en què es desenvolupa l'argument.
- **Programes de concursos.** En aquests programes s'organitza una competició sobre els coneixements culturals o les habilitats físiques dels concursants. Els guanyadors poden rebre regals o premis en metàl·lic.
- **Programes infantils.** Estan adreçats als infants, i inclouen sèries de dibuixos animats, concursos, petits reportatges, etc.

La televisió digital terrestre (TDT) és un sistema de difusió del senyal de televisió que utilitza la tecnologia digital per transmetre imatges, so i serveis interactius. Amb l'aparició de la televisió digital terrestre augmenta l'oferta d'emissores, canals de televisió i programes. A més, aquesta tecnologia permet a l'espectador fer una programació personalitzada, ja que es poden veure programes ja emesos.

Els professionals

En la realització d'aquests programes de televisió intervenen un gran nombre de professionals d'àmbits molt diversos:

- **El director artístic.** És el responsable de tota la part creativa del programa, des dels decorats fins als grafismes.
- **El director de fotografia.** És el responsable de la qualitat de la imatge del programa.
- **El director-realitzador.** És el responsable directe del resultat del programa. Només és supervisat pel productor.
- **L'editor-muntador.** S'ocupa de l'estructura final del programa i de la connexió entre les diferents parts.
- **El guionista.** Escriu el guió del programa.
- **L'operador de càmera.** Selecciona els enquadraments, moviments i desplaçaments de la càmera que té a càrrec seu.
- **El productor.** És el responsable general de la gestió: pressupostos, costos, equips humans, finançament i organització.
- **El realitzador.** Planifica la gravació i la dirigeix des de la sala de control. També selecciona allò que veurà l'espectador.
- **El tècnic d'àudio.** És el responsable de l'ús de les fonts d'àudio que siguin necessàries: magnetòfon, instruments en directe...
- **El tècnic de maquillatge i perruqueria.** S'ocupa de l'aspecte físic de la cara i el pentinat dels presentadors, convidats i col·laboradors que surten en pantalla.
- **El tècnic de vestuari i *atrezzo*.** Selecciona i confecciona els vestits i detalls del vestuari que són necessaris per a l'ambientació dels protagonistes del programa.

3 Operador de càmera.
4 Tècnic d'àudio d'un programa de televisió.

Què recordo?

1. Quines finalitats poden tenir els missatges visuals?
2. Quins són els elements fonamentals de la comunicació?
3. En què consisteix el nivell descriptiu de l'anàlisi d'una imatge?
4. Enumera algunes de les funcions que han tingut les imatges al llarg de la història.
5. Quines tècniques s'utilitzaven per crear imatges abans que s'inventés la fotografia?
6. Actualment, d'on provenen la major part dels missatges visuals que rebem?
7. Què són els mitjans de comunicació de massa o *mass media*?
8. Quina és la finalitat principal de les imatges publicitàries?
9. Quina és la diferència principal entre la televisió, d'una banda, i el cinema i el vídeo, de l'altra?
10. Com s'anomena el professional de televisió encarregat de la gestió econòmica i l'organització d'un programa?

Nens a la platja, Joaquín Sorolla, 1910. Madrid, Museu del Prado. Els pintors impressionistes van sortir a pintar a l'exterior per plasmar la llum i els colors tal com els percebien.

UNITAT 3

La percepció i la composició

1. La percepció

El procés de comprensió de l'entorn mitjançant els sentits s'anomena **percepció**. Els òrgans dels sentits estan especialitzats a detectar estímuls i a transformar-los en informació. Per mitjà dels cinc sentits (el tacte, la vista, l'oïda, l'olfacte i el gust) podem rebre i comprendre informació del món que ens envolta.

1 La percepció visual

La **percepció visual** és el tipus de percepció en què intervé el sentit de la vista. L'ull és l'òrgan responsable d'aquest sentit i és on s'inicia el procés de percepció visual. Perquè l'ull pugui rebre informació, és imprescindible que hi hagi llum i que el sentit de la vista funcioni correctament.

Per comprendre el funcionament del sentit de la vista, cal conèixer les parts principals de l'ull, que és el seu òrgan extern.

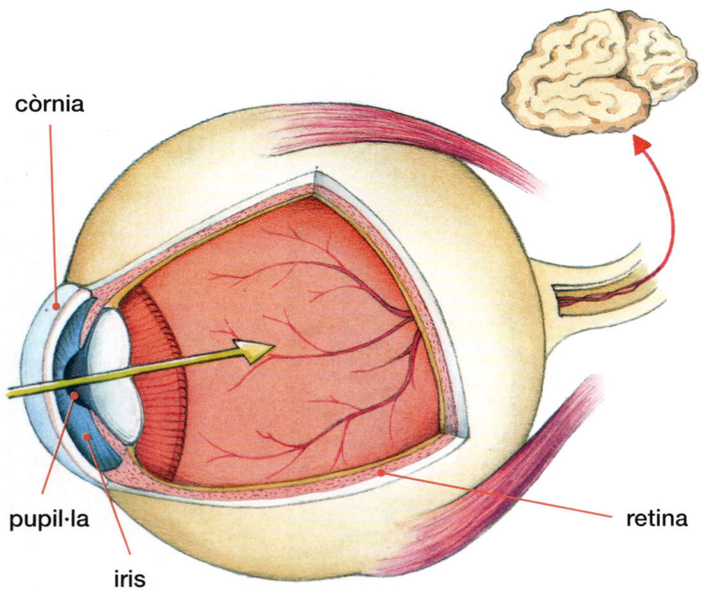

❶ Dibuix d'una secció de la retina i ampliació d'un con i un bastó.

❷ Tall transversal de la retina. A. bastons; B. cons; C. cèl·lules ganglionars; D. cèl·lules nervioses.

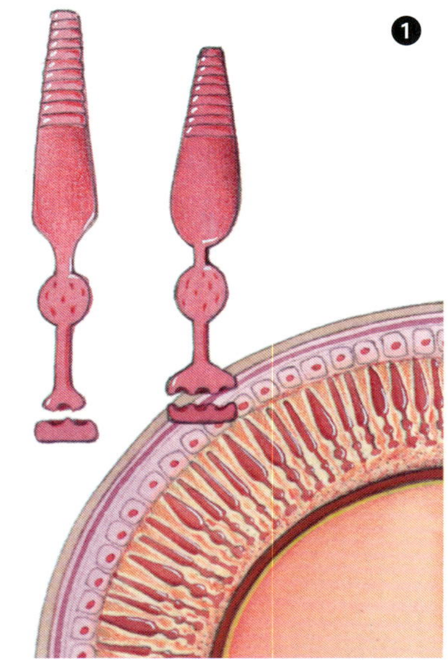

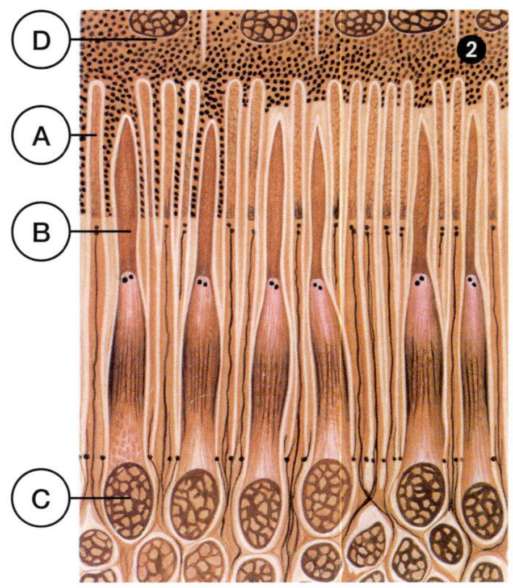

- **Còrnia:** està situada a la part anterior del globus ocular i és una mena de finestra transparent per on entra la llum.
- **Iris:** està situat a la zona central de la còrnia. És la part acolorida de l'ull i permet modificar l'obertura de la pupil·la.
- **Pupil·la:** és l'obertura que hi ha al mig de l'iris. Segons si s'obre molt o poc, deixarà entrar més o menys llum.
- **Retina:** cobreix l'interior del globus ocular i conté cèl·lules fotosensibles, anomenades *cons* i *bastons*, que són estimulades quan els arriba la llum i converteixen aquest senyal en senyal elèctric. Després, aquesta informació es transmet al cervell per mitjà del nervi òptic.

2 La percepció de l'espai

La percepció de l'espai és possible, bàsicament, gràcies als sentits de la vista i del tacte. La vista és el sentit més important per a aquesta percepció, i per a la visió, és fonamental que els objectes estiguin mínimament il·luminats. L'ull humà està capacitat per captar la llum que reflecteixen els objectes i enviar aquesta informació al cervell perquè la interpreti.

La forma és un dels elements visuals més importants. En un objecte **il·luminat** es creen unes zones clares i unes altres de fosques, les quals informen sobre el volum i la forma de l'objecte.

3

3 *Concreció humana II*, Hans Arp, 1933. Zuric, Museu d'Art. Les llums i les ombres creades sobre la superfície suau i arrodonida d'aquesta escultura ens ajuden a entendre'n la forma i el volum.

La **superposició de formes** ajuda a copsar l'espai, ja que permet percebre la profunditat. Quan una forma o objecte en tapa un altre, entenem que l'objecte tapat queda per darrere.

En un espai on hi ha molts objectes, els uns tapant els altres, és fàcil percebre'n la configuració i la profunditat.

Els objectes més propers es veuen més grans que els que es troben més lluny. Les **dimensions** dels objectes també ajuden a comprendre la distància que hi ha entre ells i l'espai on es troben.

La visió amb els dos ulls, anomenada *estereoscòpica*, també contribueix a percebre l'espai, ja que la informació que arriba al cervell és la superposició de les visions que es formen en cada ull des d'un angle diferent. Aquesta informació procedent dels dos ulls permet establir diferents punts de referència i possibilita la determinació de distàncies i profunditats.

Exemple de...

Activitat de superposició de formes

Cal repassar les línies de punts de manera que l'espai quedi ordenat, tenint en compte que les figures més properes tapen les del darrere.

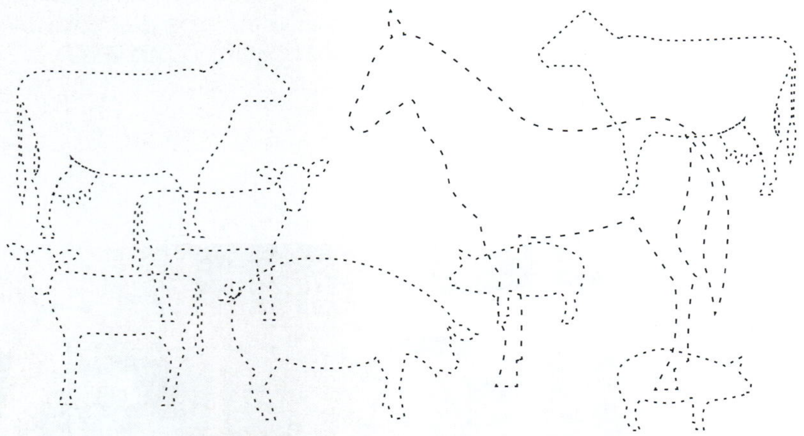

Observa que les figures que són al davant són més a prop del marge inferior del requadre i tapen les que són al darrere.

❶

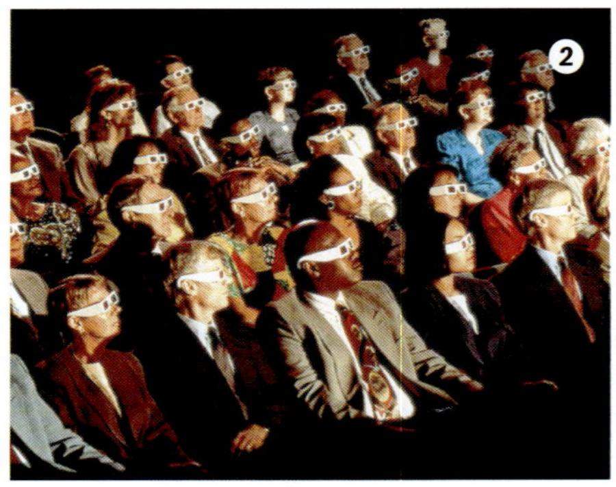

❷

❸

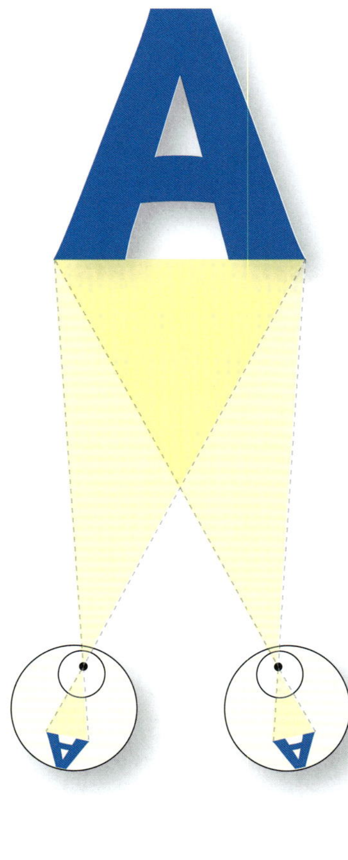

❶ Si observem aquesta imatge amb unes ulleres especials, amb un vidre verd i l'altre vermell, ens farà la sensació que és una imatge en tres dimensions.

❷ Unes persones mirant una pel·lícula en tres dimensions.

❸ Esquema de la visió estereoscòpica.

3 La llum i l'ombra

Els objectes il·luminats tenen zones amb diferents graus d'il·luminació; les zones on la llum incideix directament queden més il·luminades que la resta. Les zones il·luminades i, per tant, més clares s'anomenen **llums**, i les zones menys il-luminades i més fosques, **ombres**.

Generalment, sobre els objectes il·luminats hi ha zones clares i fosques d'intensitat diferent. Gràcies a aquesta variació d'il·luminació de les coses, podem percebre el volum i la forma dels objectes.

En els objectes amb superfícies corbes i arrodonides, com les de l'escultura de Hepworth, les ombres canvien de manera suau i gradual.

En canvi, en els objectes amb arestes i cares planes amb orientació diferent, com ara aquesta escultura de Gabo, les ombres i les llums canvien de manera brusca. Generalment, les arestes delimiten les zones clares i les zones fosques.

❹

❺

❹ *Cap constructivista núm. 2*, Naum Gabo, 1916. Londres, Tate Gallery.

❺ *Tres formes*, Barbara Hepworth, 1935. Londres, Tate Gallery.

Quan els rajos de llum, que es desplacen en línia recta, topen amb un objecte, impedeixen que la llum arribi sobre el que hi ha darrere seu i produeixen un altre tipus d'ombres.

- Les ombres que produeix un objecte il·luminat sobre un altre objecte o superfície reben el nom de **ombres projectades**.
- Les ombres que es produeixen damunt del mateix objecte s'anomenen **ombres pròpies**.

Gràcies a les llums i les ombres dels objectes, podem obtenir informació del volum dels cossos i entendre l'espai que ens envolta.

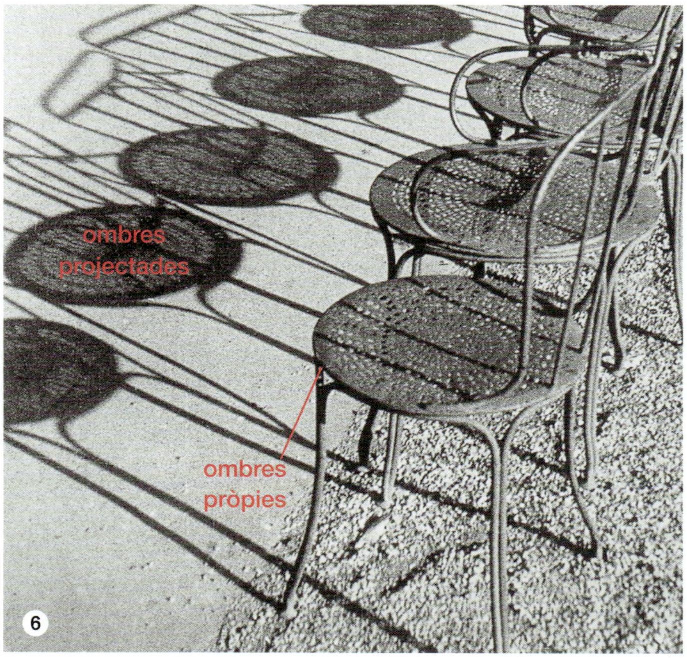

❻ *Camps Elisis* (detall), André Kertész, 1930. Colònia, Ludwig Museum. Les ombres que projecten les cadires hi tenen un gran protagonisme.

4 Relació forma-entorn

En el procés de percepció, el nostre cervell tendeix a organitzar els estímuls visuals rebuts i a agrupar-los en conjunts o grups, que reconeixem com a **formes**.

Un dels principis fonamentals de la percepció és el fet que, quan observem un conjunt de formes, primer captem les que destaquen per la mida, el color i la posició. La forma que destaca l'anomenem **figura**, i les altres les anomenem **fons**. El límit entre la figura i el fons és el **contorn**.

La relació entre les diverses formes del nostre camp visual i entre la figura i el fons s'anomena **entorn**.

❶ En aquesta fotografia reconeixem l'excursionista com a figura i el paisatge com a fons.

❷ L'entorn d'aquesta imatge és la relació entre les figures (les persones i el dromedari) i el paisatge de fons.

Els **principis perceptius** bàsics que fan que distingim una forma com a figura i la resta com a fons són els següents:

- Identifiquem com a figures les formes nítides i definides, i com a fons les que són imprecises i poc definides.

- Les formes que reconeixem perquè ja les hem vist abans les percebem com a figures.

  En aquesta imatge reconeixem el ciclista com a figura, ja que és més fàcil d'identificar que la trama de línies que representen la pluja i el fons.

❸ *Ciclista sota la pluja (blau fosc, blau clar i verd),* Friedensreich Hundertwasser, 1951. Publicada per l'Art Club, Alfred Schmeller (Viena).

- Considerem figures les formes que es troben en un pla més proper, i considerem fons les figures més llunyanes.

Els dibuixants, fotògrafs, pintors i, en general, totes les persones que creen imatges tenen presents aquests principis perceptius en el moment d'elaborar-les. D'aquesta manera, poden aconseguir que els espectadors prestin atenció a unes formes determinades: les figures.

❹ Cartell d'Amnistia Internacional, dissenyat per Jodto Lieverst Todio, 1969.
Aquesta figura destaca del fons pels colors, per la mida i per la situació en la imatge.

❺ *Torero al·lucinogen*, Salvador Dalí, 1969-1970. Florida, Museu Dalí de Sant Petersburg, fundació Reynolds Morse.
En aquest quadre de Dalí es fa difícil determinar què és figura i què és fons.

❻ En les il·lustracions del conte *Busca en Wally* és molt difícil trobar en Wally, perquè el dibuixant va voler que la figura del protagonista no destaqués per damunt del fons.

2. La composició

Els poetes organitzen les paraules per formar versos i estrofes, els músics combinen els ritmes i les notes per crear melodies i cançons, i els artistes plàstics ordenen els elements del llenguatge visual (formes, colors i textures) per crear les seves obres.

❶ Pintura romànica de la col·legiata de San Isidoro, Lleó.
En aquesta pintura podem veure representats un pantocràtor i els quatre evangelistes. Aquests elements estan ordenats d'una manera intencionada. En l'esquema es representa l'estructura compositiva.

❷ La col·locació dels objectes d'aquest aparador no s'ha fet a l'atzar. La persona que s'ha encarregat d'aquesta tasca ha tingut en compte la importància de l'ordenació dels objectes dins d'aquest espai per atreure els observadors.

❸ Inauguració dels Jocs Olímpics de Barcelona (1992). En un espectacle és molt important la distribució dels personatges i objectes que hi intervenen.

❹ Aquests esbossos mostren diverses possibilitats compositives en el disseny de la portada d'un llibre.

❺ Pàgina de catàleg dissenyada per Piet Zwart, 1931.
Zwart va crear dissenys dinàmics i atractius combinant lletres de mides i colors diferents.

❻ Cartell de Milton Glasser, 1985.
En una variació de Bach podem sentir com una melodia es va repetint amb variacions rítmiques, instrumentals i melòdiques. En aquest cartell podem veure representat aquest tema per mitjà d'imatges.

La **composició** és l'organització dels elements de llenguatge plàstic i visual amb una intenció determinada de comunicació. La composició es pot fer en una superfície bidimensional, en un espai físic tridimensional o bé en el temps.

Quan es crea una obra plàstica, s'organitzen les formes dins d'un espai anomenat **camp visual**. Si es treballa sobre un suport bidimensional, per exemple, el format escollit per realitzar la composició condicionarà la manera d'organitzar els elements dins del camp visual.

❼ Cartell dissenyat per Joost Schmidt per a l'exposició de la Bauhaus de 1923. Aquesta composició té un dinamisme creat gràcies a la composició basada en les diagonals.

❽ *La Sagrada Família*, Michelangelo Buonarroti, 1503. Florència, Galleria degli Uffizi.

1 Indicadors de profunditat

A partir de l'estudi de la percepció visual, s'ha vist quins mecanismes tenim per organitzar el que veiem. Aquests elements, que ens ajuden a entendre l'espai tridimensional, s'anomenen **indicadors de profunditat**.

El coneixement dels indicadors de profunditat ens ajuda a l'hora de representar l'espai en un suport pla, com ara un full de paper. En aquesta unitat coneixeràs una sèrie de procediments amb els quals es pot crear una sensació de tridimensionalitat en un espai pla.

La manera d'organitzar les formes

La manera d'organitzar les formes d'un dibuix és un element fonamental per simular la tridimensionalitat. Els indicadors de profunditat que ens ajuden a crear tridimensionalitat són:

1 Diferència de grandària

Una manera de representar que un objecte és lluny consisteix a dibuixar-lo més petit.

2 Posició en el suport de paper

S'entén que els objectes més enlairats o situats a prop de la línia de l'horitzó són més allunyats. Les formes que hi ha a la part inferior del quadre s'interpreten com a formes més pròximes.

❶ *Caçadors a la neu*, Pieter Bruegel, 1565. Viena, Kunsthistorisches Museum.

❷ *Bany a Asnières*, Georges Seurat, 1883-1884. Londres, National Gallery.

3 Superposició de figures

Quan es representen figures que en tapen parcialment d'altres situades darrere, es crea un efecte de profunditat.

❸ *El banquet nupcial*, Pieter Bruegel, c. 1568. Viena, Kunsthistorisches Museum.
❹ *Arearea* 'Jocositat', Paul Gauguin, 1892. París, Museu d'Orsay.

4 Perspectiva lineal

Si es representen línies paral·leles de manera que a mesura que s'allunyen de l'espectador es vegin cada cop més juntes, es crearà un efecte de profunditat.

❺ *L'avinguda de Middelharnis*, Meindert Hobbema, c. 1680. Londres, National Gallery.
❻ *La festa de l'Ascensió*, Francesco Guardi, 1775. Lisboa, Fundaçao Calouste Gulbenkian.
❼ Golden Gate de San Francisco.

Procediments i tècniques per representar l'espai

A continuació veuràs altres indicadors de profunditat, que ens ajuden a crear tridimensionalitat i que es poden obtenir amb el domini dels procediments i tècniques.

1 Perspectiva aèria

Consisteix a pintar els elements més propers amb colors més vistosos que els elements llunyans.

❶ *Les espigolaires*, Jean-François Millet, 1857. París, Museu d'Orsay.

❷ En aquesta fotografia podem veure amb colors més vistosos els excursionites, més propers, que el paisatge, més llunyà.

2 Textura

Es pot crear un efecte de profunditat dibuixant la textura dels objectes propers amb molt més detall que la dels objectes llunyans.

❸ *Paisatge muntanyós amb un dibuixant*, Roelandt Savery, 1608. París, Museu del Louvre.

❹ En aquesta fotografia podem veure amb més detall la textura dels arbres més propers.

3 Ombres i llums

La presència de llum il·lumina determinades parts de l'entorn i crea zones d'ombra. Aquestes llums i ombres informen sobre el volum dels objectes i ajuden a representar-ne la tridimensionalitat.

❺ *La farga*, Joseph Wright of Derby, 1772. Broadlands, col·lecció de Lord i Lady Romsey.

❻ Les llums i ombres pròpies i projectades ajuden a la comprensió del volum.

Exemple de...
Activitat d'indicadors de profunditat

Observa que incorporant les ombres i les llums d'aquestes formes, el volum dels objectes s'explica millor que si només s'utilitza la línia de contorn.

També es crea una sensació de tridimensionalitat situant alguns objectes més a prop del marge inferior i aplicant la perspectiva lineal.

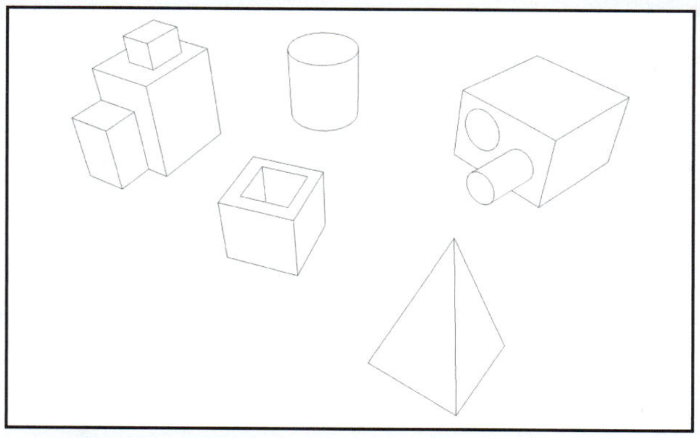

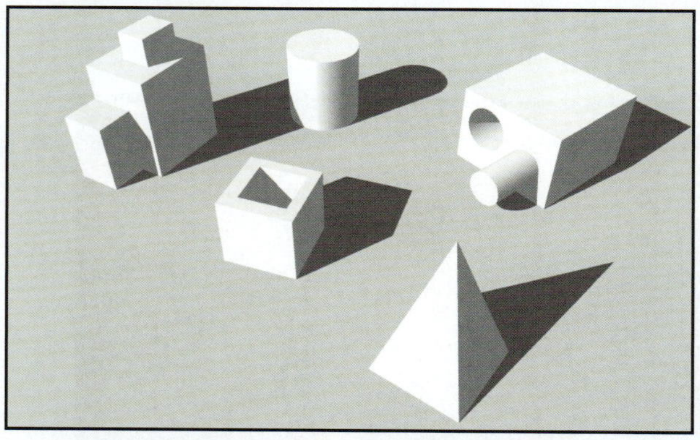

2 Estructures compositives

Les formes d'una composició s'agrupen i s'organitzen sobre unes línies mestres o **esquemes compositius**. Normalment, els esquemes compositius són línies que passen pels punts de tensió o atenció del quadre. Aquests **eixos de tensió** determinen l'estructura de la imatge i el recorregut visual que efectuem quan l'observem.

A vegades, aquests esquemes compositius són formes geomètriques i d'altres estan compostos per diverses línies i formes que no ho són.

❶ *El jurament dels Horacis*, Jacques-Louis David, 1784. París, Museu del Louvre.

❷ *El Crist de Sant Joan de la Creu*, Salvador Dalí, 1951. Glasgow, Museu de la Vida Religiosa.

❸ *Camp de blat amb gavelles*, Vincent van Gogh, 1888. Hawaii (Estats Units), Academy of Arts of Honolulu.

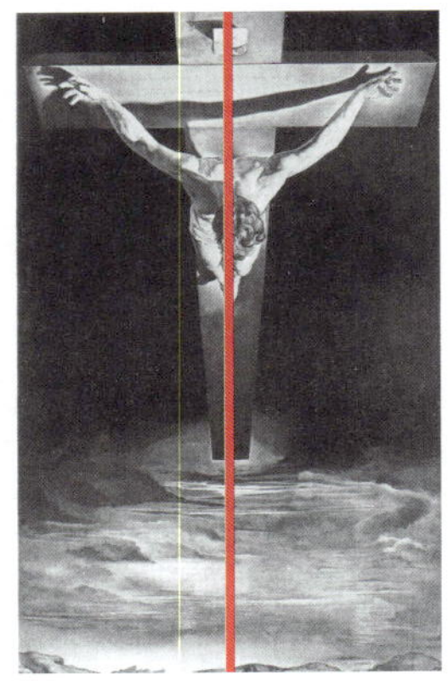

L'estructura compositiva d'una imatge pot estar constituïda per línies obertes, línies tancades o formes geomètriques.

Línies de tensió obertes

- En general, les composicions en què predomina la línia horitzontal ens transmeten una sensació d'estabilitat, repòs i calma.

- Les composicions en què predomina la línia vertical s'associen a poc moviment, però no semblen tan estables com les horitzontals, i suggereixen una certa sensació d'elevació.

- Les estructures basades en línies diagonals suggereixen moviment, dinamisme i inestabilitat.

❹ *A Mali*, Miquel Barceló, 1989. Col·lecció particular.
❺ *The Newborn versió 1*, Constantin Brancusi, 1920. Nova York, Museu d'Art Modern.

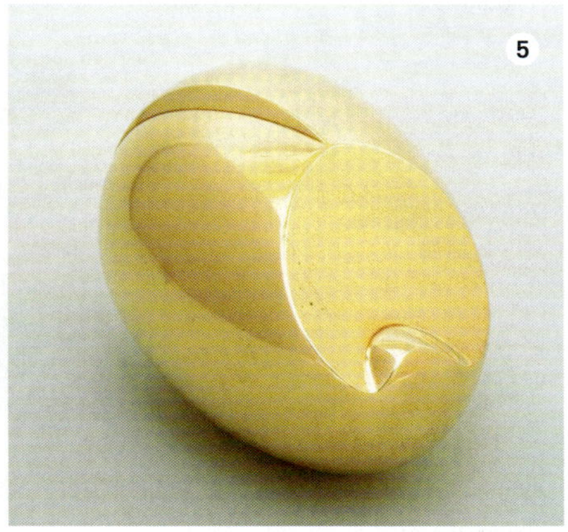

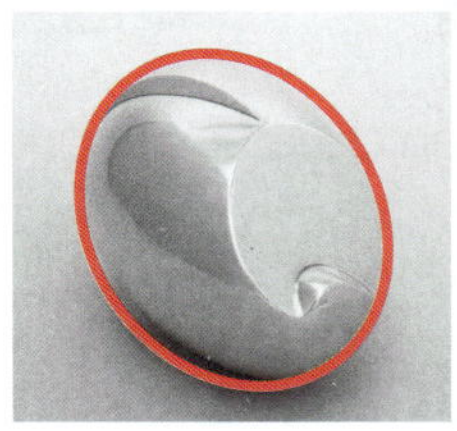

Línies de tensió tancades

Els esquemes compositius basats en línies tancades transmeten sensacions de recolliment i reclusió; tendeixen a tancar la imatge en si mateixa.

Línies o formes geomètriques

Les estructures geomètriques, com el triangle, el rombe, el quadrat o el cercle, aporten una sensació d'ordre i d'organització. Aquestes estructures han estat molt utilitzades en les composicions artístiques.

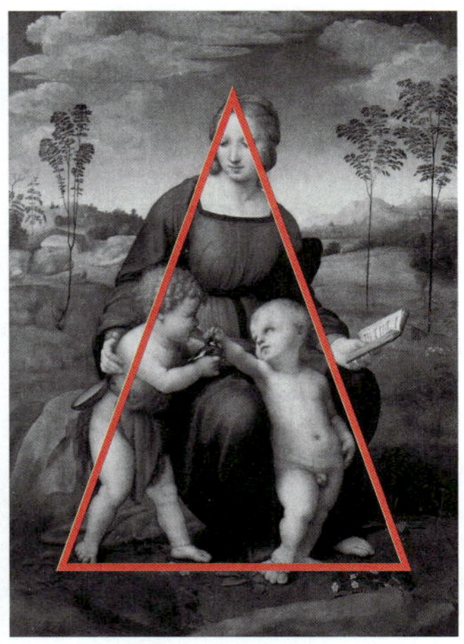

❻ *Mare de Déu de la cadernera*, Rafael, 1506. Florència, Galleria degli Uffizi.

3 L'equilibri

Els éssers vius, en general, busquem l'equilibri perquè ens fa sentir bé, i el valorem especialment perquè el considerem necessari per a l'organització de les coses.

Una imatge equilibrada ens transmet una sensació d'estabilitat i, per contra, una imatge desequilibrada fa que una composició sembli provocadora i inquietant.

1 La manca d'equilibri d'aquesta imatge provoca una sensació d'inestabilitat.

2 Les composicions equilibrades, en canvi, fan sensació de repòs i estabilitat.

Que una imatge sigui equilibrada depèn de la seva composició. Qualsevol figura o taca d'una composició té un valor de pes visual, que ve donat pel seu color, mesura, posició...

La manera com es distribueixen els pesos visuals i les direccions d'una composició fa que obtinguem una imatge equilibrada o desequilibrada.

L'equilibri de la imatge es pot aconseguir de diferents maneres.

Equilibri per simetria

Si es distribueixen dos elements del mateix pes visual de manera simètrica als dos costats d'un eix, es pot aconseguir un **equilibri estable**.

Equilibri per compensació de masses

Quan situem els elements de manera asimètrica, podem aconseguir composicions més dinàmiques. L'equilibri s'aconsegueix compensant les masses i els pesos visuals, les direccions dominants i els espais.

3 Estació del metro de Viena, Otto Wagner, 1894-1897.
La simetria ha estat un dels recursos més utilitzats pels pintors i arquitectes per organitzar les seves obres. Les composicions simètriques transmeten una sensació d'ordre i equilibri.

4 *Noia davant d'un mirall*, Pablo Picasso, 1932. Nova York, Museu d'Art Modern.
Aquest quadre té una distribució simètrica del pes de les masses respecte d'un eix. Aquesta estructura compositiva té un equilibri estàtic.

5 *Vaixells de pescadors a la platja de Les Saintes-Maries de la Mer*, Vincent van Gogh, 1888. Amsterdam, Museu Van Gogh.
En aquesta composició s'ha aconseguit l'equilibri gràcies a la compensació de masses.

4 El ritme en una composició

En la música, el ritme es crea amb l'alternança de sons i silencis al llarg del temps; en el llenguatge plàstic i visual, es produeix per la successió de les formes en l'espai de manera que facin una certa sensació de continuïtat. La repetició d'una o més formes alternativament, seguint un determinat criteri d'ordenació, produeix un **efecte rítmic**.

6

7

8

9

❻ Catedral de Sant Basili, Moscou.
En aquesta ornamentació arquitectònica es poden apreciar els ritmes produïts per la repetició d'elements decoratius geomètrics.

❼ *Nu baixant una escala*, Marcel Duchamp, 1912. Filadèlfia, Philadelphia Museum of Art.
Duchamp va representar el moviment mitjançant la repetició d'una forma humana. Aquesta composició té un caràcter rítmic molt marcat.

❽ Tapís d'Anni Albers (detall), 1926.
La composició d'aquest tapís es basa en la repetició alterna de formes geomètriques, cosa que produeix un efecte rítmic.

❾ *Ritme sens fi*, Robert Delaunay, 1933. París, Gallerie Louis Carré.
En aquesta pintura s'ha creat un ritme basat en la repetició d'una mateixa forma.

Composicions modulars

Molts artistes plàstics, dissenyadors i arquitectes han recorregut a un procediment de composició que consisteix a repetir una figura sobre una superfície que ha estat dividida mitjançant línies geomètriques. Amb aquest procediment s'obtenen les anomenades **composicions modulars**.

❶ *Díptic de Marilyn*, Andy Warhol, 1962. Londres, Tate Gallery.
L'artista va crear una composició modular repetint cent vegades el rostre de Marilyn Monroe.

❷ Edifici de Turbines, 1871-1872. Noisiel-sur-Marne (França). L'ornamentació de la façana d'aquest edifici és un exemple clar de composició modular.

La figura repetida en què es basa aquest tipus de composició s'anomena **mòdul**. En les composicions modulars s'utilitzen mòduls en formes simples, ja que, si fossin massa complexes, destacarien com a formes individuals i podrien anul·lar l'efecte d'unitat característic d'aquestes composicions.

Generalment, els mòduls es distribueixen seguint estructures geomètriques, de manera que es produeixen **xarxes** o **retícules**. Per això, en moltes composicions modulars s'utilitzen polígons regulars com a mòduls, ja que en permeten la repetició de forma estructurada.

Exemple de...
Activitat de composició modular

Observa que a partir d'un mòdul fet amb quadrats es crea una composició modular basada en una xarxa feta amb quadrats.

Si es fa servir un full quadriculat, es poden provar diferents composicions modulars i combinacions de colors.

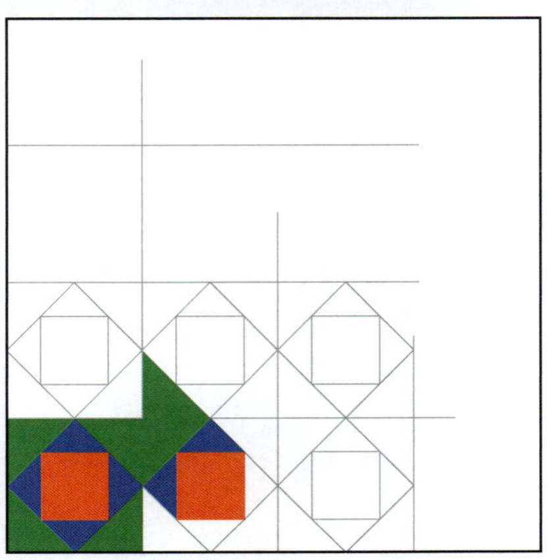

❸ La decoració d'aquesta capsa es basa en la repetició de mòduls de formes quadrades o rectangulars.
❹ La composició modular ha estat molt útil per al disseny de mobiliari. Aquest armari està format per mòduls de les mateixes mides.

5 Proporcions

Un dels elements de relació del llenguatge visual és la **proporció**. La proporció es podria definir com la relació existent entre una part i el tot o la relació d'una cosa amb una altra, tenint en compte la seva magnitud, quantitat o grau.

La proporció ens ajuda a descriure les coses que veiem i a representar-les gràficament. Quan, per exemple, fem un dibuix, hem de tenir en compte la relació entre les mesures dels objectes, i és aconsellable que comencem fent esquemes compositius tenint present les proporcions. També hem de considerar la proporció entre les mesures dels objectes que dibuixem i el suport.

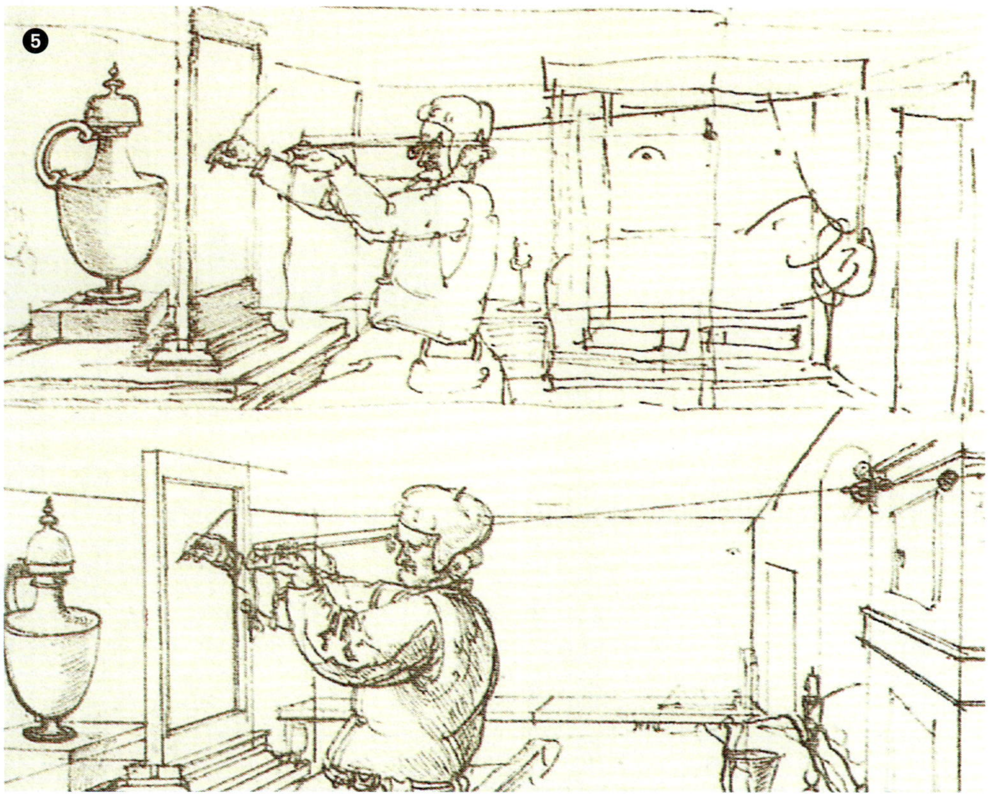

❺ *Dos esbossos per al dibuixant amb el gerro*, Albrecht Dürer. Dresden, Sächsische Landesbibliothek.

Al llarg de la història, sobretot durant el Renaixement italià, es van crear sistemes de proporcions que, en general, es basaven en el mòdul com a unitat de mesura. Amb aquests sistemes de proporcions es volien aconseguir imatges que seguissin l'harmonia de les proporcions de la natura.

6

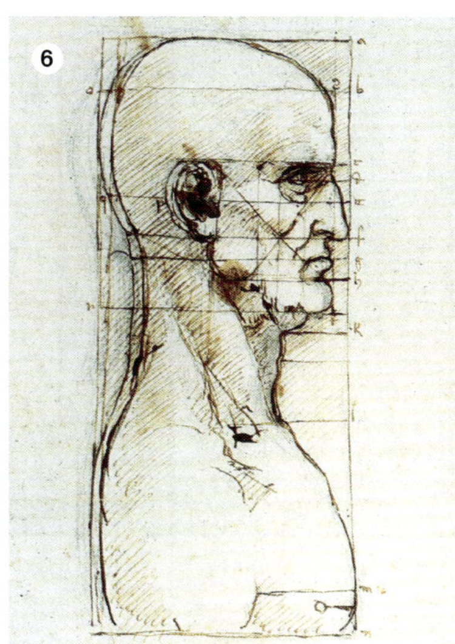

7

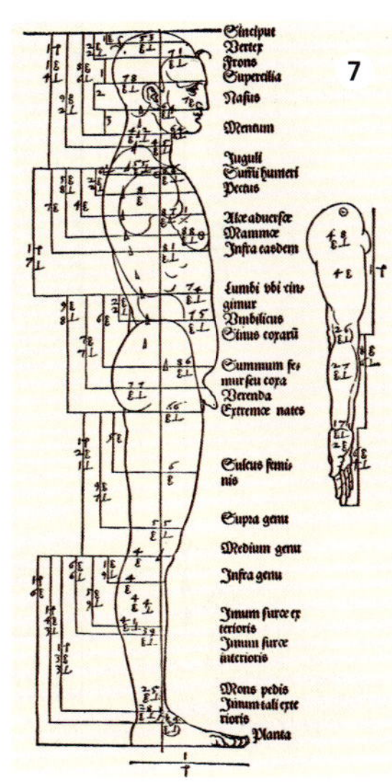

❻ Cànon o esquema de les proporcions dibuixat per Leonardo da Vinci per al llibre *De l'arquitectura*, de Vitrubi.

❼ Dibuixos sobre les proporcions entre les diferents parts del cos humà realitzats per Albrecht Dürer.

Les proporcions dels formats

El format és molt important en l'estructura de la imatge, i les proporcions entre la mesura dels costats del suport, un aspecte que cal tenir en compte quan se n'escull un.

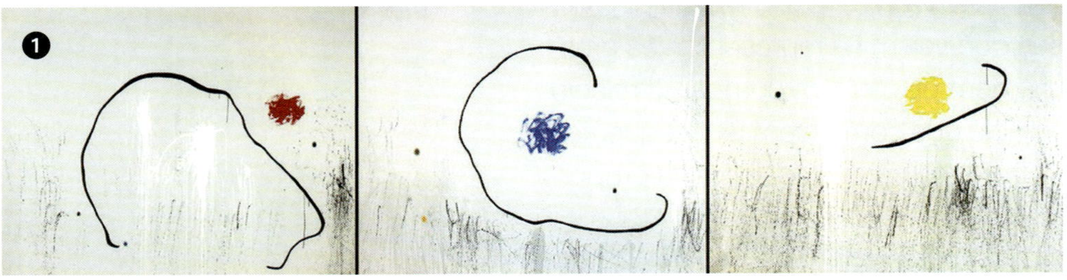

❶ *Tríptic de l'esperança d'un condemnat a mort*, Joan Miró, 1974. Fundació Miró, Barcelona.
❷ Anunci publicitari de la marca Christian Dior.
En aquest anunci veiem el flascó de colònia molt gran perquè l'estem comparant amb els elements que l'envolten.

Exemple de...
Activitat de proporcions

Observa com es fan els càlculs per distribuir tres rectangles iguals dins d'un altre, de manera que els marges siguin iguals:

$$a = \frac{55-45}{2 \text{ marges}} \qquad b = \frac{115-(25\times 3)}{4 \text{ marges}}$$

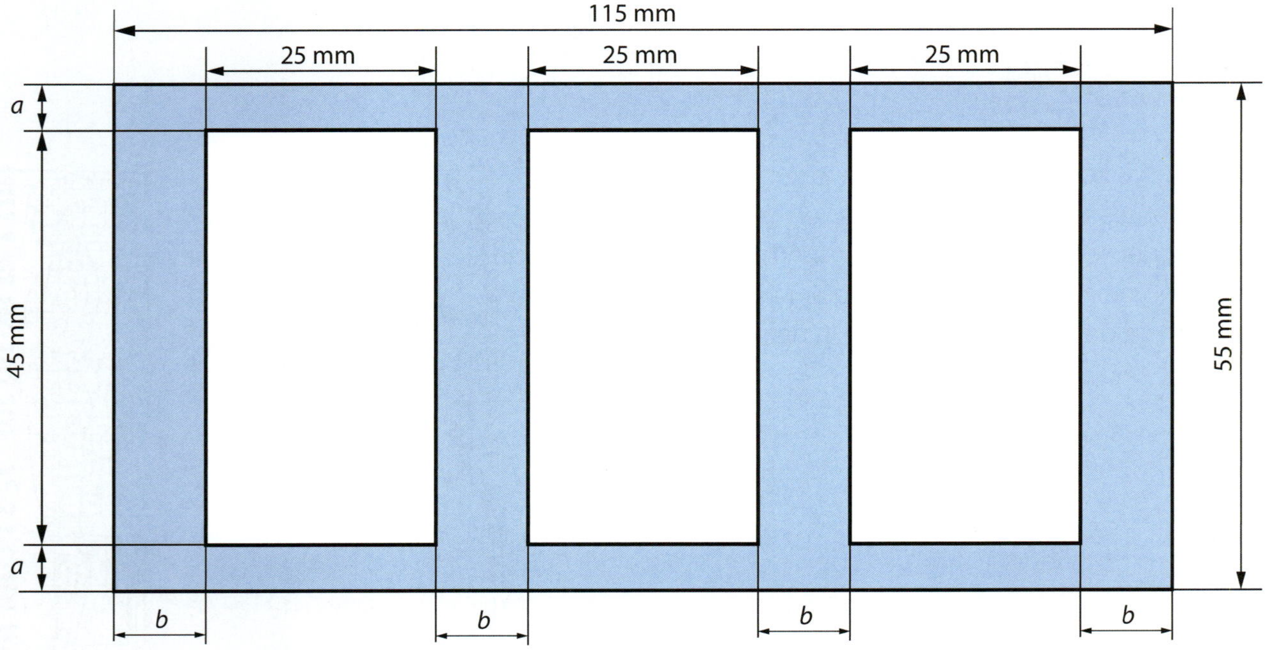

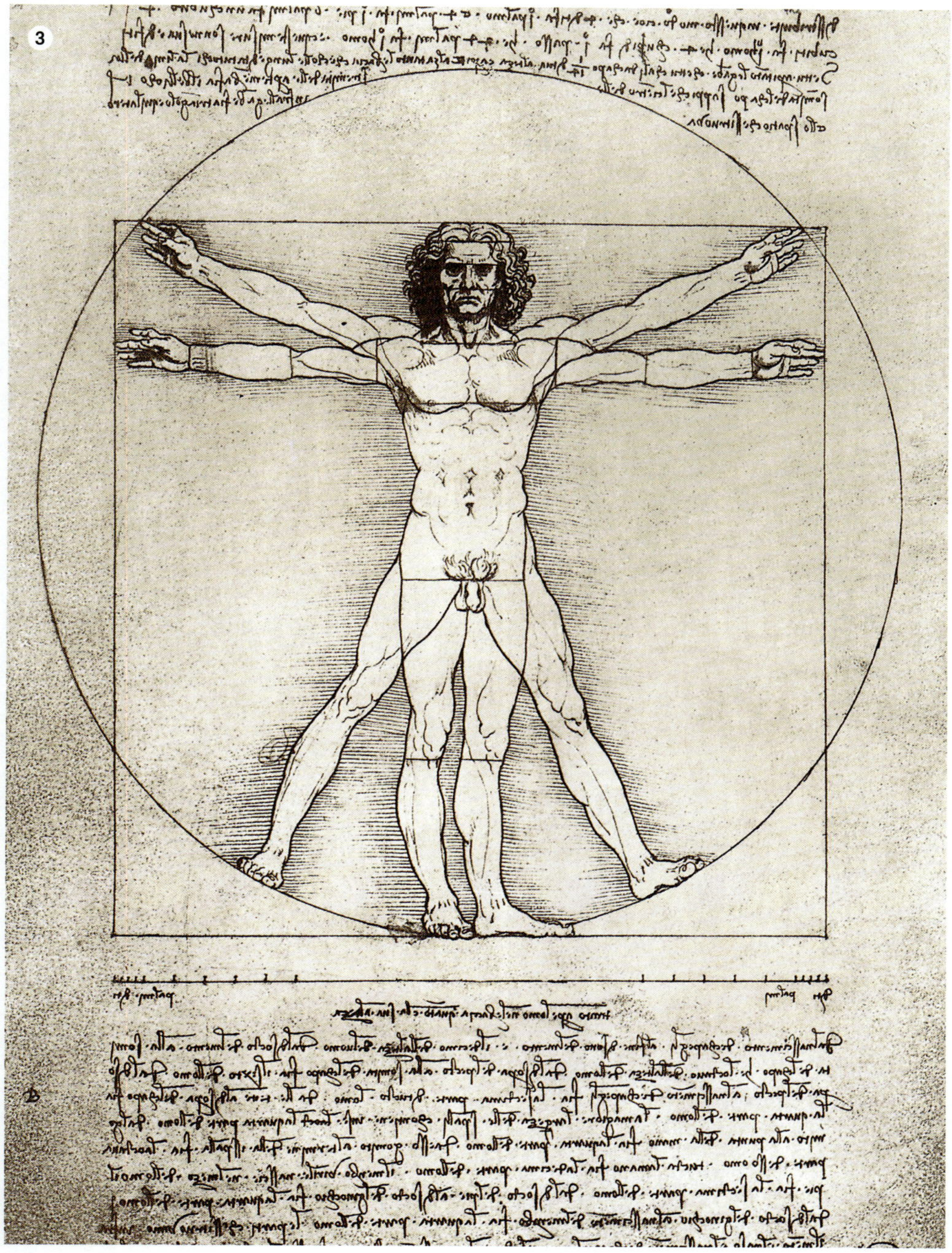

❸ *Les proporcions de l'home*, Leonardo da Vinci, c. 1490. Venècia, Galleria dell'Accademia.

Què recordo?

1. Quins sentits intervenen en la percepció de l'espai?
2. Per què és important la llum en la percepció de l'espai?
3. En què consisteix la superposició de formes?
4. Què és la visió estereoscòpica?
5. Quins sentits intervenen en la percepció visual?
6. Quina funció fa l'iris de l'ull?
7. Com són les zones clares i fosques d'una superfície corba?
8. Com rebem els estímuls visuals?
9. Què és l'entorn?
10. Com es pot destacar la figura sobre el fons?
11. Què és la composició? Quins factors hi intervenen?
12. Com es pot aconseguir l'equilibri d'una composició?
13. Quines sensacions transmet la simetria?
14. Com es pot obtenir una composició rítmica?

UNITAT 4

El punt i la línia

1 Elements conceptuals del llenguatge visual: el punt i la línia

2 El punt

3 La línia

1. Elements conceptuals del llenguatge visual: el punt i la línia

El punt, la línia, el pla i el volum són elements del llenguatge visual que pertanyen al grup dels elements conceptuals. Tots estan interrelacionats; amb els punts es creen línies, amb les línies es poden determinar plans i amb els plans es poden obtenir volums.

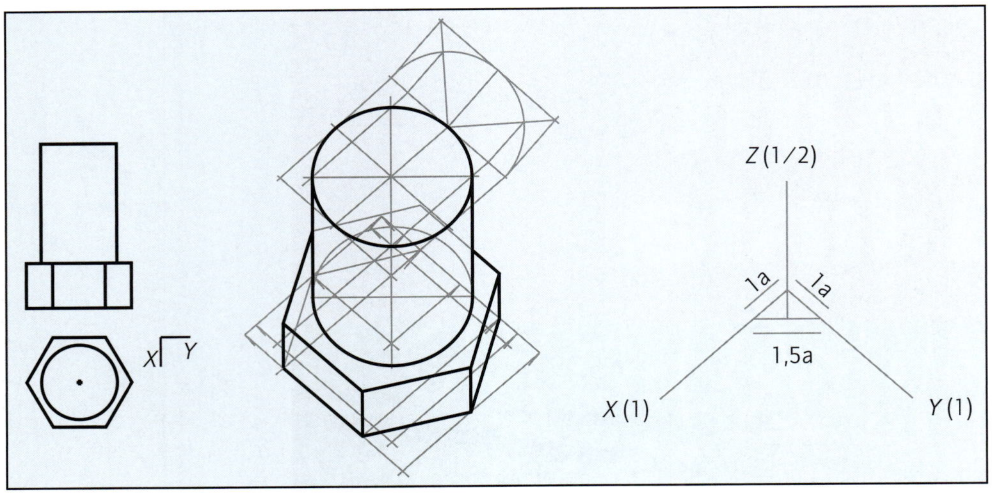

El punt i la línia són elements teòrics fruit del pensament geomètric. Per treballar-hi cal materialitzar-los, és a dir, representar-los gràficament. En aquesta unitat ens fixarem en la representació gràfica del punt i la línia.

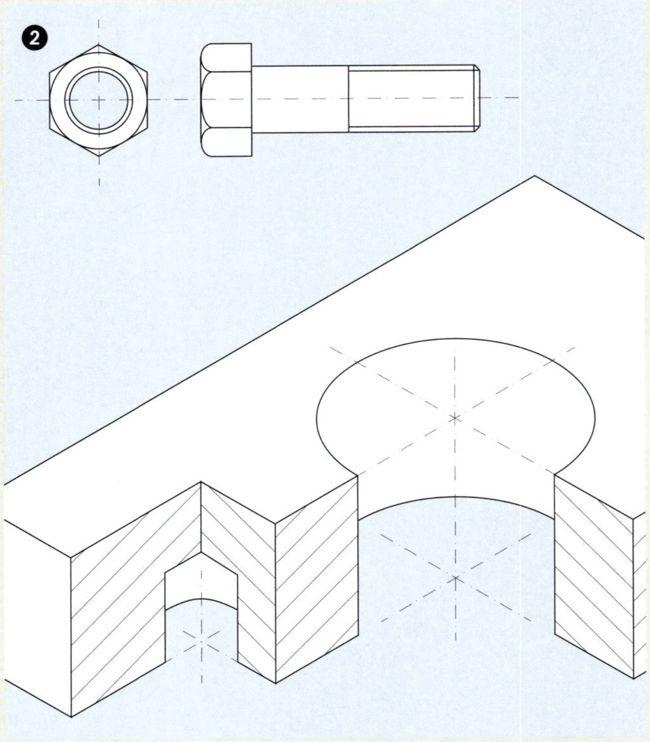

❶ i ❷ En el dibuix s'utilitzen punts i línies, que són elements conceptuals del llenguatge visual per descriure la forma dels objectes.

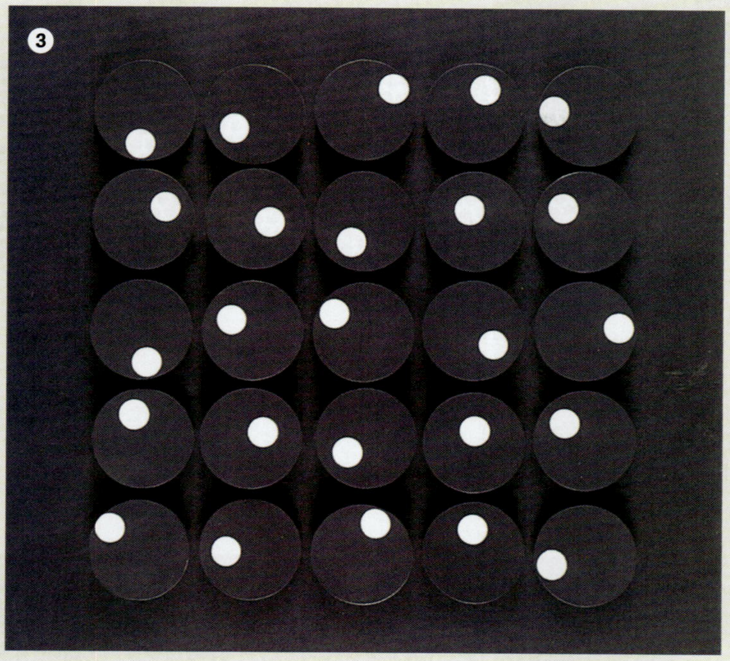

❸ *Circulation*, Hugo Demarco, 1960-1961. París, Fons Nacional d'Art Contemporani.
Els punts i les formes circulars són els protagonistes d'aquesta obra abstracta.

❹ Escultura d'Andreu Alfaro, situada al passeig de la Castellana, Madrid.
Aquesta forma volumètrica helicoïdal s'ha creat a partir de barnilles d'alumini inclinades en diferents direccions.

❺ *Composició espacial*, Katarzyna Kobro, 1929. Lodz (Polònia), Muzeum Sztuki.
En aquest cas s'ha creat una forma volumètrica a partir de formes planes de colors.

2. El punt

S'entén per *punt* la representació gràfica més petita i elemental.

Si mirem un punt molt de prop, ens adonarem que no és altra cosa que un cercle molt petit de color uniforme. El contorn d'un punt és una circumferència feta a mà alçada i, per tant, irregular. En canvi, si ens n'allunyem, tornarem a veure'l com un punt.

Així doncs, la manera com veiem un punt està relacionada directament amb la distància des de la qual el mirem. Com que el punt es considera l'expressió gràfica més elemental, haurà de tenir unes dimensions mínimes que permetin veure'l.

Els pintors puntillistes van utilitzar el punt en la creació de les seves obres. En aquest quadre de Paul Signac veiem que s'han creat formes mitjançant l'aglomeració de punts.

❶ Detall del quadre *El castell dels papes*.
❷ *El castell dels papes*, Paul Signac, 1900. París, Museu d'Orsay.

En les arts gràfiques també es fa servir l'aglomeració de punts per crear formes i diferents tons de grisos i de colors.

Si mirem de prop les fotografies d'un diari, hi podrem distingir tons molt foscos on hi ha una gran aglomeració de punts i tons clars on els punts estan més separats i són més petits. Això també succeeix en les imatges que s'obtenen a través de les impressores dels ordinadors.

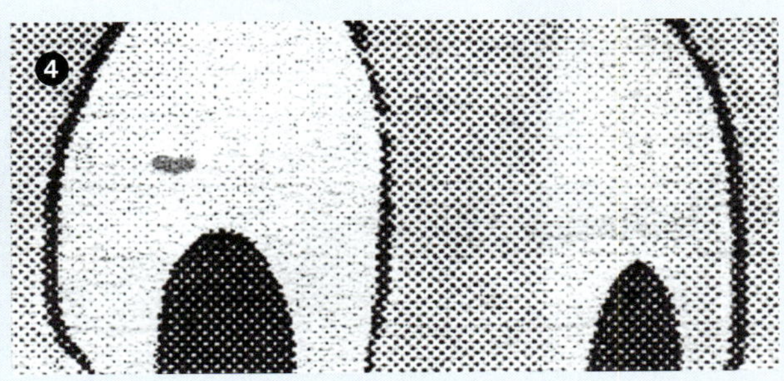

❸ Fotografia d'un diari imprès en blanc i negre.
❹ Ampliació de la fotografia en què podem percebre la trama de punts, que crea els diferents tons de gris.

Fins i tot les imatges que veiem a la pantalla del televisor o de l'ordinador estan constituïdes per punts de diferents colors, anomenats *píxels*.

Si observem de prop les imatges de les tanques publicitàries de grans dimensions, aquests punts són molt evidents, ja que les imatges estan molt ampliades.

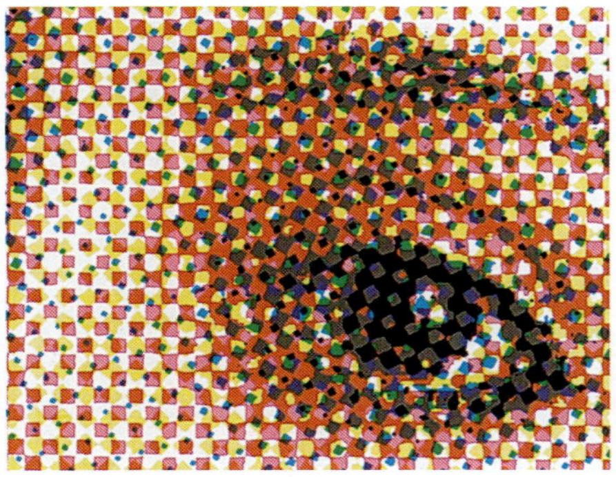

5 *Ad Parnassum*, Paul Klee, 1932. Berna, Fundació Klee, Kunstmuseum. En aquesta pintura destaca la utilització de punts i línies.

6 *Dona al bany* (detall), Roy Lichtenstein, 1963. Madrid, col·lecció Thyssen-Bornemisza.
Roy Lichtenstein i altres artistes que pertanyien al corrent artístic de l'art pop van representar imatges impreses del món del còmic en els seus quadres. A la cara de la noia podem constatar que va representar-hi fins i tot els punts de la trama.

3. La línia

Quan ajuntem diversos punts, l'un rere l'altre, es crea una línia.

Si el primer punt d'una línia es troba amb l'últim punt, diem que la línia és **tancada**. Una línia tancada delimita un espai o una superfície i crea una forma que té com a contorn la línia tancada.

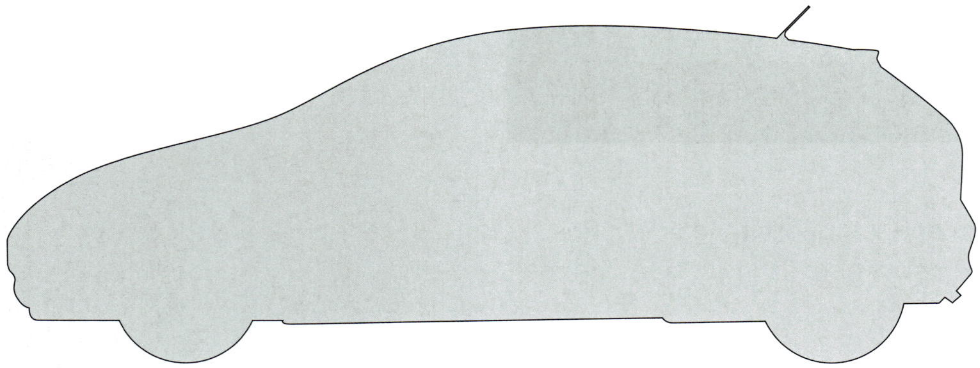

El **contorn** és una línia tancada que limita exteriorment una superfície o bé un cos.

❶ Silueta a contraclaror.
❷ *Pom de fulles*, Henri Matisse, 1953. Los Angeles, Wight Art Gallery, University of California.
Matisse va crear els seus *gouaches découpées* amb retalls de diferents colors. Aquesta obra es va crear amb contorns que capten l'essència de les formes.

Si mirem una línia molt de prop, la podrem veure com una franja de color uniforme.

I si observem, per exemple, una autopista des d'un avió, la veurem com si fos una línia.

❸ Pont Zubizuri, projectat per Santiago Calatrava, 1990-1997. Bilbao.

Així doncs, igual que amb el punt, la distància des de la qual observem una línia és important, ja que el concepte de línia és relatiu. Es considera que és una línia quan la seva longitud és molt més gran que la seva amplada o gruix.

Exemple de...

Activitat amb punts i línies

Observa com podem obtenir formes i figures amb la unió de punts per mitjà de línies.

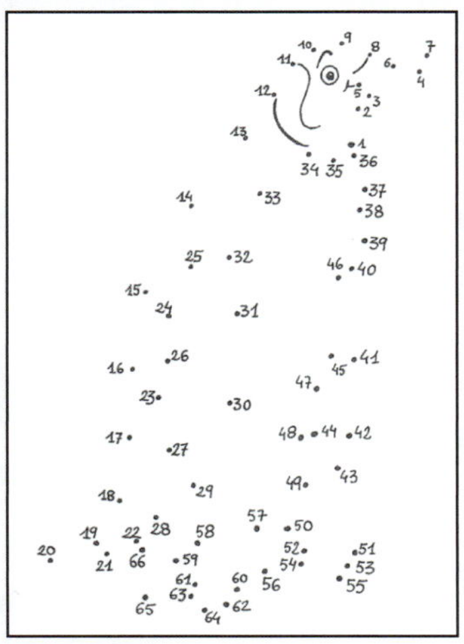

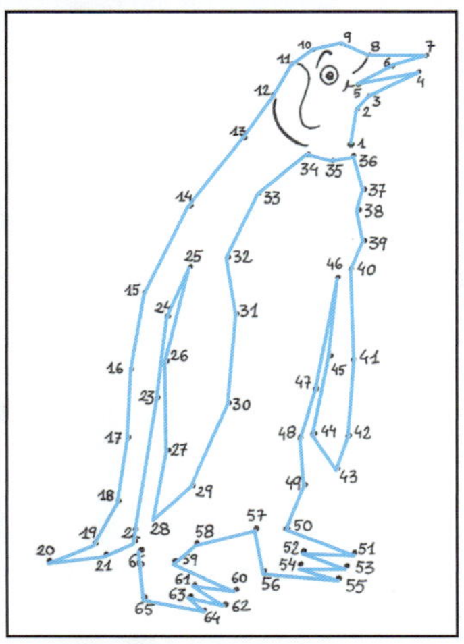

1 Tipus de línies

Podem representar una línia desplaçant un estri –un llapis, per exemple– sobre una superfície. Segons la forma del desplaçament, s'obtindrà un tipus o un altre de **línia**.

Si el llapis o l'eina emprada es desplaça sempre en la mateixa direcció, s'obté una **línia recta**.

Per traçar una línia recta, es fan servir estris com el regle, que permeten desplaçar el llapis o l'instrument utilitzat en la mateixa direcció.

Si el llapis es mou canviant de direcció d'una manera més o menys suau, s'obtenen **línies corbes** o ondulades.

Aquest tipus de línies se sol fer a «mà alçada», és a dir, sense fer servir regles.

Però també és possible utilitzar plantilles o regles deformables, que es poden adaptar a una determinada corba.

El compàs permet fer un tipus de línia corba amb unes característiques específiques.

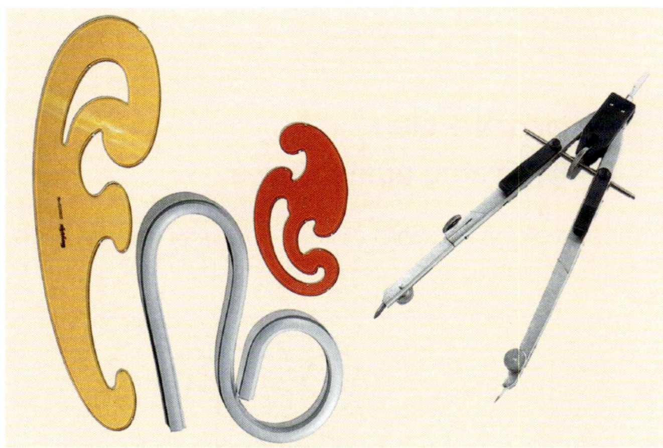

Quan en traçar una línia es produeixen canvis bruscos de direcció, s'obtenen **línies poligonals** o en ziga-zaga. Per ferne, també s'utilitza el regle.

2 Ús de la línia

La línia és l'element més utilitzat en les representacions graficoplàstiques. Generalment, quan dibuixem, fem servir línies, ja que permeten crear formes molt diverses.

Segons quina classe de dibuix es faci, s'utilitzarà un tipus de línia o un altre. En els dibuixos tècnics, per exemple, és molt important la precisió; per aquest motiu es fan servir línies molt ben delimitades, que es creen amb l'ajut del regle o del compàs.

Altres vegades, per a diversos tipus de dibuixos, s'utilitza la línia amb una intenció més expressiva. Generalment, aquesta classe de dibuixos es fa a mà alçada, combinant els diferents tipus de traç que permetin els procediments emprats.

1 

2 

3 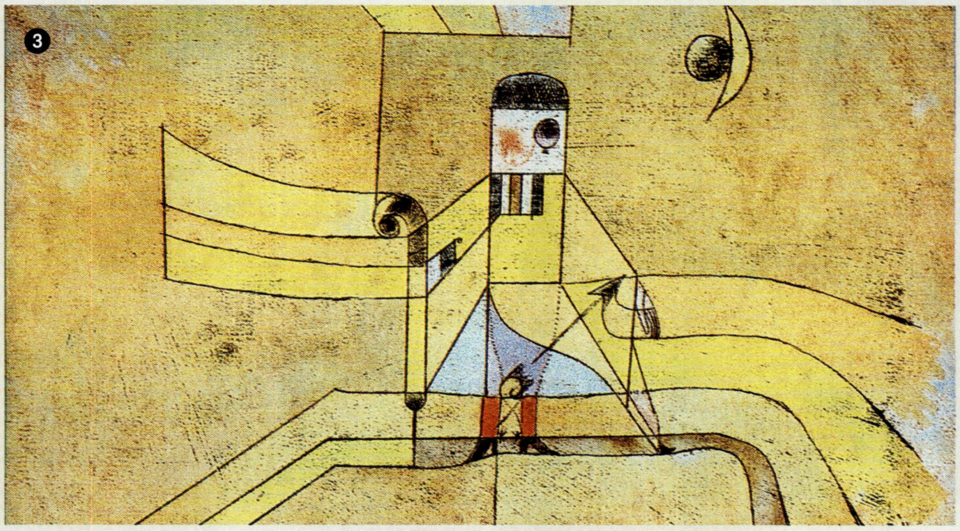

En aquestes obres podem veure que Picasso, Dalí i Klee van utilitzar la línia de maneres ben diferents.

1 *Retrat d'Igor Stravinsky*, Pablo Picasso, 1920. París, Museu Picasso.

2 *Cavaller espanyol*, Salvador Dalí, 1977.

3 *Bartolo: la vendetta, oh!, la vendetta!*, Paul Klee, 1921. Col·lecció particular.

3 El valor expressiu de les línies

La línia és un dels elements del llenguatge visual amb més possibilitats expressives. Els pintors, escultors, arquitectes i dissenyadors, conscients d'això, l'han utilitzat per expressar sensacions de suavitat, dolçor, moviment, indecisió, tremolor, rigidesa...

❶ Pont de Bac de Roda, 1987. Barcelona.
En aquest pont, projectat per l'arquitecte Santiago Calatrava, la trama de línies adquireix un gran protagonisme.

❷ Retrat d'una dama.
En aquesta il·lustració japonesa destaca l'ús de línies corbes, ondulades i suaus.

❸ *Cascada 3* (detall), Bridget Riley, 1967. Londres, British Council.
En aquest quadre s'ha representat un moviment similar al de les onades o les ales d'un ocell que vola, mitjançant línies ondulades.

❹ Composició de Hans Hartung, 1904. París, col·lecció Anna Eva Bergman.
En aquesta pintura s'hi pot veure el gran potencial expressiu que poden tenir les línies fetes amb grans pinzellades.

❺ *Línia indeterminada*, Bernar Venet, 1965. París, Museu Nacional d'Art Modern. Aquesta escultura està dedicada a la línia, un dels elements conceptuals del llenguatge visual.

El gest que fem quan tracem una línia i les tècniques i procediments emprats permeten aconseguir una gran varietat de línies.

❻ Aquestes línies han estat creades amb diferents procediments graficoplàstics. L'ús de plomes o de llapis permet variar la pressió i obtenir línies de diferents gruixos i densitats. A més, podem utilitzar plomes de gruixos diversos i combinar llapis de diferent duresa. D'aquesta manera s'amplien enormement les possibilitats expressives.

La línia s'utilitza tant en els dibuixos artístics com en els tècnics. Generalment, les línies que tenen un traç continu i uniforme i que han estat fetes de manera mecànica es consideren poc expressives. En canvi, les línies que tenen diferents gruixos o densitats es consideren més expressives.

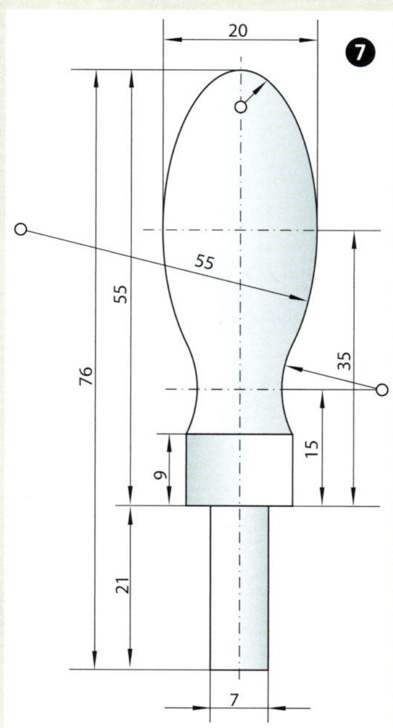

❼ Aquest dibuix tècnic ha estat creat per descriure un objecte. Les línies tenen un gruix constant, la qual cosa ajuda a definir l'objecte amb més precisió.

❽ En aquest dibuix hi podem observar la utilització de diferents tipus de línies, amb diferents gruixos i intensitats, que s'han obtingut gràcies a l'habilitat tècnica del dibuixant.

4 Línies i direccions

Una de les característiques més evidents de la línia és la direcció. Amb les línies es poden crear eixos de tensió en una composició. La direcció d'una línia pot ser constant, com en el cas de les línies rectes; pot canviar suaument, com en les línies ondulades, o bé pot canviar bruscament, com succeeix amb les línies en ziga-zaga.

❶ *Guernica*, Pablo Picasso, 1937. Madrid, Museo Nacional Centro de Arte Reina Sofía.
Picasso hi va utilitzar una gran varietat de línies per expressar el dramatisme del bombardeig de la ciutat de Gernika, l'any 1937.

❷ La línia de la carretera dirigeix la nostra mirada cap a la part superior dreta de la fotografia i, per tant, crea un eix de tensió.

Línies rectes

En general, les línies rectes són més fredes i estàtiques que les línies corbes.

- **Línies horitzontals:** suggereixen estabilitat i poc dinamisme. Provoquen sensacions de repòs i calma.

- **Línies verticals:** es consideren més estables que les línies horitzontals. Continuen sent estàtiques, tot i que produeixen una sensació d'elevació.

❸ *Núm. 2 (blau, vermell i verd)*, Mark Rothko, 1953. Suïssa, col·lecció particular.
En aquest quadre destaca la direcció horitzontal.

❹ *Quatre pollancres*, Claude Monet, 1891. Nova York, Museu Metropolità d'Art.
En aquest quadre destaca la direcció vertical.

- **Línies inclinades o obliqües:** són molt dinàmiques i produeixen un efecte d'inestabilitat.

5 *Ocells*, Franz Marc, 1914. Munic, Städtische Galerie im Lenbachhaus.
En aquesta obra destaquen les línies diagonals.

Línies corbes

Són molt dinàmiques a causa dels seus canvis continus de direcció, però alhora transmeten una certa sensació de suavitat, ja que aquests canvis no es donen de manera brusca.

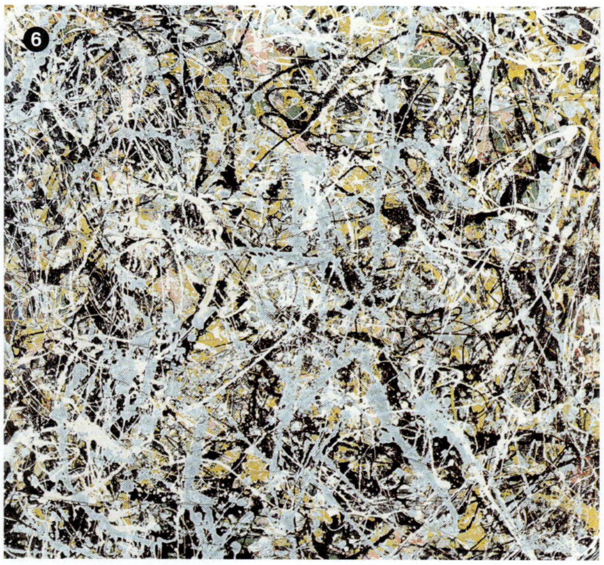

6 *Número 4*, Jackson Pollock, 1949. New Haven, Yale University Art Gallery.
Pollock va crear moltes composicions amb trames de línies corbes creades amb la tècnica del *dripping*.

7 *Arlequí*, Victor Vasarely, 1936-1952. Col·lecció particular.
Vasarely va experimentar amb els efectes òptics que es podien aconseguir amb les línies rectes i corbes.

Línies trencades o angulars

Són molt inestables i agressives a causa dels seus canvis bruscos de direcció.

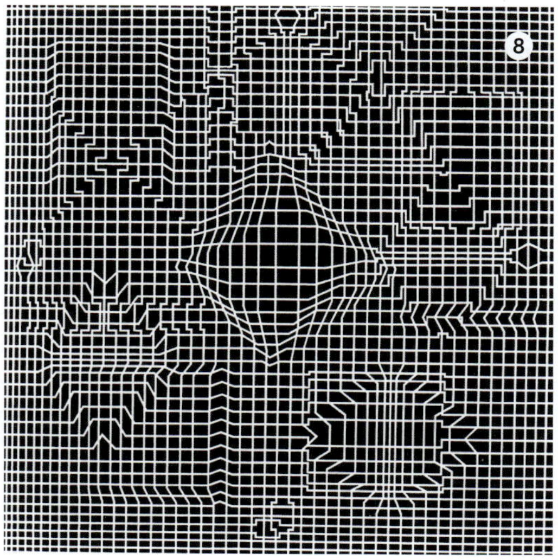

8 *Biadan*, Victor Vasarely, 1959. Pécs, Vasarely Múzeum.
Vasarely va experimentar amb la creació de volums mitjançant línies trencades o angulars.

5 Expressivitat del traç i del grafisme

El moviment o gest que fem quan tracem una línia s'anomena *traç*. Segons el gest i les tècniques que utilitzem, obtindrem diferents línies, que poden contribuir a transmetre sensacions de naturalesa molt diversa.

La paraula **grafisme** deriva del grec *grafia* i fa referència a l'activitat de traçar, tant si és per escriure com per dibuixar. Actualment, aquest terme s'utilitza sobretot quan parlem del traçat de línies i de l'activitat de dibuixar.

Els traços fets manualment transmeten el caràcter o l'estat d'ànim de la persona que els fa i, per tant, són una expressió gràfica d'allò que sent i pensa l'autor. En les creacions plàstiques podem observar que els artistes han utilitzat el traç com a eina de comunicació i expressió de les emocions.

❶ Hergé, el dibuixant de Tintín, feia servir un tipus de línia molt clara i ben definida per als seus còmics.
❷ Cartell d'Arnold Saks, per a una exposició d'escultura. Mitjançant línies, s'ha representat gràficament l'acció de l'energia sobre un material flexible.
❸ Els programes informàtics de disseny gràfic tenen un menú que permet escollir entre una gran varietat de línies.
❹ Il·lustració de còmic de Benito Jacovitti.
En els còmics s'utilitzen línies cinètiques, que representen el rastre del moviment dels objectes i els personatges. Aquestes línies ajuden a representar l'acció i el moviment.

❺ Frontispici del llibre *Instituta caenobiorum* i del *Liber collationum* (c. 1432). Barcelona, Biblioteca de Catalunya.
❻ Grafisme abstracte que il·lustra la força rítmica continguda en un simple traç.
❼ «Dong Jun, déu del riu». Dibuix de Zhang Wo procedent d'un rotlle titulat *Les nou cançons*. Les línies ondulades creen un efecte de moviment harmoniós, que recorda les onades del mar.

Exemple de...

Activitat de traç

Per controlar millor el traç, és molt útil la pràctica de la cal·ligrafia.

També es poden fer exercicis com els que es mostren.

Podeu disposar una sèrie de punts que unireu amb segments traçats a mà alçada i sense fer gaire pressió amb el llapis. Després, a partir d'aquests petits segments, traçareu la línia corba procurant fer els traços entre dos punts sense aixecar la mà.

Podeu dibuixar dues rectes paral·leles i, sense recolzar la mà en el paper, traçar línies ondulades i cargolades mirant de no sortir dels límits que marquen les rectes paral·leles. Heu de procurar fer tota la línia amb un sol traç.

Què recordo?

1. Quins són els elements conceptuals del llenguatge visual?
2. Què és un punt?
3. Com s'obtenen les línies?
4. Quan s'uneixen els dos extrems d'una línia, què s'obté?
5. Què és el contorn?
6. Què és una línia recta?
7. De quina manera es poden aconseguir línies expressives?
8. Quines direccions poden tenir les línies?
9. Quin valor expressiu s'atribueix a les línies corbes?
10. Quin tipus de línia es considera adequada per expressar l'agressivitat?
11. Què significa la paraula *grafisme*?

UNITAT

5

La forma i la grandària

1 La forma: classificacions

2 Representació subjectiva de la forma

3 La grandària: mesures i magnituds

1. La forma: classificacions

La forma és un **element visual** del llenguatge plàstic i visual. La forma és l'aparença externa de les coses, el conjunt de línies i de superfícies que en determinen el contorn.

També és un dels principals elements visuals que percebem quan mirem un objecte. Quan descrivim un objecte, solem dir quina forma té: si és rodó, quadrat, regular, irregular, pla o volumètric...

Les formes es poden classificar de moltes maneres. Si pensem en el seu origen, podem dividir-les en naturals o artificials; si ens fixem en els elements que les constitueixen, podem parlar de formes simples o compostes, i si ens basem en el sistema utilitzat per construir-les, les podem classificar en geomètriques o lliures. Ara bé, si pensem en l'espai que ocupen, podem classificar les formes en bidimensionals o planes, i tridimensionals o volumètriques.

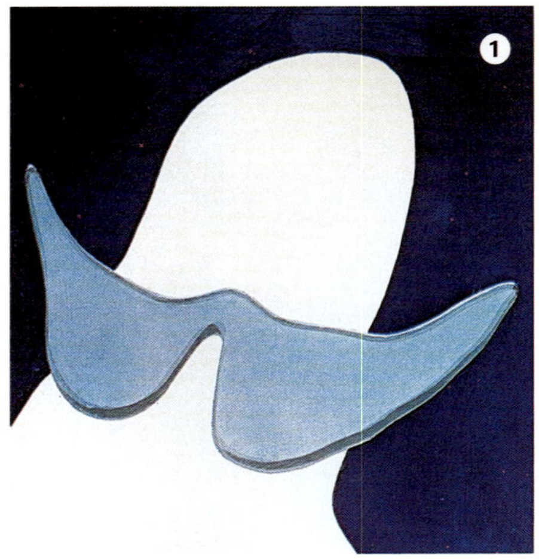

1 *Cap amb bigotis rígids*, Hans Arp, 1926. Col·lecció Madame Arp.
En aquesta imatge, Arp va utilitzar formes planes per representar una cara.

1 Formes bidimensionals i tridimensionals

Les formes **bidimensionals** o **planes** són les que es troben en un pla o s'hi han representat. Un pla només té dues dimensions: llargària i amplària.

Les formes **tridimensionals** o **volumètriques** són les que delimiten un espai i tenen tres dimensions: llargària, amplària i alçària.

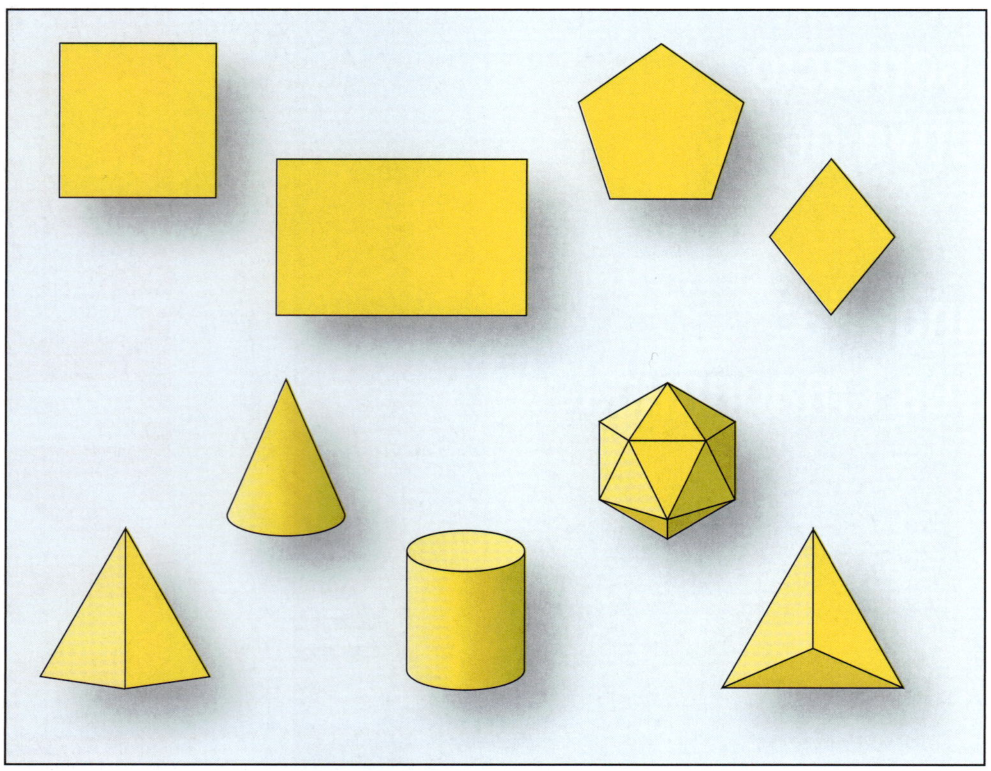

2 Formes naturals i formes artificials

Si classifiquem les formes en funció del seu origen, podem parlar de formes naturals i formes artificials.

- **Formes naturals:** són formes que pertanyen a la natura o bé representacions de formes de la natura. Els organismes vius i els objectes inanimats que hi ha al planeta són formes naturals.

❷ Formes naturals.
❸ Formes artificials.

- **Formes artificials:** són formes derivades d'objectes i entorns que han estat creats per l'home. Els edificis, les màquines, els cotxes, les eines, etc., són formes que pertanyen a aquest grup.

En aquestes imatges podem veure dos estils arquitectònics molt diferents.

❹ Casa Batlló, projectada per Antoni Gaudí, 1905-1907. Barcelona.
Gaudí va projectar edificis amb formes corbes i orgàniques, que ens mostren el gran amor que sentia per la natura.

❺ Marquesina d'accés al metro de Bilbao, obra de Norman Foster, coneguda popularment com a *fosteritos*.
L'obra de Foster, en canvi, es caracteritza per formes més geomètriques i no tan ornamentades.

3 Formes figuratives i formes abstractes

En funció del contingut específic de les formes, les podem classificar en figuratives i abstractes.

- **Formes figuratives:** són les formes que representen un tema identificable per l'espectador.

❶ *Vaques, groga-vermella-verda*, Franz Marc, 1912. Munic, Städtische Galerie im Lenbachhaus.
En aquest quadre podem veure formes figuratives. Encara que les vaques no s'hagin representat tal com són en la realitat, qualsevol les pot identificar.

❷ *La traïció de les imatges*, René Magritte, 1928-1929. Los Angeles, Los Angeles County Museum of Art.
El text ens diu «Això no és una pipa», de manera que Magritte planteja una reflexió sobre el fet que una imatge pintada, per realista que sigui, mai no pot substituir una forma real.

- **Formes abstractes:** són les formes que representen un tema que no es pot identificar.

❸ *Primera aquarel·la abstracta*, Vasili Kandinski, 1910. París, Museu Nacional d'Art Modern, Centre Georges Pompidou.
Kandinski volia representar el seu món interior mitjançant formes abstractes, que no tenien res a veure amb el món material que l'envoltava.

4 Formes cal·ligràfiques, formes geomètriques i formes orgàniques

Una altra classificació de les formes és la que té en compte el procés que se segueix per crear-les:

- **Formes cal·ligràfiques:** són formes fetes a mà alçada de manera cal·ligràfica.

- **Formes geomètriques:** són formes construïdes matemàticament mitjançant eines com el regle i el compàs, amb la qual cosa s'obté un acabat molt precís i uniforme.

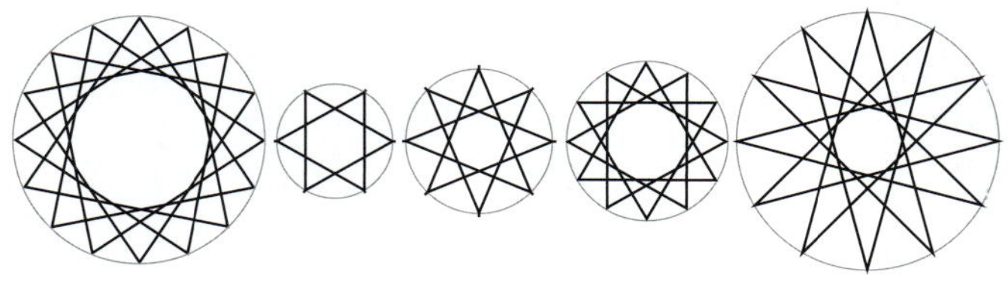

- **Formes orgàniques:** són formes limitades per línies corbes, lliures i suaus. El tipus de línia no transmet el traç cal·ligràfic, però tampoc el valor de línia precisa de la geometria.

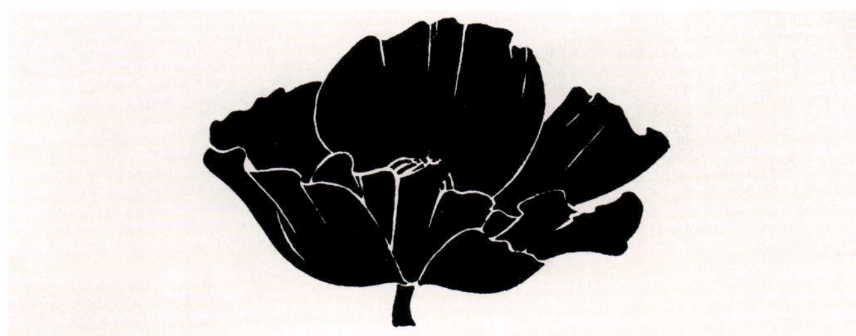

4

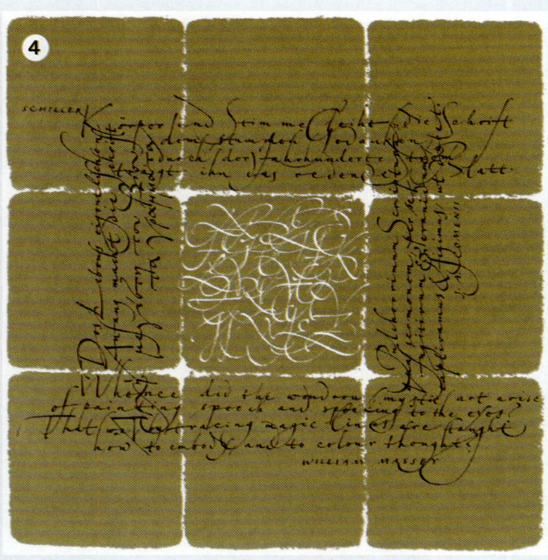

5

❹ Composició de Herman Zapf (1970) en què es combinen una estructura geomètrica i formes cal·ligràfiques.

❺ *Variació Sinjerli I*, Frank Stella, 1968. La geometrització de les formes i les combinacions de colors intensos són una de les característiques més evidents de la seva obra.

2. Representació subjectiva de la forma

1 Estructura de la forma

Si analitzem la forma dels objectes, podem deduir-ne l'estructura interna i representar-la de manera simplificada per mitjà de línies que determinen formes geomètriques.

Aquesta estructura pot ser simple i coincidir amb una forma geomètrica determinada. L'estructura també pot ser més complexa i estar formada per diferents formes geomètriques.

❶ L'estructura d'aquest gratacel és un prisma de base rectangular.

❷ Fundació Miró de Barcelona, projectada per Josep Lluís Sert.
L'estructura de l'edifici està formada per diferents cossos geomètrics.

La major part dels objectes fabricats per l'ésser humà tenen una estructura geomètrica. En canvi, els elements de la natura presenten sovint formes amb estructures no geomètriques i, per tant, difícilment simplificables.

En qualsevol cas, l'estructura d'aquests elements també està formada per línies que en determinen les direccions estructurals.

2 L'abstracció de la forma

Quan es fa l'encaix d'un objecte, se'n simplifica la forma amb línies i formes geomètriques. Alguns artistes han representat objectes reals simplificant-los d'aquesta manera.

❸ *L'aiguadora, ajustament dinàmic*, Kazimir Malevitx, 1912. Nova York, Museu d'Art Modern.
Els volums d'aquestes figures han estat simplificats amb cossos geomètrics tridimensionals.

❹ *L'acordió*, Fernand Léger, 1926. Eindhoven, Stedelijk Van Abbemuseum.
La forma d'aquest acordió s'ha simplificat amb línies i formes geomètriques planes.

❺ *Nu blau II*, Henri Matisse, 1952. París, Museu Nacional d'Art Modern, Centre Georges Pompidou.
Matisse va sintetitzar una figura femenina amb una forma plana de color blau.

❻ *El petó*, Constantin Brancusi, 1907. Craiova (Romania), Museu d'Art.
Aquesta escultura, elaborada en un únic bloc de pedra, mostra l'habilitat de Brancusi per reduir les formes amb una gran senzillesa de plans i volums.

A la primera meitat del segle XX va aparèixer l'art abstracte. La imatge abstracta és una representació d'imatges mentals que no reprodueix la realitat. Amb l'abstracció, les arts plàstiques es desvinculen de la realitat, i l'artista utilitza formes, colors i textures per expressar les seves idees i emocions.

Per entendre millor les coses que veiem, podem simplificar-les i reduir-les a una forma geomètrica o bé a un grup de formes geomètriques. Aquesta **simplificació** és una pràctica habitual que té molta utilitat en el dibuix.

Aquestes dues formes es poden dibuixar partint de la seva simplificació o encaix dins de formes geomètriques.

1. Façana de l'església Santa Maria Novella, Leon Battista Alberti, 1470. Florència.
2. Fulla de plàtan encaixada dins d'un hexàgon irregular.

3 L'encaix

L'encaix és una representació en paper, o en el suport escollit, de l'estructura d'allò que volem dibuixar. A continuació, exposem un procediment molt útil per dibuixar del natural.

1. En primer lloc, s'ha de decidir quines són les línies estructurals bàsiques de la composició i dels objectes.

❷ A continuació, s'han de representar aquestes línies en el paper tenint en compte les proporcions i les grandàries dels diferents elements de la composició.

S'han d'establir els marges que es vulguin deixar en blanc, que delimitaran l'espai de la composició, i s'ha de procurar que les línies de direcció vertical o horitzontal siguin paral·leles o perpendiculars als marges del paper.

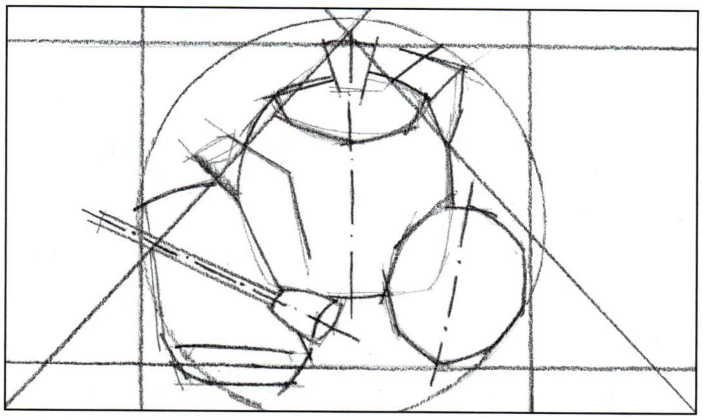

❸ Una vegada fet l'encaix i amb l'estructura del dibuix ben definida, es poden començar a dibuixar les formes amb més detall.

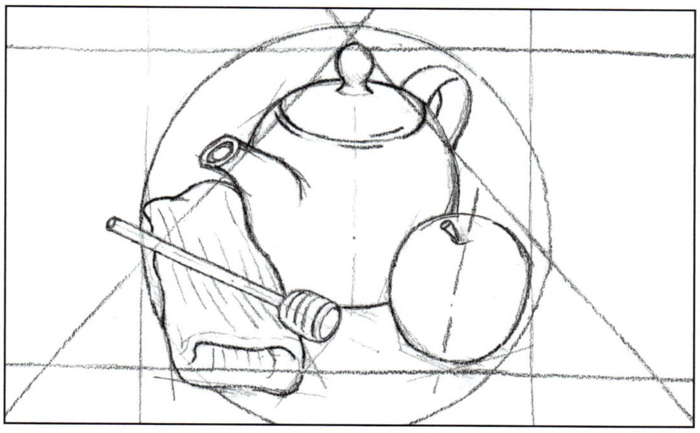

❹ Després, es completarà el dibuix amb la resta d'elements visuals i plàstics: la textura, el color, les llums i les ombres...

En certa manera, podríem comparar el procés de dibuix amb el de la construcció d'un edifici. En un edifici es comença construint l'estructura que l'ha de suportar (columnes, terra, parets...), i l'acabat (la pintura, la fusteria...) es fa al final. En tots dos casos és important resoldre de manera adequada l'estructura, ja que s'hi basa tot el conjunt.

4 La representació del volum: el clarobscur

Els pintors i dibuixants recorren sovint a l'ombreig per imitar les llums i les ombres que es produeixen en la realitat. La seva distribució en un dibuix o una pintura es coneix amb el nom de **clarobscur**.

Procediments graficoplàstics

El clarobscur ha estat un dels recursos més utilitzats en el dibuix i la pintura. És un dels sistemes més eficaços per representar el volum dels cossos i l'espai tridimensional mitjançant procediments graficoplàstics.

Quan es dibuixa un objecte per mitjà de les línies del contorn, s'obtenen formes planes. Ara bé, quan es defineixen les llums i les ombres, aquest objecte adquireix volum i relleu.

L'aplicació del clarobscur es pot fer amb diverses tècniques i procediments graficoplàstics. En el dibuix s'aconsegueix representar volums amb línies, signes gràfics i taques.

1 *Mans dibuixant*, litografia de Maurits Cornelis Escher, 1948.
Les mans del dibuix semblen més reals i adquireixen volum gràcies a la representació de les ombres.

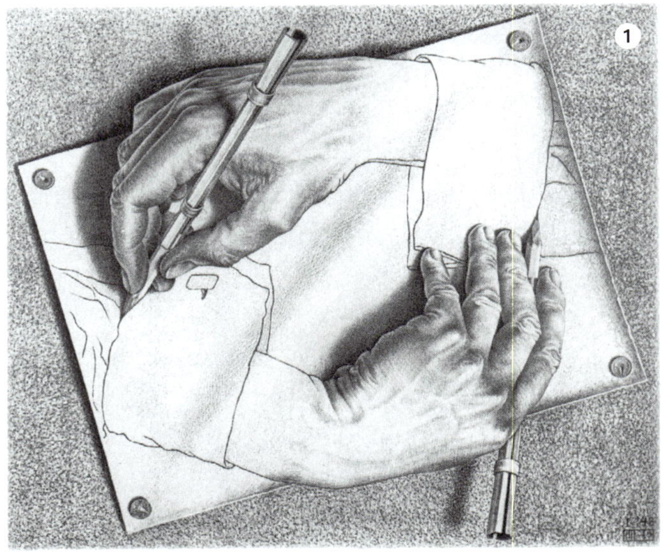

2 *Autoretrat amb pipa*, J. D. G. Courbert, 1848. Hartford (Estats Units), Wadsworth Atheneum.
Els materials tous que es poden difuminar, com el carbonet, la sanguina i el pastel, permeten obtenir unes gradacions suaus de color, i d'aquesta manera es pot crear sensació de volum, relleu i profunditat per mitjà del clarobscur.

3 *Saint-Étienne-du-Mont*, Charles Meyron, 1852. Nova York, Museu d'Art Modern.
En aquest aiguafort, la línia ha estat l'únic element gràfic que s'ha utilitzat per generar els volums. Gràcies a la direcció de les línies i a la separació que hi ha entre elles, s'han creat zones de llum i ombra que ajuden a definir els volums.

En la representació de la figura humana, el clarobscur és un recurs molt important per reflectir el volum dels cossos de manera fidel. Els procediments pictòrics permeten crear valors de llum molt suaus i gradacions molt delicades. Amb aquests procediments es pot representar de manera molt precisa la incidència de la llum sobre els cossos, amb la qual cosa es crea una sensació de relleu amb un realisme sorprenent.

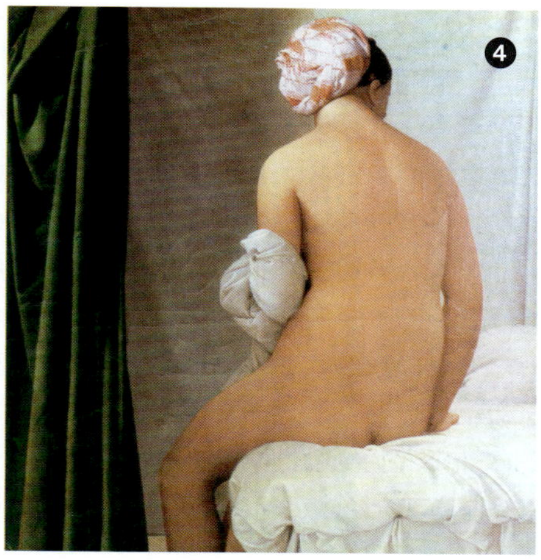

La fotografia

La fotografia és una tècnica que permet reproduir amb un gran realisme els valors de la llum en els espais i els objectes. Per aconseguir-ho, cal escollir la pel·lícula adequada, saber utilitzar la càmera fotogràfica i il·luminar correctament allò que es vol fotografiar.

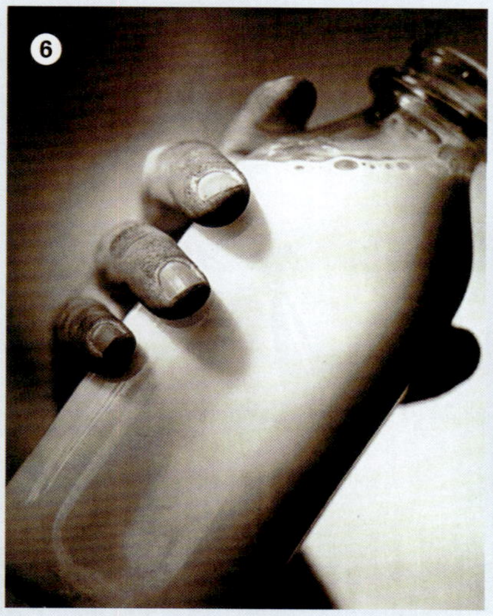

❻ En aquesta fotografia es pot apreciar que les llums i les ombres ajuden a definir els volums.
❼ Per aconseguir una fotografia amb les llums i les ombres que es volen aconseguir, hem de centrar l'esforç en la il·luminació prèvia de l'escena.

En aquestes imatges s'ha representat el volum del cos humà per mitjà del clarobscur.
❹ *La banyista de Valpinçon*, Jean-Auguste-Dominique Ingres, 1808. París, Museu del Louvre.
❺ *Adam i Eva*, Tamara de Lempika, 1932. Ginebra, Petit Palais.

Exemple de...
Activitat de clarobscur

En aquestes imatges, es pot observar que aquestes formes s'han representat il·luminades amb diferents tipus de llum mitjançant la tècnica del clarobscur.
En les superfícies corbes del cilindre i l'esfera, la llum es va enfosquint de manera suau i gradual. En canvi, en l'objecte amb cares planes, la llum canvia de manera brusca.

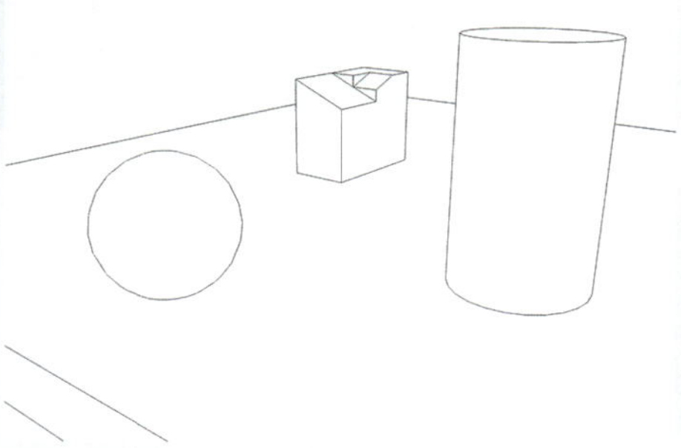

3. La grandària: mesures i magnituds

La **grandària** és un element visual que, igual que la textura, el color i la forma, intervé en la percepció dels objectes i en l'elaboració de les imatges grafico-plàstiques. Quan parlem de **grandària**, ens referim a la mesura de les coses, tant si són bidimensionals com volumètriques, i podem considerar-la aïlladament o bé en relació amb altres objectes.

Un dels elements que més criden l'atenció quan observem un objecte és la seva **grandària**.

En la fotografia de l'escultura *Dona i ocell*, de Joan Miró, podem veure que destaca d'allò que es troba al seu voltant per la grandària.

❶ *Embalatge al Reichstag*, Khristo, 1995. Berlín.
❷ *Dona i ocell*, Joan Miró, 1982. Barcelona, parc Joan Miró.
❸ *Spiral Jetty*, Robert Smithson, 1970. Utah, Gran Llac Salat.

Els senyals de trànsit de les autopistes tenen més grandària que els que hi ha a les ciutats perquè es puguin veure més fàcilment. Els automòbils que circulen per una autopista van a més velocitat que els que circulen per la ciutat, per això és convenient que els conductors puguin veure els senyals amb més antelació, a més distància.

Generalment, quan diem que un objecte és gran o petit, és perquè el comparem amb un altre i, sovint, ho fem amb nosaltres mateixos.

Així doncs, entenem la grandària dels objectes en relació amb d'altres; per això, quan diem que un objecte és gran o petit, hem d'especificar amb què l'estem comparant.

Quan creem una imatge plàstica, hem de considerar la relació entre les diferents grandàries dels objectes que representem; si en un dibuix representem una persona i una porta, òbviament dibuixarem la porta amb la grandària suficient perquè la persona hi pugui passar.

De la mateixa manera, quan fem un treball escrit hem de tenir en compte la grandària dels textos que hi han de destacar: el títol, l'autor i els títols dels apartats, per exemple, els escriurem amb una lletra més gran que la resta, de manera que es distingeixin fàcilment.

❹ Cartell per al VII Congrés d'Arquitectura Moderna, dissenyat per Max Huber. El dissenyador va utilitzar lletres més grans per als textos que han de destacar.

❺ En el disseny de la coberta d'un llibre o d'un treball cal tenir en compte els textos que hi han de destacar.

Les tanques publicitàries de les ciutats són enormes, ja que han de destacar entre els edificis que les envolten. S'hi utilitzen imatges i textos molt ampliats per cridar l'atenció.

Els gegants i capgrossos que surten al carrer en molts espectacles i festes populars tenen mesures exagerades per tal de cridar l'atenció i produir una certa sensació d'impacte.

Exemple de...

Activitat de grandària

En la imatge següent hi ha un grup de cases totes iguals però de grandàries diferents. Cal seleccionar aquelles que són al lloc que els correspon per la seva grandària. Recordeu que els objectes llunyans es veuen més petits que els que són més a prop.

En aquesta imatge, s'han repassat les línies de les cases i aquestes s'han acolorit de manera que l'espai quedi ordenat tenint en compte la grandària.

Què recordo?

1. Què és la forma?
2. Com s'obtenen les formes geomètriques?
3. Com pot ser l'estructura d'una forma?
4. Quin tipus d'estructura solen tenir les formes artificials?
5. Què és l'encaix?
6. Què és una imatge abstracta?
7. Què és la grandària?
8. Per què els senyals de trànsit de les autopistes tenen més grandària que els de la ciutat?
9. Què significa l'expressió «la grandària de les coses és relativa»?
10. Com pot aconseguir-se la representació de volums en un dibuix?

Cúpula del sostre de la Nova Pinacoteca, Museu d'Art Modern de Munic.

UNITAT 6

Representació objectiva. Dibuix tècnic

1. Operacions i traçats geomètrics

El dibuix tècnic és un mètode de representació racional i sistemàtic de les formes de la realitat, la qual cosa fa que sigui de gran utilitat en la representació objectiva.

La representació objectiva de les formes consisteix a representar-les amb la màxima precisió possible. Per fer-ho, s'utilitza la geometria, que és la part de la matemàtica que s'ocupa de les propietats de les formes, de l'espai i de les seves relacions.

L'estudi de la geometria plana i dels traçats geomètrics és necessari per fer representacions objectives de les formes planes o bidimensionals.

1 Operacions amb segments

Suma de segments

Per sumar dos segments es determina en una recta la magnitud d'un dels dos i, a continuació, la magnitud de l'altre, fent coincidir un dels extrems de cada segment.

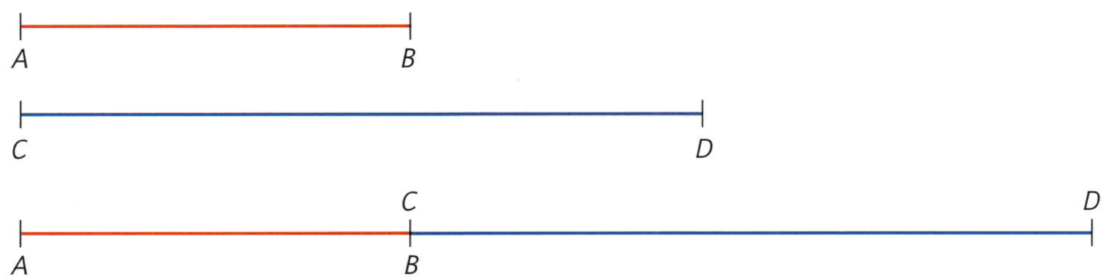

Resta de segments

Per obtenir la diferència entre dos segments, cal dibuixar primer el segment més gran i assenyalar-hi a sobre la magnitud del més petit. La part que sobra del segment més gran (*DB*) és la resta dels dos segments.

Augment d'un segment

Si es vol augmentar la magnitud d'un segment un nombre determinat de vegades, cal sumar el segment tantes vegades com indica el nombre al qual es vol augmentar.

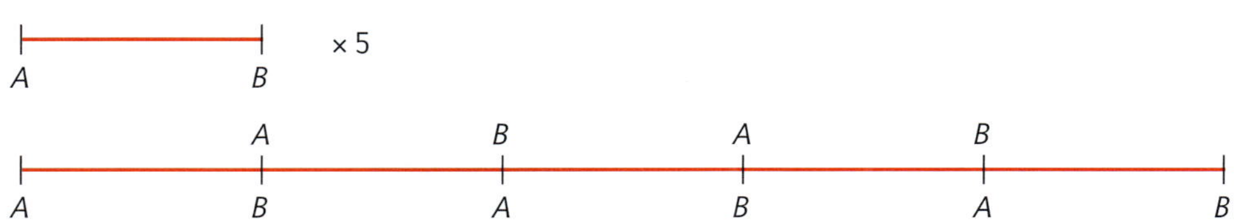

Mediatriu d'un segment

La mediatriu d'un segment és una recta perpendicular al segment que passa pel seu punt mitjà i, per tant, el divideix en dues parts iguals. La distància d'un punt qualsevol de la mediatriu a cadascun dels extrems del segment és la mateixa.

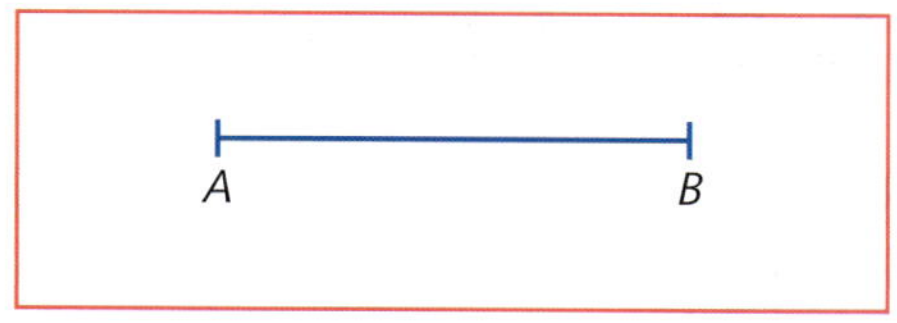

Per traçar la mediatriu s'han de seguir els passos següents:

1. Es fa centre en els extrems *A* i *B* del segment i es dibuixen dos arcs amb una mateixa obertura qualsevol de compàs.
2. Aquests arcs es tallen i determinen els punts *M* i *N*.
3. La recta que passa pels punts *M* i *N* és la mediatriu del segment *AB*.

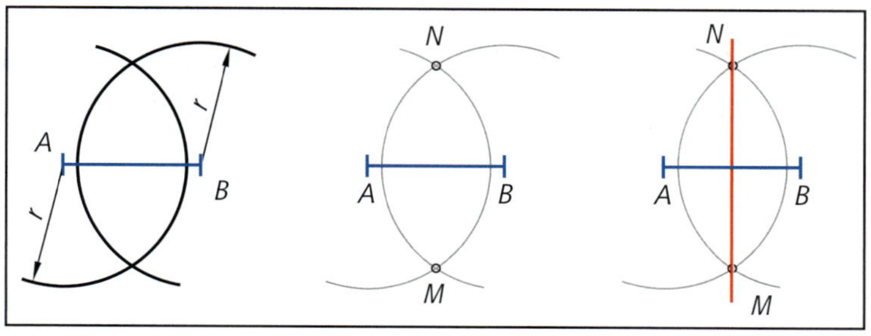

Divisió d'un segment en un nombre de parts iguals aplicant el teorema de Tales

Teorema de Tales

Quan un feix de rectes paral·leles tallen dues rectes que pertanyen a un mateix pla, aquestes queden dividides en segments amb longituds directament proporcionals.

$$\frac{OA}{OA'}=\frac{OB}{OB'}=\frac{OC}{OC'}=\frac{OD}{OD'}$$

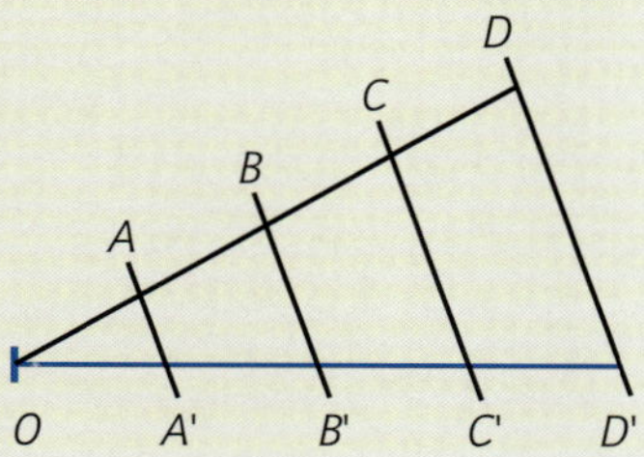

A continuació es poden veure els passos que cal seguir per dividir un segment en quatre parts iguals:

1. Tracem una recta amb una inclinació qualsevol que passi per un extrem del segment *AB* que volem dividir. Sobre aquesta recta hi marquem tants segments iguals com el nombre de parts en què volem dividir el segment *AB*.
2. Tracem una recta que uneixi l'últim extrem d'aquests segments amb l'extrem del segment *AB*.
3. Dibuixem paral·leles a aquesta recta que passin per les divisions que hem marcat. D'aquesta manera dividim el segment *AB* en quatre parts iguals.

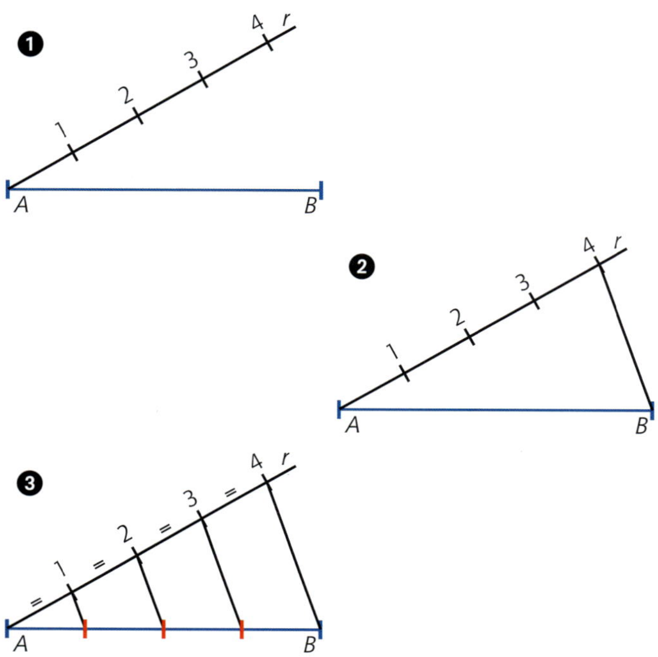

2 Traçat de rectes amb un joc d'escaires

Un joc d'escaires consisteix en dues plantilles en forma de triangle rectangle que s'utilitzen per traçar línies rectes.

Habitualment reben el nom de **escaire** i **cartabó**; combinant-los adequadament, permeten traçar paral·leles i línies que formin angles diversos.

Si fem lliscar un dels escaires mantenint-lo recolzat sobre l'altre, podrem traçar línies rectes paral·leles, perpendiculars o inclinades en qualsevol dels angles dels escaires, o bé amb inclinacions corresponents a la suma o resta d'aquests angles.

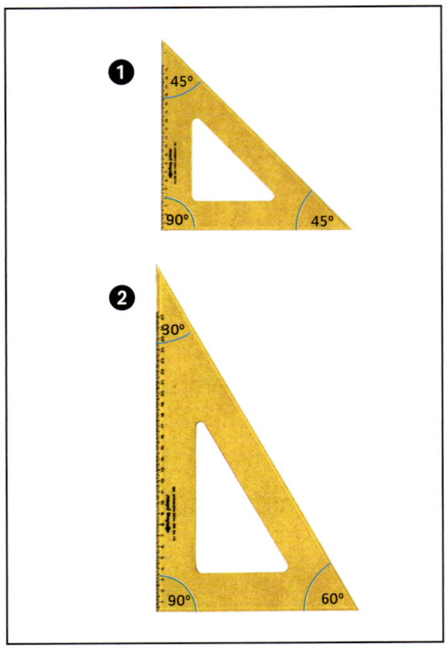

1 El cartabó té un angle de 90° i els altres de 45°.
2 L'escaire té un angle de 90°, un de 30° i un altre de 60°.

Traçat d'una paral·lela a una recta donada que passi per un punt *C*

1 Situem el costat d'un dels escaires alineat amb la recta procurant que no es mogui.

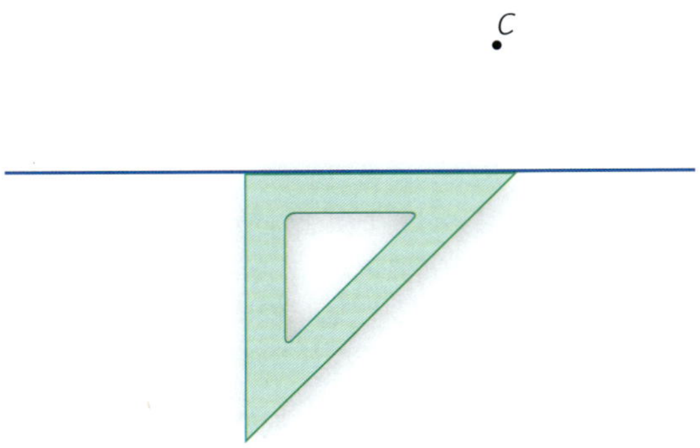

2 Sobre l'escaire que tenim alineat amb la recta hi recolzem l'altre escaire, que ens servirà de guia. Hem de procurar no ocultar el punt per on traçarem la paral·lela.

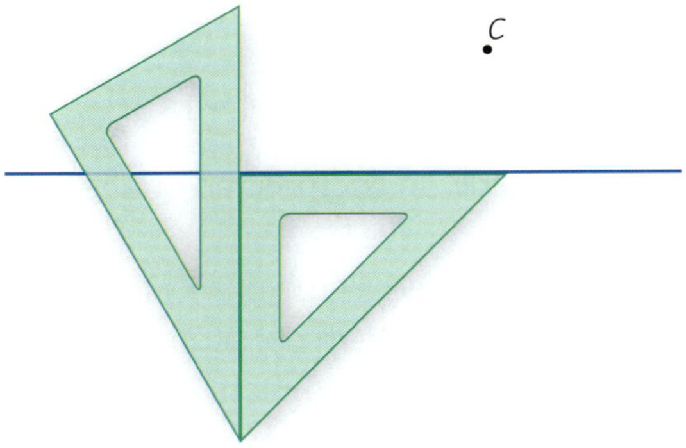

3 Mantenint fix l'escaire guia, desplacem el que està alineat amb la recta fins al punt per on hem de traçar la paral·lela. Finalment, tracem la línia.

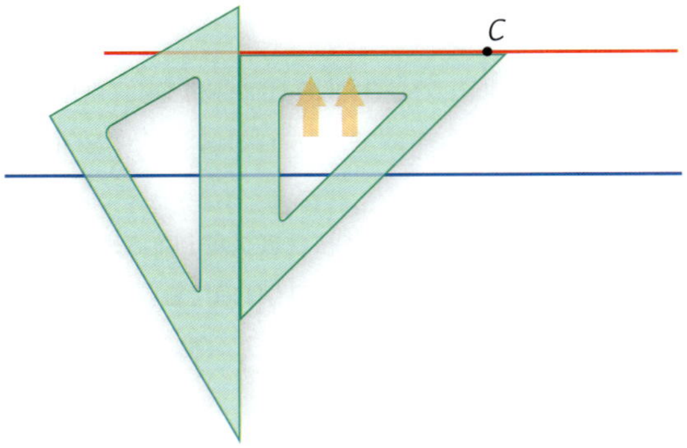

Traçat de rectes perpendiculars, o amb angles de 30°, 45° i 60°, que passin per un punt

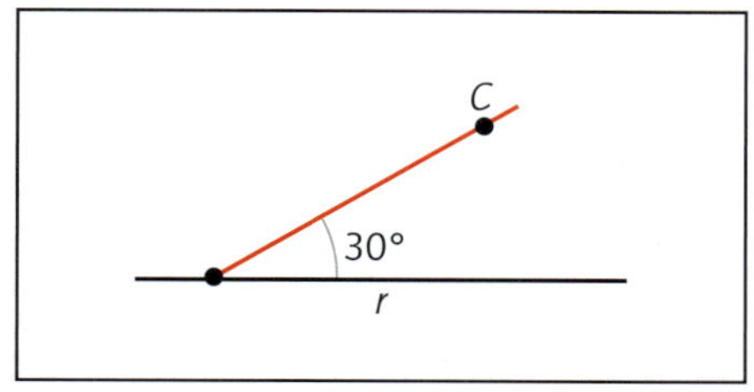

❶ S'utilitza com a guia l'escaire que no té l'angle de la inclinació de la recta que s'ha de traçar.

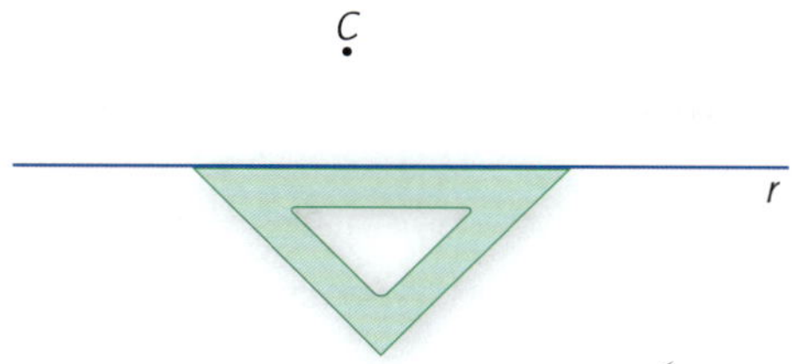

❷ Col·loquem l'altre escaire segons l'angle que vulguem aconseguir i el recolzem sobre el que fa de guia.

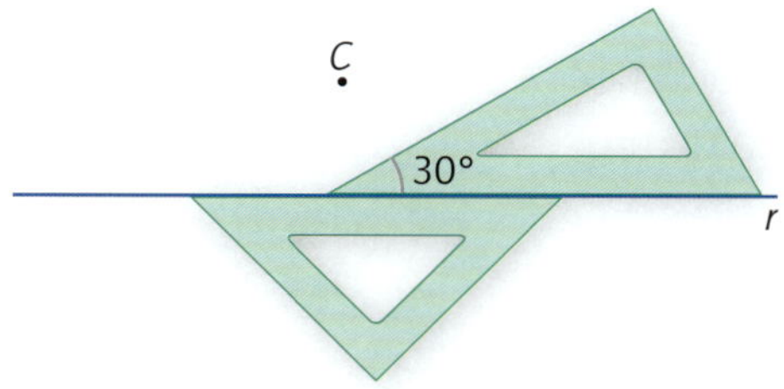

❸ Mantenint fix l'escaire guia, desplacem el que tenim alineat amb la recta fins al punt *C* i tracem la recta amb la inclinació que es vol.

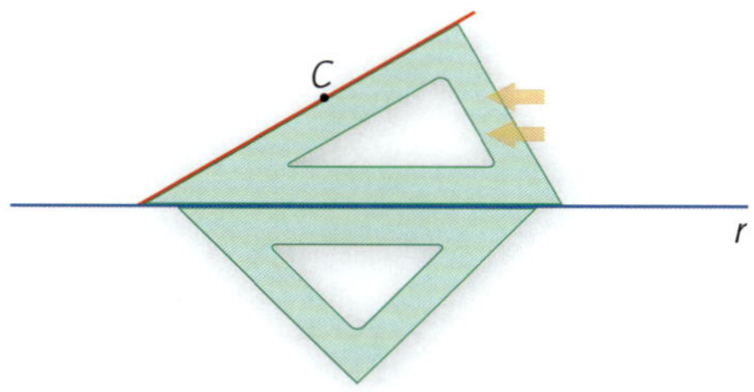

❹ Per fer angles de 90° o perpendiculars a una recta, podem utilitzar tant l'escaire com el cartabó, ja que tots dos tenen un angle de 90°.

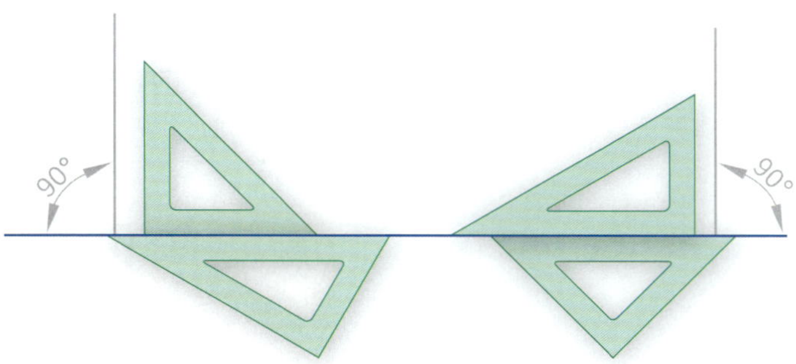

❶ *Physiochromie núm. 1309*, Carlos Cruz-Díez, 1998. Col·lecció de l'artista. Aquesta obra és feta de làmines de PVC i, segons el punt de vista des d'on l'observem, presenta aspectes diferents.

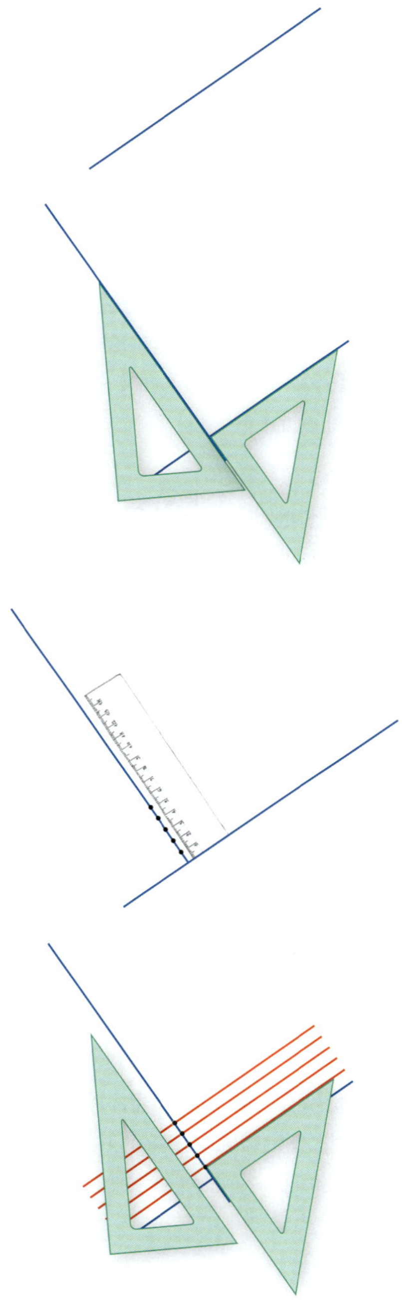

Traçat de rectes paral·leles a una de donada i separades per una distància determinada.

❶ Tracem una recta perpendicular a la recta donada.

❷ Sobre aquesta recta perpendicular, mesurem amb el regle les distàncies de separació de les rectes paral·leles que hem de fer i les marquem.

❸ Tracem les rectes paral·leles fent-les passar per cadascun dels punts que hem marcat.

3 Traçats i operacions amb angles

Traçat d'un angle igual a un de donat

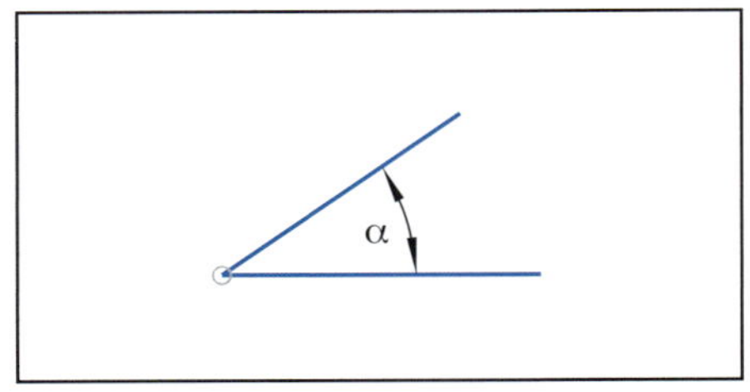

1. Amb el centre al vèrtex de l'angle donat (*O*), es traça un arc de radi qualsevol que talli els dos costats de l'angle en els punts *A* i *B*.

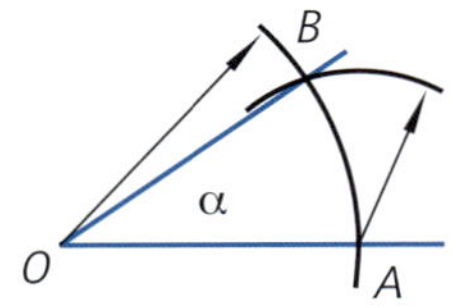

2. Es dibuixa una recta i s'hi determina el punt *O'*, que serà el vèrtex de l'angle. Fent servir la mateixa obertura de compàs (*OA*) que en l'arc anterior i prenent el punt *O'* com a centre, es traça un arc.

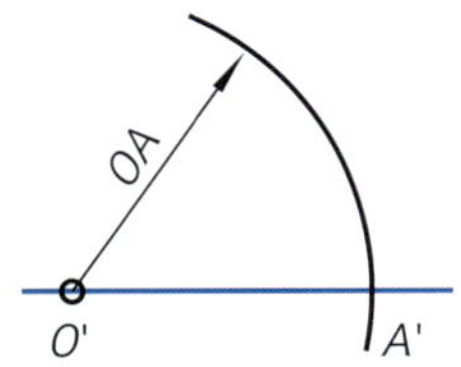

3. Amb el compàs es pren la mesura *AB* sobre l'angle donat. Amb aquesta obertura es traça un arc fent centre en el punt *A'*, que tallarà l'arc anterior en el punt *B'*.

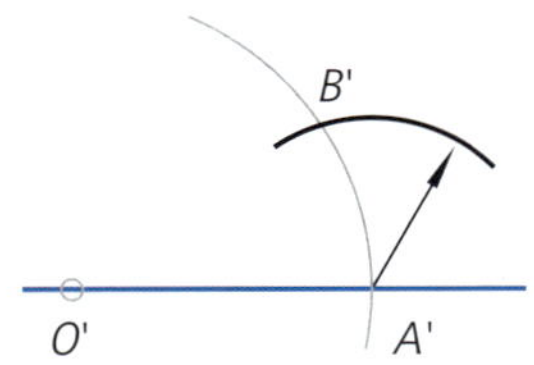

4. Unint el vèrtex *O'* i el punt *B'* s'obté l'altre costat de l'angle.

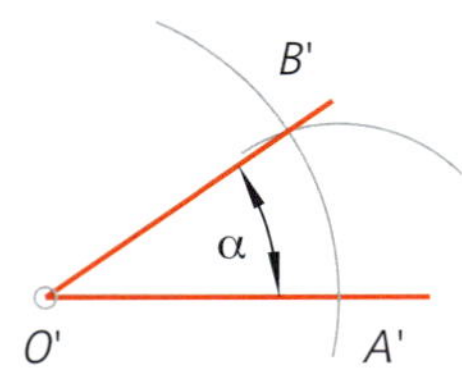

Suma d'angles

Per sumar dos angles s'han de seguir els passos següents:

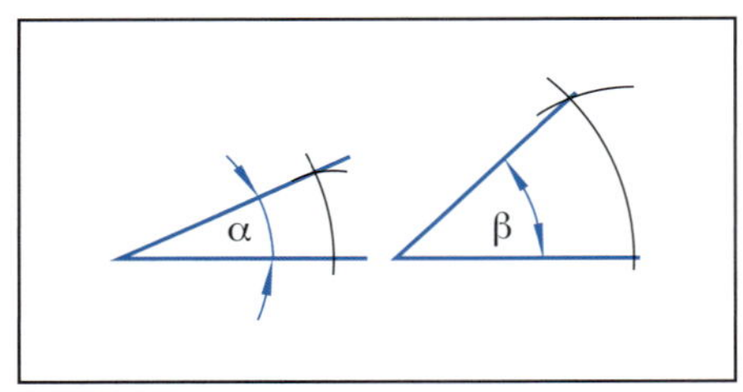

1. Es copia un dels angles seguint el procediment explicat en el punt anterior.

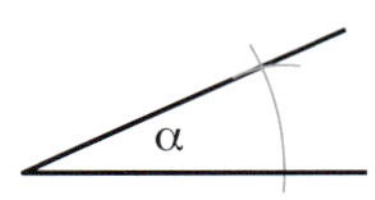

2. Sobre un dels costats de l'angle que s'ha copiat, es dibuixa l'altre angle. D'aquesta manera, tots dos angles comparteixen un costat.

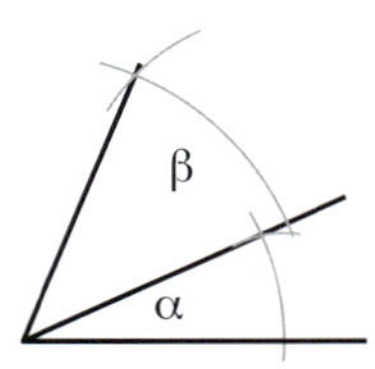

3. Amb els costats exteriors d'aquests dos angles, els que no són comuns, es determina un angle que mesura la suma dels dos angles donats.

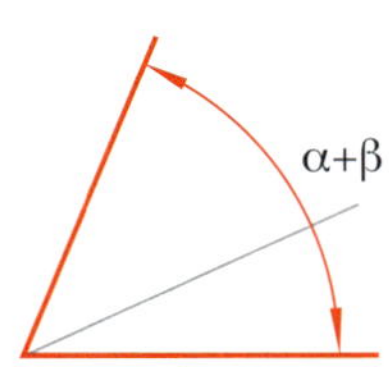

Resta d'angles

❶ Donats dos angles, es copia l'angle més gran.

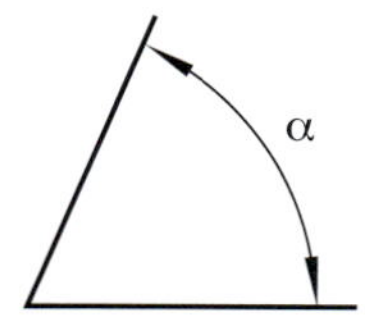

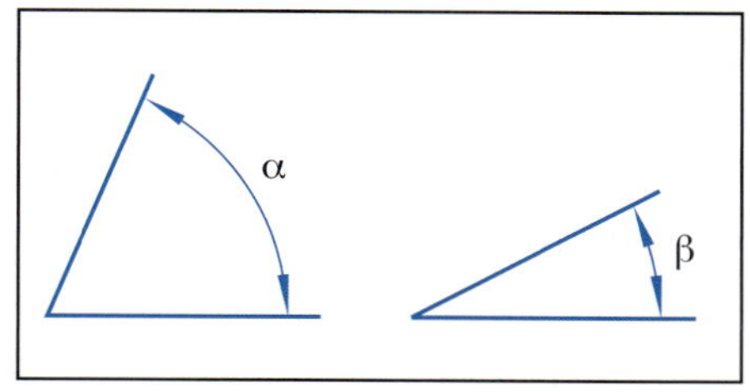

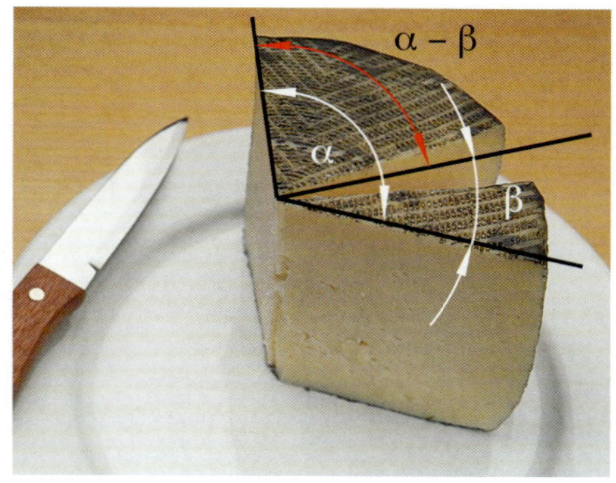

❷ Es dibuixa l'angle petit dins del gran, de manera que tots dos angles tinguin un costat comú.

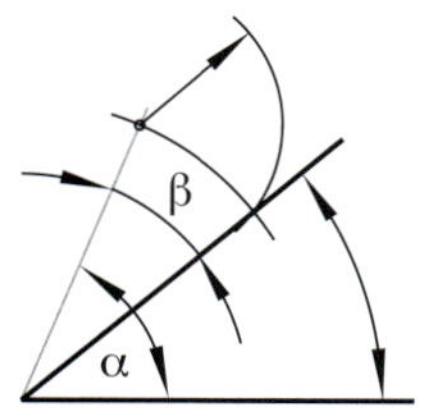

❸ La part de l'angle gran que no queda ocupada pel petit és la resta dels dos angles. Els seus costats són els dos costats no comuns dels angles donats.

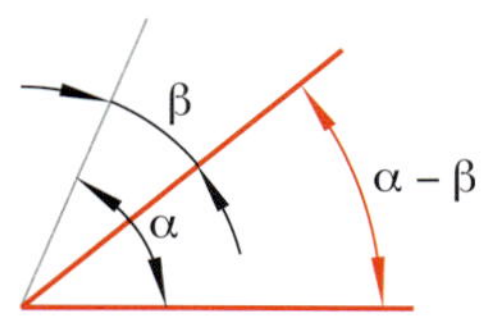

Traçat de la bisectriu d'un angle

La **bisectriu** d'un angle és una recta que passa pel vèrtex i que divideix l'angle en dues parts iguals. Qualsevol punt de la bisectriu d'un angle es troba a la mateixa distància dels dos costats de l'angle. Per traçar la bisectriu d'un angle s'han de seguir els passos següents:

❶ Es fa centre al vèrtex de l'angle i es dibuixa un arc de radi qualsevol que talli els dos costats en els punts *A* i *B*.

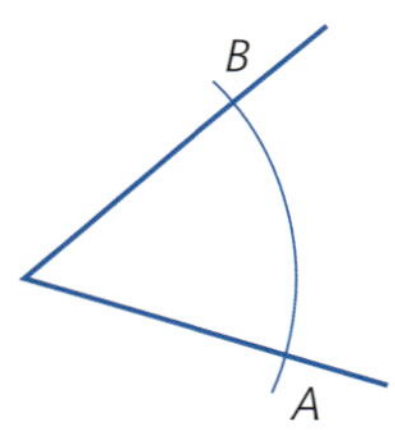

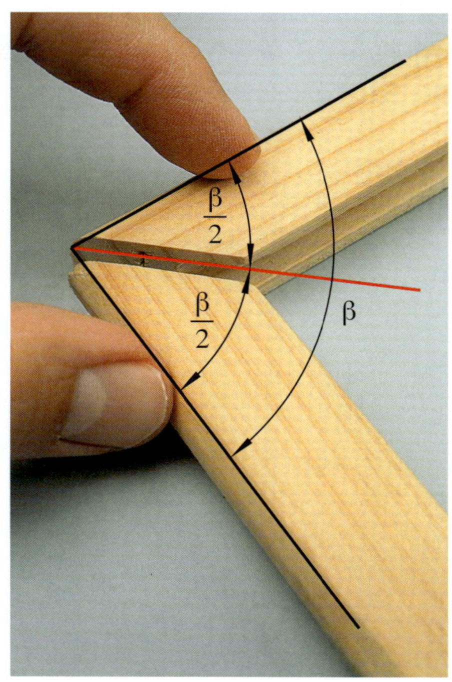

❷ Fent centre en els punts *A* i *B*, i amb una obertura qualsevol de compàs que sigui la mateixa per a tots dos punts, es tracen dos arcs, tal com s'observa en el dibuix.

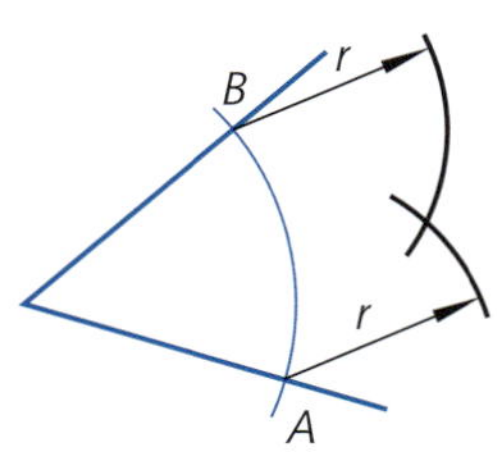

❸ La recta que passa pel punt on es tallen aquests dos arcs i pel vèrtex de l'angle n'és la bisectriu.

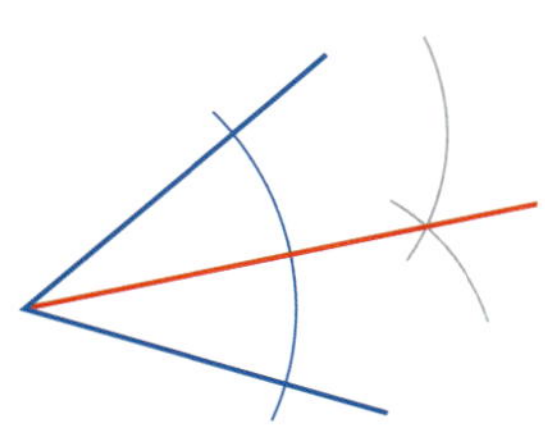

2. Formes i línies poligonals

Una *línia poligonal* és una línia trencada composta per diversos segments que canvien bruscament de direcció. Cada un dels segments d'aquesta línia forma un angle determinat amb els segments adjacents. La paraula *poligonal* prové del grec (*polys* 'molt', *gunia* 'angles') i significa 'molts angles'.

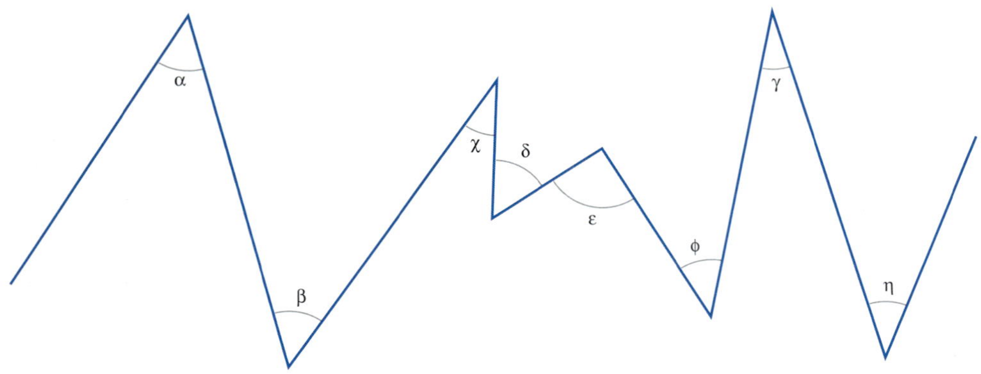

Un **polígon** és una figura plana limitada per una línia poligonal tancada, és a dir, una línia en què l'extrem de l'últim segment coincideix amb l'origen del primer. Els segments d'aquesta **línia** són els costats del polígon.

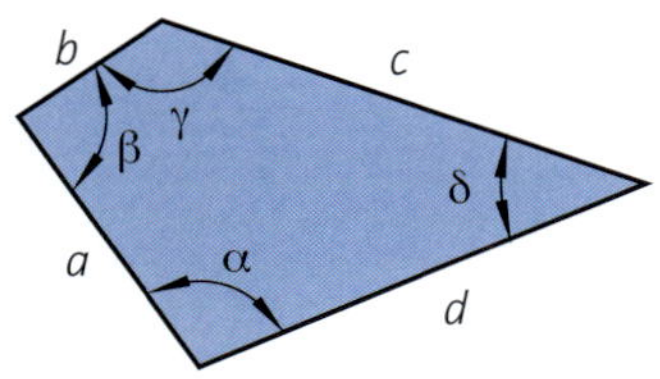

Quan un polígon té tots els costats iguals, diem que es tracta d'un **polígon equilàter**. Si té tots els angles i els costats iguals, és un **polígon regular**, i quan no té ni costats ni angles iguals, és un **polígon irregular**.

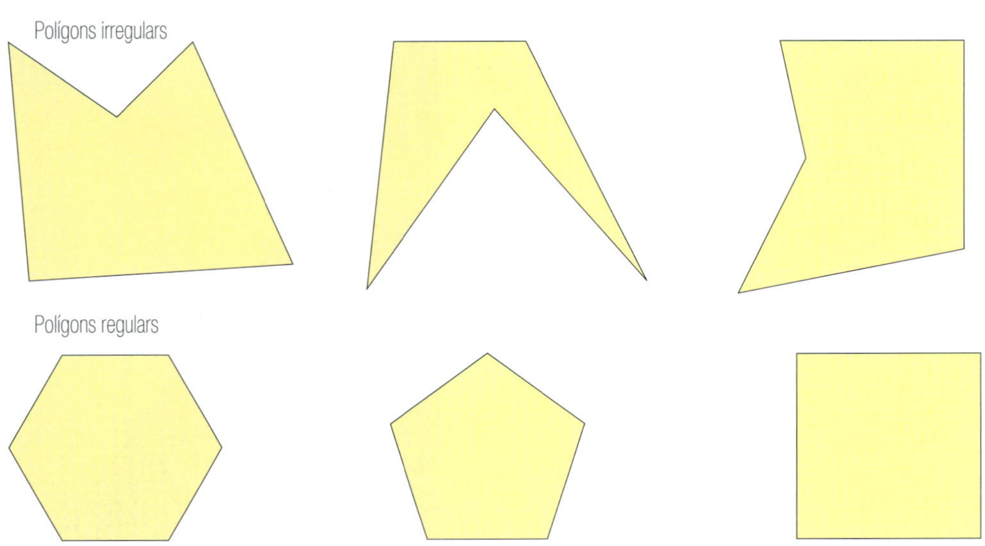

❶ *Vela*, Geneviève Claisse, 1980. París, col·lecció de l'artista.
Aquesta forma volumètrica consta de tres formes planes triangulars.

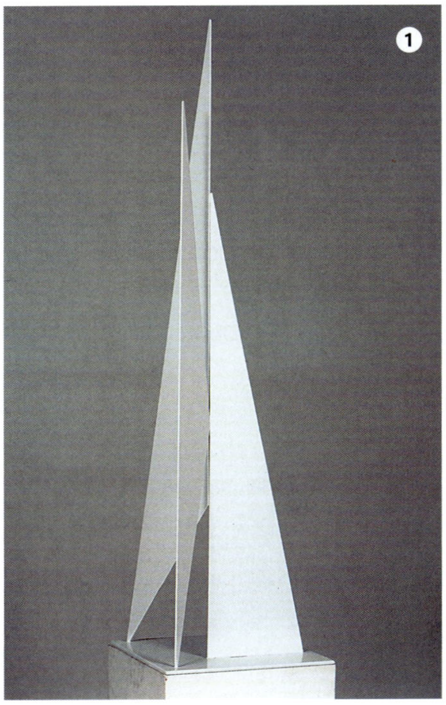

1 Triangles

Un **triangle** és un polígon que té tres angles i tres costats. Els tres angles interiors d'un triangle sumen 180°. Els triangles es poden classificar segons la longitud dels seus costats i segons els seus angles.

Equilàters	Isòsceles	Escalens
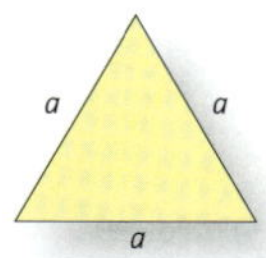	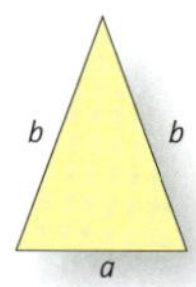	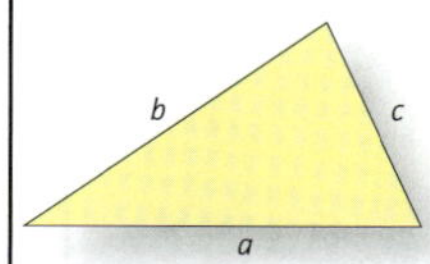
Té tots tres costats iguals.	Té dos costats iguals.	Té tots tres costats desiguals.

Rectangles	Obtusangles	Acutangles
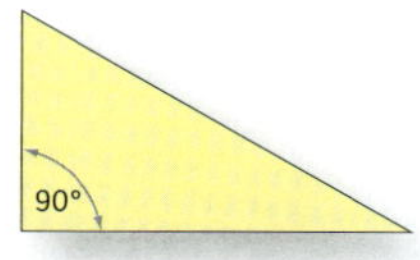	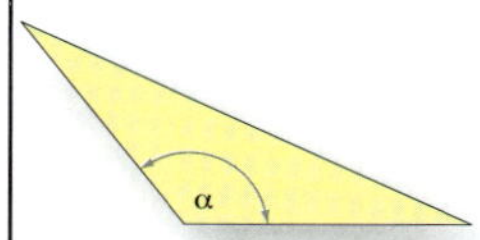	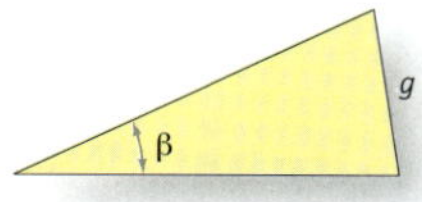
Un dels angles és recte.	Un dels angles és obtús.	Tots els angles són aguts.

Per construir triangles ens basem en tres dades. Tenim una d'aquestes dades quan sabem de quin tipus de triangle es tracta: rectangle, equilàter...

Construcció d'un triangle equilàter

El triangle equilàter és un polígon regular i, per tant, tots els costats i angles són iguals. Per construir un triangle equilàter n'hi ha prou de conèixer la mesura d'un costat.

Construcció d'un triangle escalè

Un triangle escalè té tots tres costats i tots tres angles desiguals. Per construir-lo hem de conèixer tres dades, ja que tant els costats com els angles són diferents.

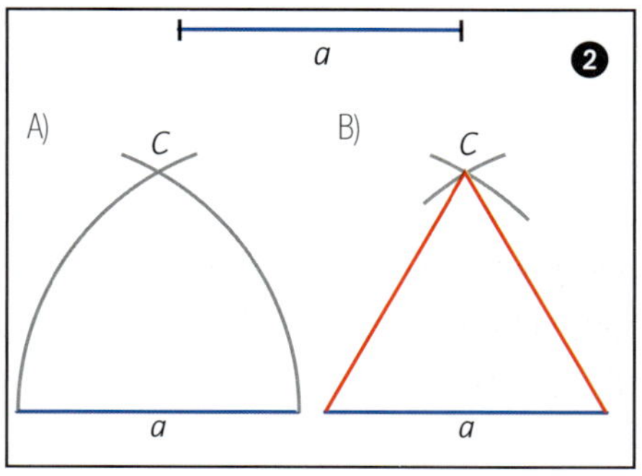

❷ Construcció d'un triangle equilàter.

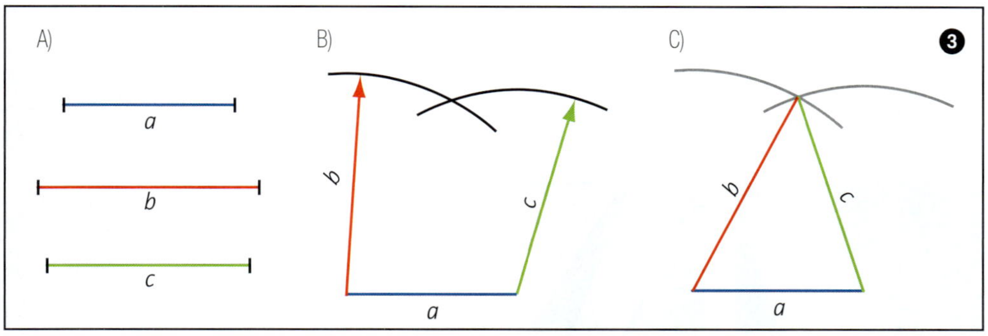

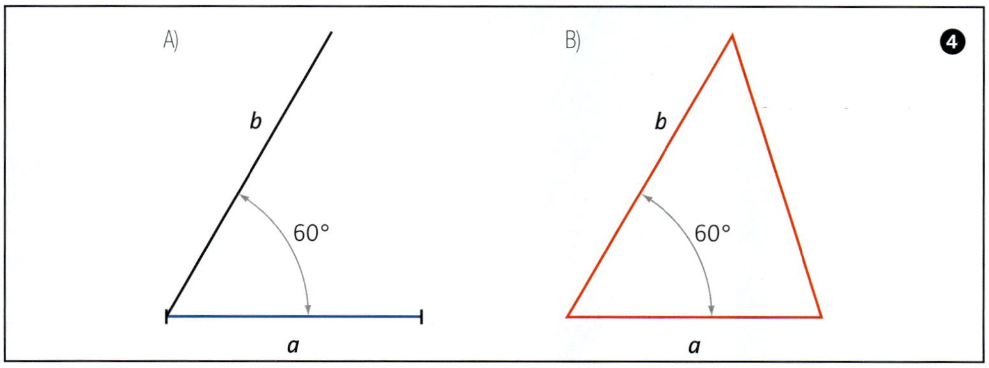

❸ Construcció d'un triangle escalè de costats *a*, *b* i *c*.

❹ Construcció d'un triangle escalè de costats *a* i *b*, amb un angle de 60° comprès entre tots dos.

Construcció d'un triangle isòsceles

Els triangles isòsceles tenen dos costats i dos angles iguals. Podem construir un triangle isòsceles coneixent la mesura d'un dels seus angles i d'un dels seus costats.

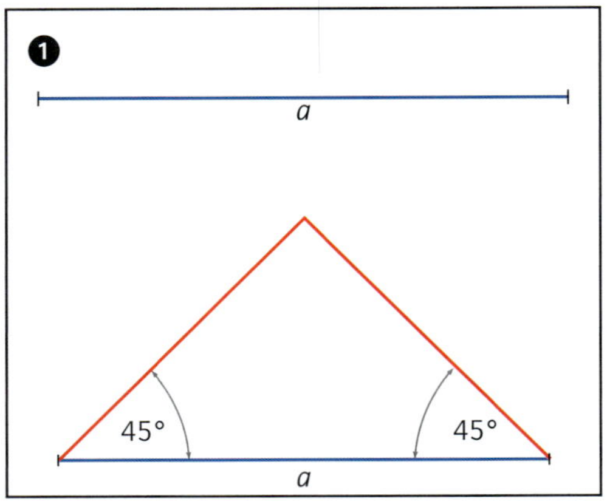

1 Construcció d'un triangle isòsceles de base *a* amb l'angle desigual de 90°.

Construcció d'un triangle rectangle

Els triangles rectangles tenen un angle de 90°. Aquesta és una dada que s'ha de tenir en compte a l'hora de construir-ne. Per construir aquest tipus de triangles, hem de conèixer dues dades més.

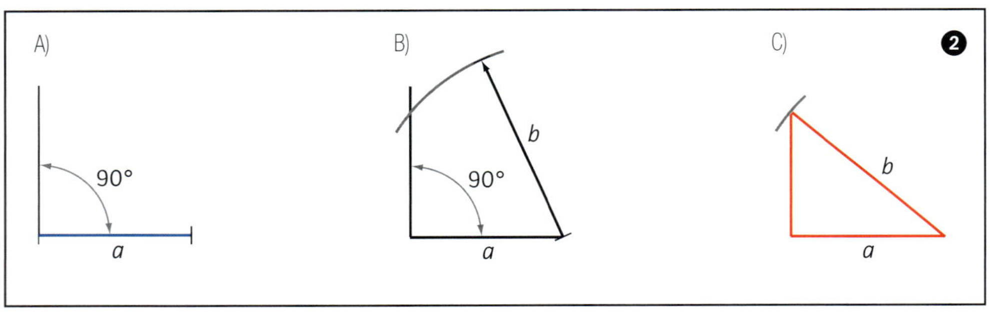

2 Construcció d'un triangle rectangle coneixent un costat *a* i un costat *b*, que és el costat oposat a l'angle recte.

3 *Interpretació iridescent radial*, Giacomo Balla, 1913-1914. Torí, Galeria Cívica d'Art Modern.
La composició de Balla es basa en formes triangulars superposades.

4 *Els triangles*, Olle Baertling, 1961. París, Galeria Denise René.
Les línies negres divideixen la superfície en formes triangulars.

2 Quadrilàters

Un **quadrilàter** és un polígon de quatre costats i quatre angles. Els quatre angles d'un quadrilàter sumen 360°.

La **diagonal** és un segment que divideix un quadrilàter en dos triangles. Els quadrilàters tenen dues diagonals. Si coneixem les longituds de les diagonals, podem construir quadrilàters a partir de triangles.

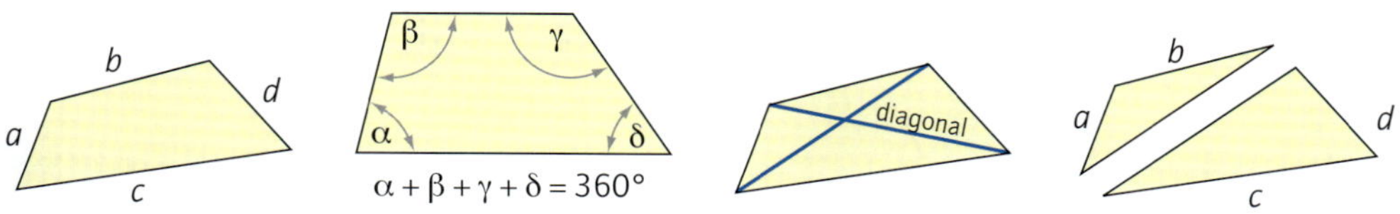

Construcció d'un quadrat

El quadrat és un polígon regular i, per tant, té tots els costats i tots els angles iguals. Els angles d'un quadrat mesuren 90°, i per construir-ne un només cal conèixer la mesura del costat.

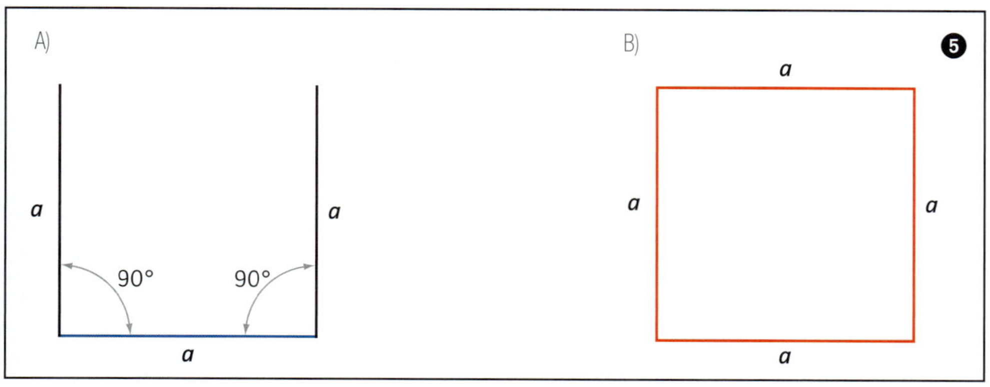

5 Construcció d'un quadrat de costat *a*.

Construcció d'un rectangle

Els quatre angles del rectangle mesuren 90° i els seus costats oposats són iguals. Per construir-ne un, n'hi ha prou de conèixer la longitud dels dos costats desiguals.

6 Construcció d'un rectangle de costats *a* i *b*.

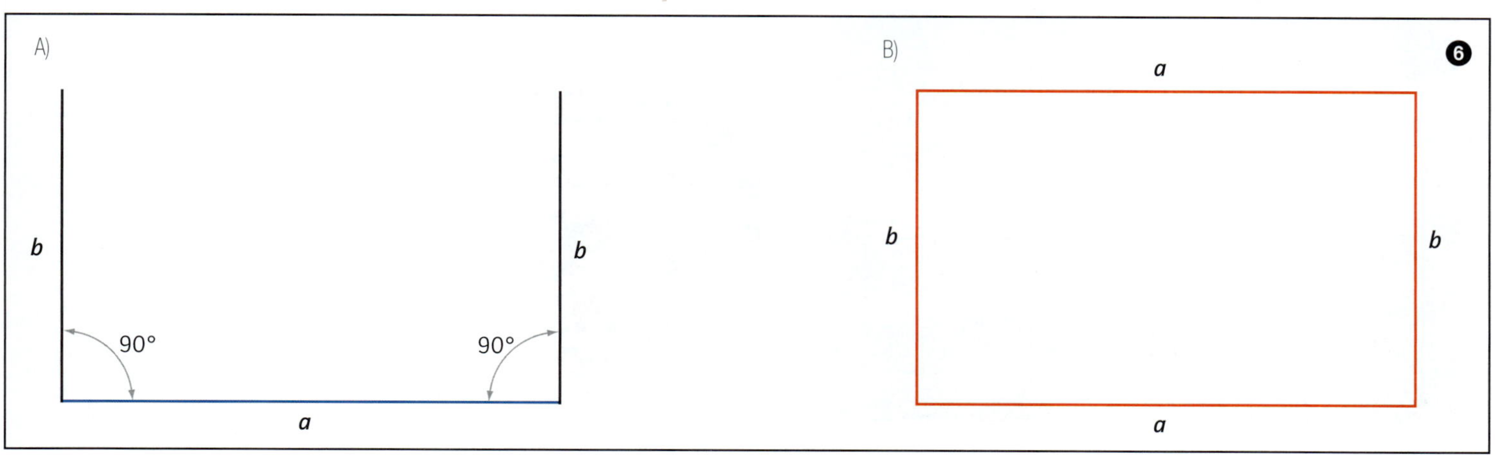

Construcció d'un rombe

El rombe és un quadrilàter que té els quatre costats iguals i els angles oposats també iguals. Podem construir-ne un coneixent la mesura del costat i d'un dels seus angles.

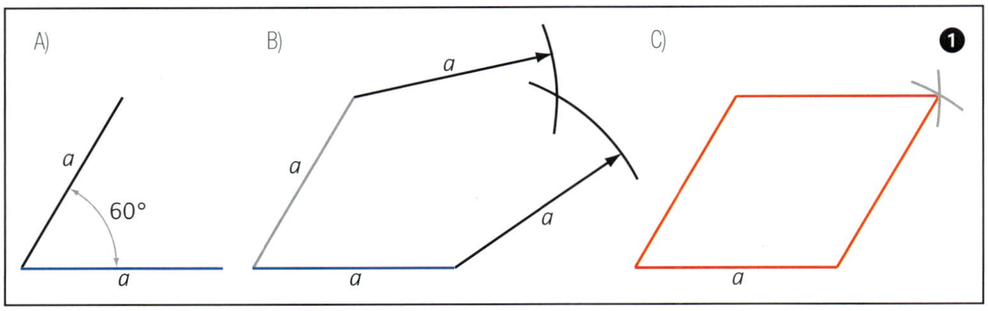

❶ Construcció d'un rombe amb un costat *a* i un dels seus angles de 60°.

Construcció d'un trapezi

Els trapezis són quadrilàters que només tenen paral·lels dos dels seus costats oposats.

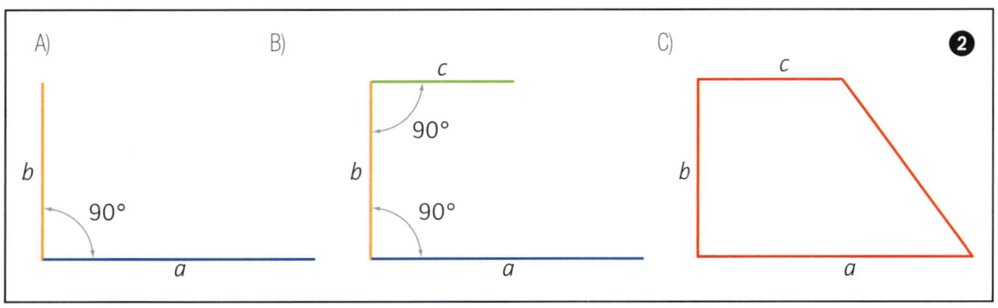

❷ Construcció d'un trapezi rectangle de costats *a*, *b* i *c*.

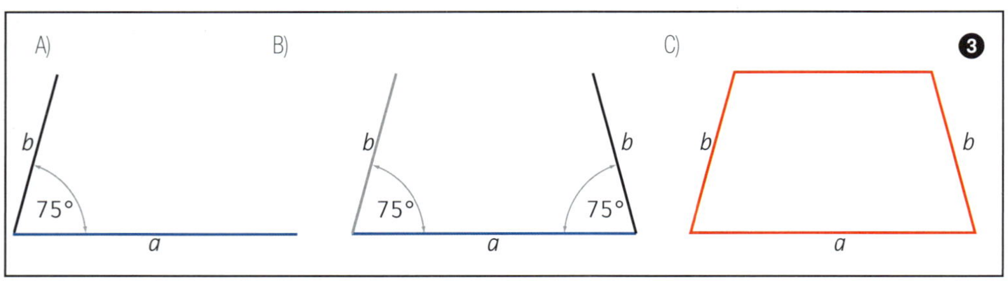

❸ Construcció d'un trapezi isòsceles de costats *a* i *b* amb un angle de 75° comprès entre tots dos.

❹ *Dos rombes*, Andrés Alfaro. Parc Cervantes, Barcelona.

❺ *Victory Boogie-Woogie*, Piet Mondrian (1943-1944). Connecticut (Estats Units), col·lecció particular.
Mondrian va utilitzar polígons en moltes de les seves obres. Aquest quadre és una composició de quadrilàters.

3. La circumferència

La circumferència és una de les formes planes més elementals que es poden obtenir a partir d'una línia.

Si mirem un punt de molt a prop, veurem un cercle molt petit. El contorn d'aquest cercle és una circumferència feta a mà alçada i irregular, gairebé la representació gràfica més elemental.

1 Elements geomètrics de la circumferència

- La circumferència és una línia tancada els punts de la qual es troben a la mateixa distància d'un altre punt anomenat **centre**. Per dibuixar-la correctament, s'ha d'utilitzar un compàs o un altre instrument que permeti traçar una línia al voltant d'un centre.

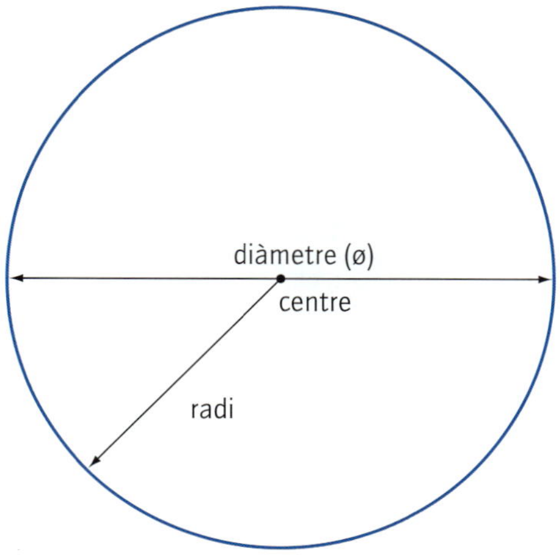

- El **radi** és la distància que hi ha des de qualsevol punt de la circumferència fins al centre. És igual a l'obertura que ha de tenir el compàs per traçar la circumferència.

- L'espai que ocupa l'interior de la circumferència s'anomena **cercle**. Quan retallem una circumferència dibuixada sobre un paper obtenim un cercle.

- El segment que uneix dos punts de la circumferència s'anomena **corda**. Si la corda passa pel centre de la circumferència, rep el nom de **diàmetre** i mesura el doble que el radi. El diàmetre s'indica amb el signe Ø.

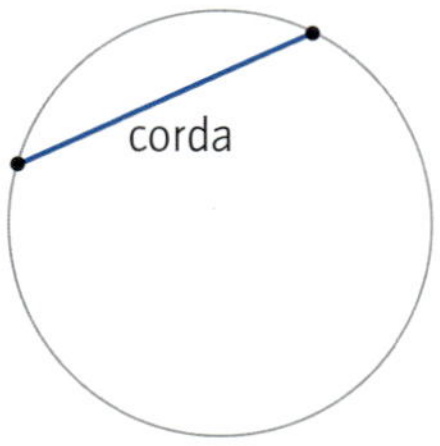

- Un **arc** és una porció qualsevol d'aquesta línia anomenada *circumferència*.

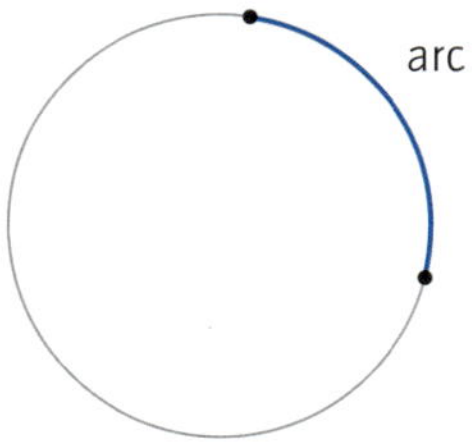

2 Traçat de la circumferència

Construcció d'una circumferència de radi el segment donat *a* i centre el punt *B*

Per traçar la circumferència s'han de seguir els passos següents:

1. Obrim el compàs a la mesura del segment *a*.

2. Prenent com a centre el punt *B* i sense canviar l'obertura del compàs, tracem la circumferència.

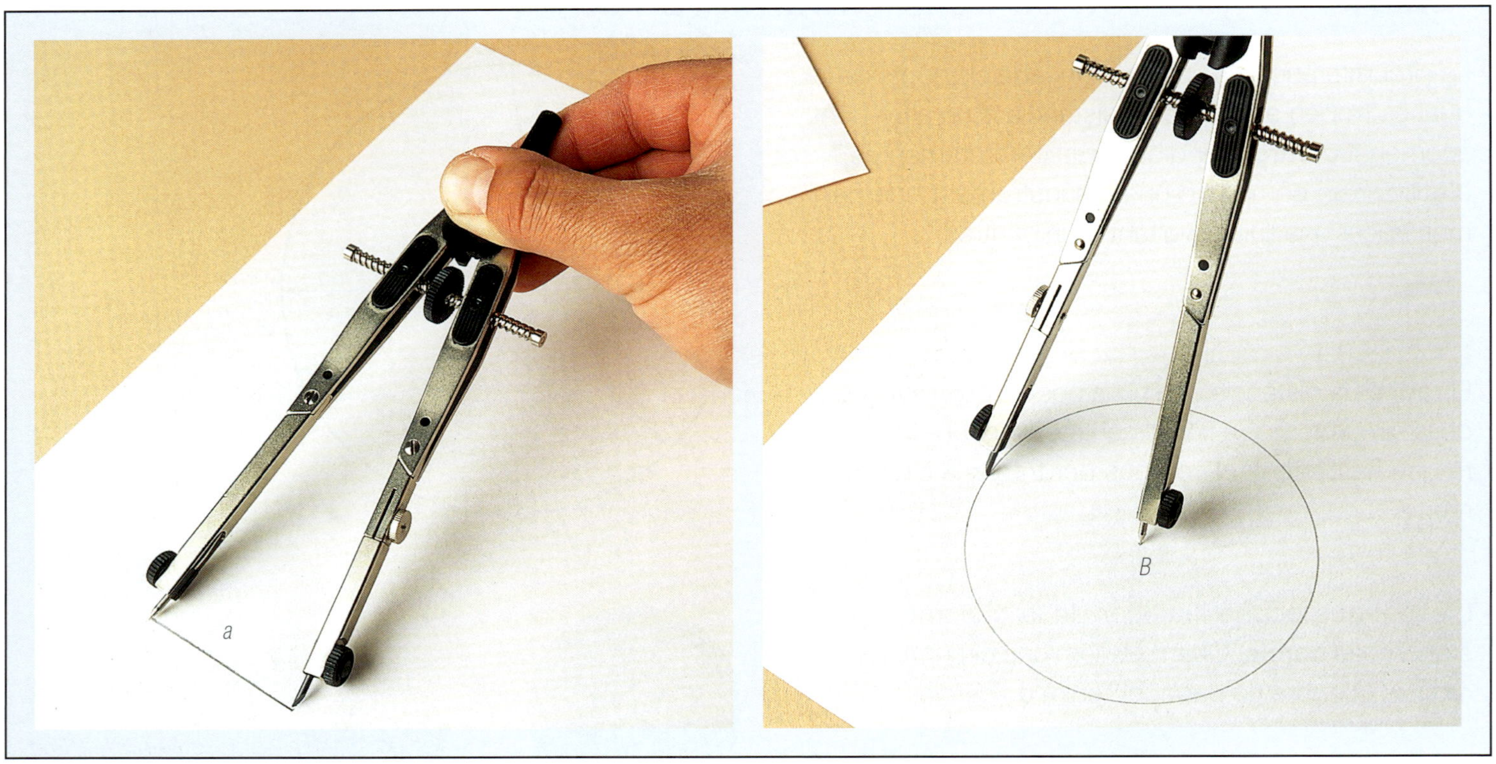

Construcció d'una circumferència de diàmetre el segment donat *a*

Tracem la **mediatriu** del segment *a* per trobar-ne el punt mitjà, que serà el centre de la circumferència. Des d'aquest punt, obrim el compàs fins a un dels extrems del diàmetre i dibuixem la circumferència.

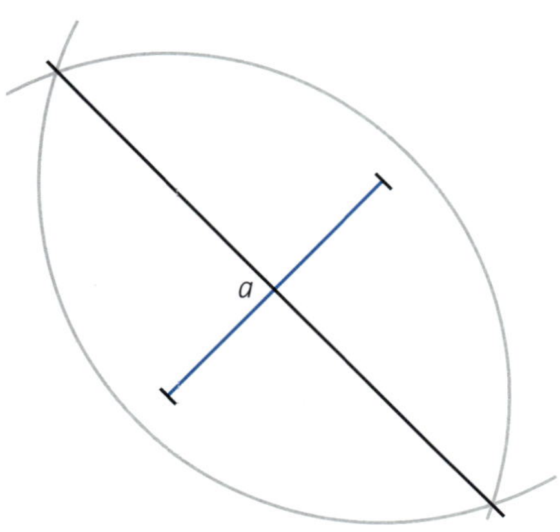

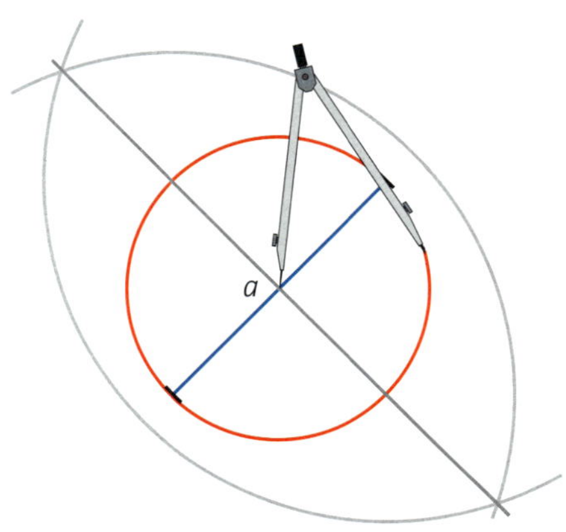

Construcció d'un arc de radi *a* i de corda *b*

Per dibuixar-lo s'han de seguir els passos següents:

❶ Obrim el compàs segons la mesura del radi *a*.

❷ Sense canviar l'obertura del compàs, prenem com a centre un dels extrems de la corda *b* i tracem un arc.

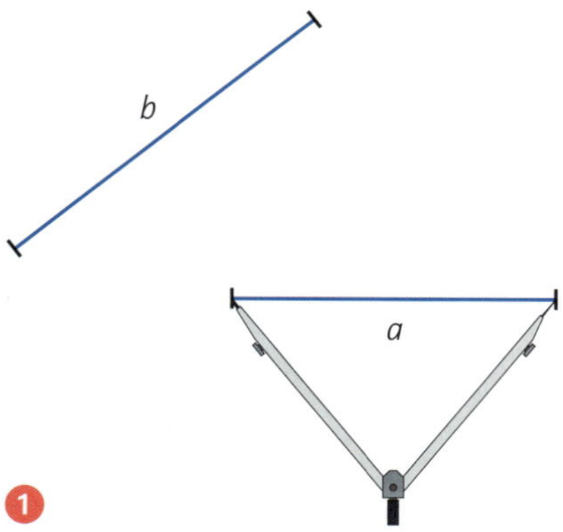

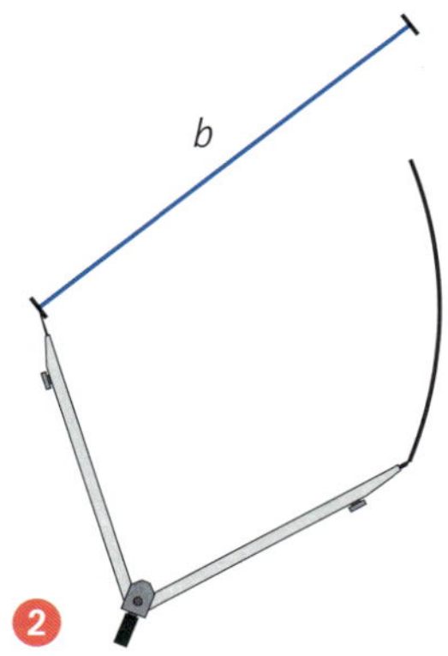

❸ Amb la mateixa obertura del compàs, prenem com a centre l'altre extrem de la corda *b* i tracem un altre arc que talli el primer per un punt.

❹ Aquest punt serà el centre de l'arc en qüestió. Prenent com a centre aquest punt i obrint el compàs fins a un dels extrems de la corda, podrem traçar l'arc requerit.

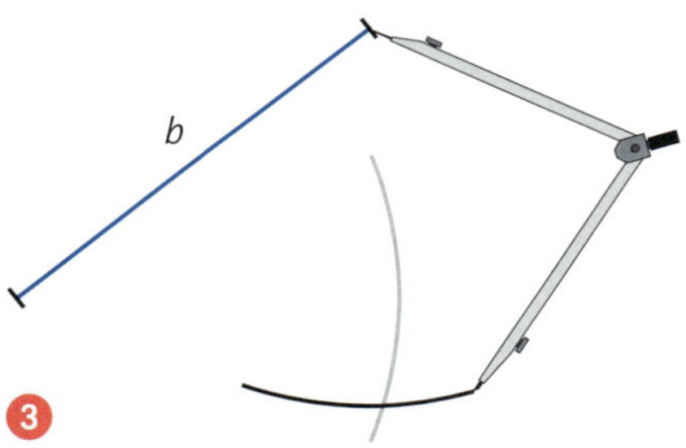

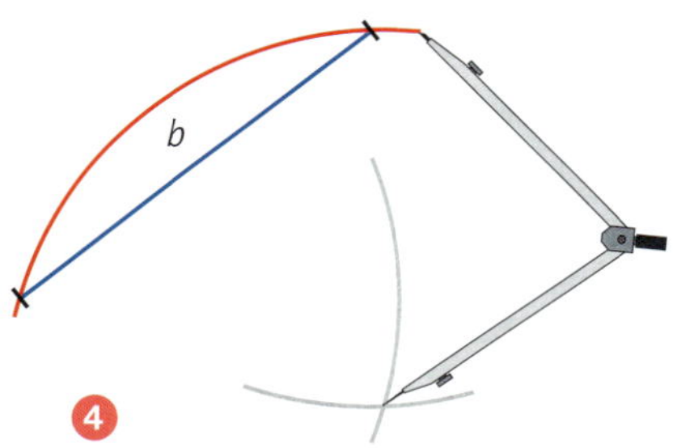

Aquestes tres obres, realitzades amb tècniques i materials diferents, es basen en formes circulars.

❶ *Cercles*, Johannes Itten, 1916. Roma, Galeria Nacional d'Art Modern. Oli sobre tela.

❷ *Cercles cromàtics lluminosos*, Gregorio Vardanega, 1998. París, Galeria Denise René. Neó i metall.

❸ *Relleu amb desplaçament continu*, Hugo Demarco, 1966. París, Museu d'Art Modern de París. Fusta, metall i motor.

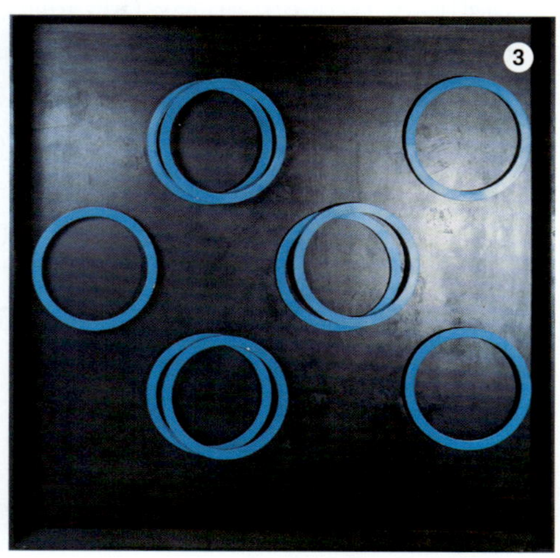

3 Divisió de la circumferència

Per dividir la circumferència en parts iguals s'ha d'utilitzar el compàs.

Divisió de la circumferència en sis parts iguals

Per dividir la circumferència en sis parts hem de seguir els passos següents:

1. Prenem la mesura del radi amb el compàs. Amb aquesta obertura i prenent com a centre qualsevol punt de la circumferència, tracem un arc que talli la circumferència en dos punts.

2. Prenent com a centre aquests dos punts i mantenint la mateixa obertura del compàs, marquem dos punts més sobre la circumferència. Després, des d'un d'aquests punts, tracem un altre arc.

3. Finalment, tracem rectes que passin pel centre de la circumferència i pels punts trobats, i obtenim una circumferència dividida en sis parts iguals.

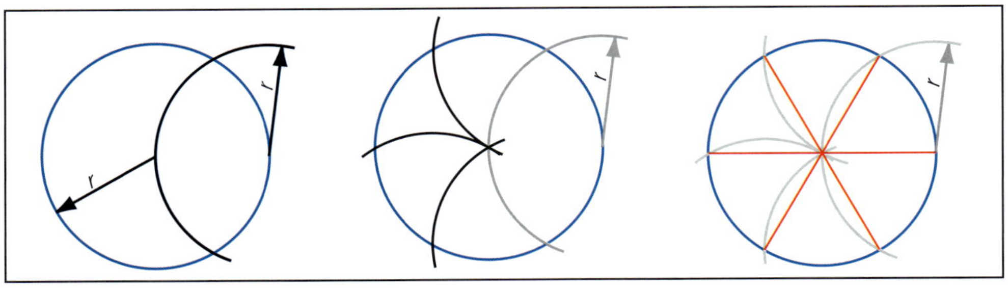

Divisió de la circumferència en quatre parts iguals

Per dividir la circumferència en quatre parts iguals s'han de seguir els passos següents:

1. Tracem un diàmetre qualsevol de la circumferència.

2. Prenem com a centre un dels extrems del diàmetre, i amb un radi equivalent a aquest diàmetre tracem un arc.

3. Sense canviar l'obertura del compàs, prenem com a centre l'altre extrem del diàmetre i tracem un arc que talli l'anterior en dos punts. Després tracem una recta que passi per aquests dos punts.

4. Tant aquesta recta que passa pel centre de la circumferència com el seu diàmetre divideixen la circumferència en dues parts iguals. D'aquesta manera hem obtingut una circumferència dividida en quatre parts iguals.

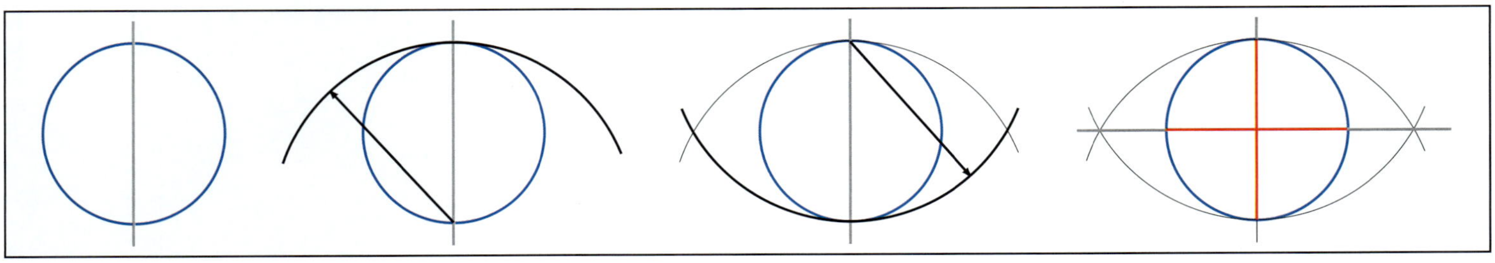

Divisió de la circumferència en vuit parts iguals

Una vegada dividida la circumferència en quatre parts iguals, podem dividir-la en vuit parts de la manera següent:

1. Amb el compàs, prenem com a centre un dels punts en els quals hem dividit la circumferència i tracem un arc amb un radi qualsevol.

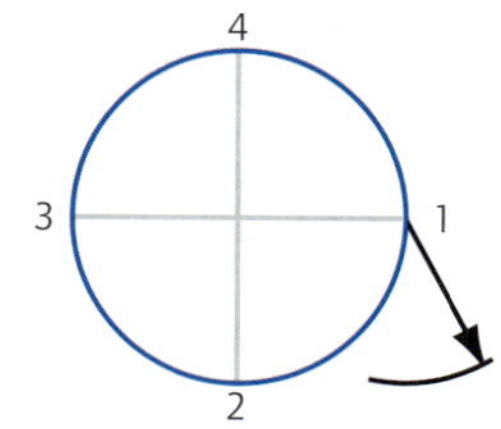

2. Amb la mateixa obertura del compàs i prenent com a centre la següent divisió, tracem un arc que talli l'anterior.

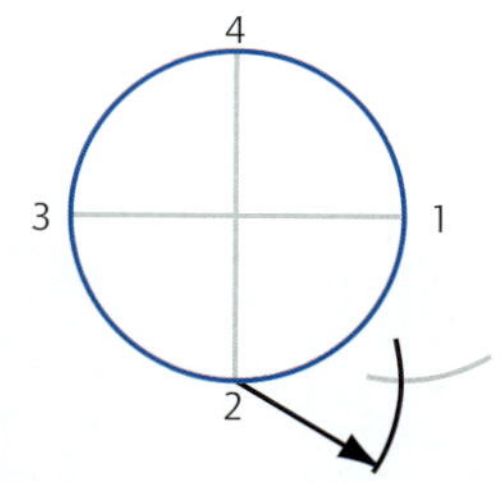

3. A continuació, tracem una recta que passi pel punt en què es tallen els dos arcs i pel centre de la circumferència.

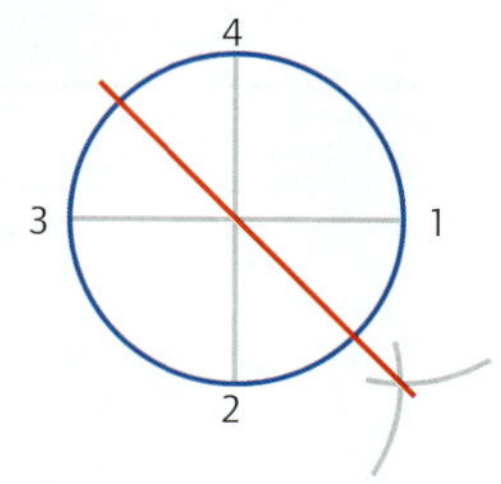

4. Repetim la mateixa operació, però partint dels punts 2 i 3; d'aquesta manera la circumferència quedarà dividida en vuit parts iguals.

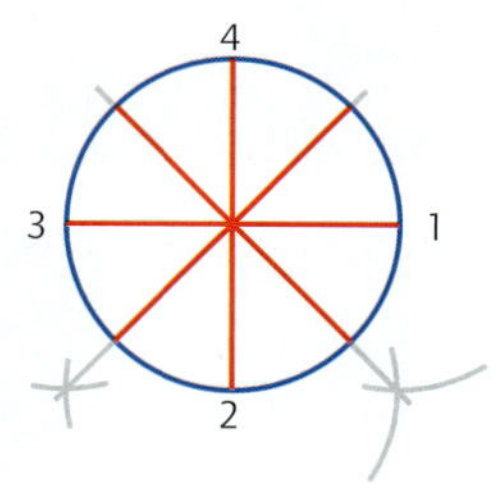

Duplicació de divisions

En l'apartat anterior, partint d'una circumferència dividida en quatre parts, n'hem obtingut una altra dividida en vuit parts.

1. Si repetim la mateixa operació amb la circumferència dividida en vuit parts iguals, obtindrem una circumferència dividida en setze parts iguals.

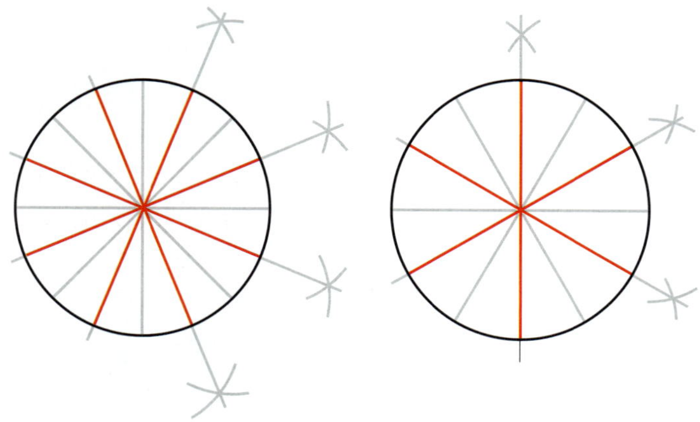

2. De la mateixa manera, si ho fem amb la circumferència dividida en sis parts iguals, obtindrem una circumferència dividida en dotze parts iguals.

Cada vegada que es repeteix aquesta operació s'obté el doble de divisions.

4. Els polígons regulars

Com ja saps, els polígons que tenen tots els angles i tots els costats iguals s'anomenen **polígons regulars**.

Els polígons regulars, gràcies a les seves propietats, s'utilitzen com a forma bàsica en la creació de xarxes o retícules. A la natura trobem molts exemples de xarxes i estructures poligonals. A més, molts dibuixos i dissenys s'han creat partint d'un polígon, que en configura l'esquelet compositiu.

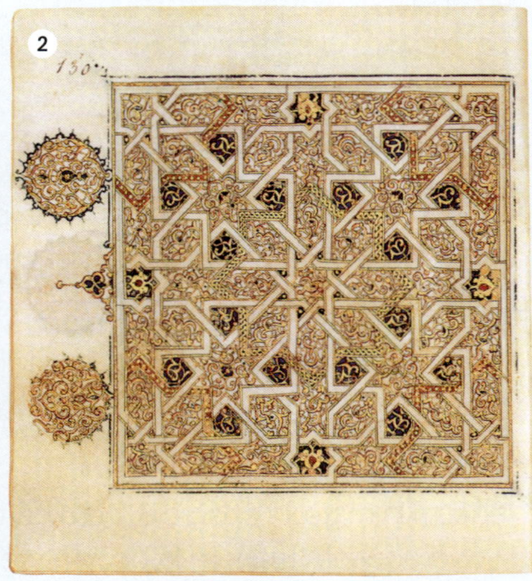

❶ Giant's Causeway ('calçada dels gegants'). Formacions basàltiques hexagonals a la costa d'Irlanda del Nord.

❷ Pàgina il·luminada de l'Alcorà decorada amb un complex disseny de formes poligonals, segle IV dC. París, Biblioteca Nacional.

❸ Gran pati del Museu Britànic de Londres. L'estructura reticular del sostre, dissenyada per Norman Foster, va ser creada a partir de triangles.

❹ *Relleu amb una il·luminació inestable canviant*, Horacio García-Rossi, 1965-1967. París, Galeria Denise René. Aquesta composició de formes poligonals està feta amb tècnica mixta i llum.

El nom dels polígons regulars ve determinat pel nombre de costats que tenen.

Nom	Significat del nom	Nombre de costats i angles
triangle	tres angles	3
quadrat	quatre costats	4
pentàgon	cinc (*penta*) angles (*-gon*)	5
hexàgon	sis (*hexa*) angles (*-gon*)	6
heptàgon	set (*hepta*) angles (*-gon*)	7
octàgon	vuit (*octa*) angles (*-gon*)	8
enneàgon	nou (*ennea*) angles (*-gon*)	9
decàgon	deu (*deca*) angles (*-gon*)	10
endecàgon	onze (*endeca*) angles (*-gon*)	11
dodecàgon	dotze (*dodeca*) angles (*-gon*)	12
pentadecàgon	quinze (*pentadeca*) angles (*-gon*)	15
icosàgon	vint (*icosa*) angles (*-gon*)	20

La resta de polígons no tenen denominació pròpia i s'anomenen segons el nombre de costats que tinguin: polígon de tretze costats, polígon de catorze costats, polígon de setze costats, etc.

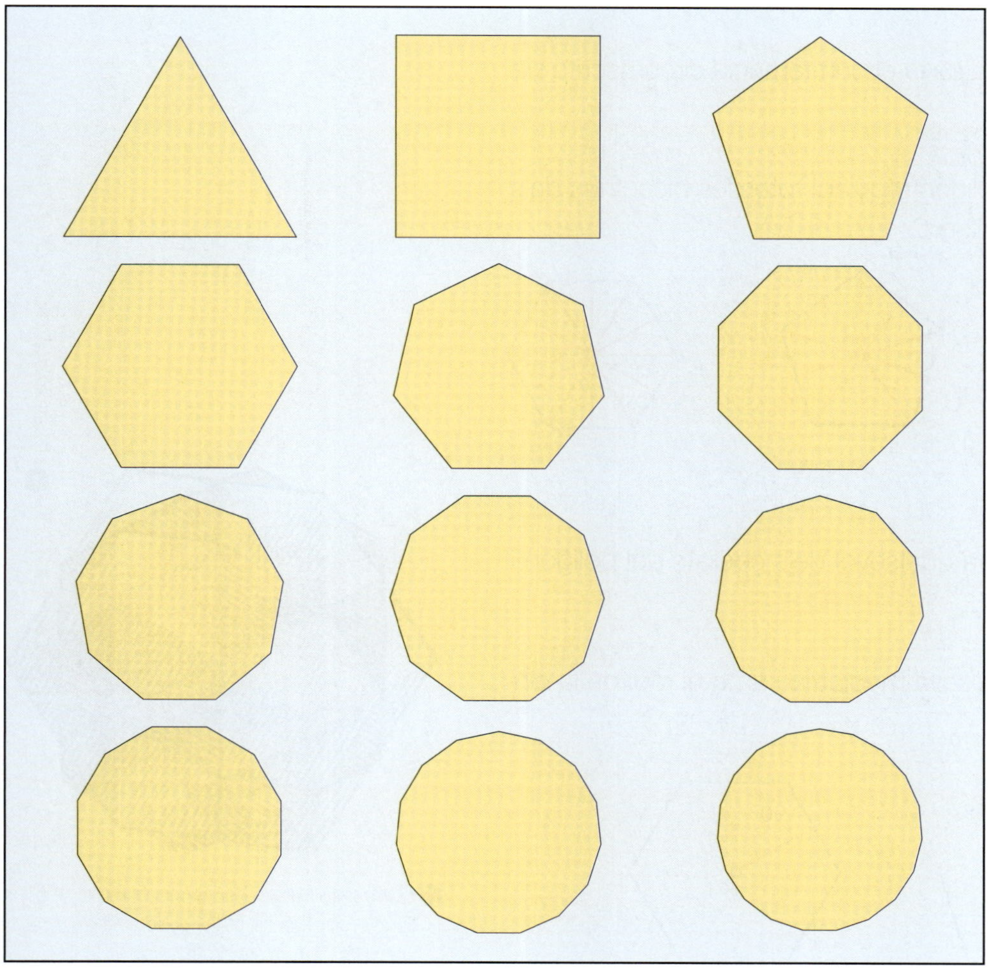

5 «Afeccionat», de la sèrie *Homenatge al quadrat*, Josef Albers, 1954. París, Museu Nacional d'Art Modern. Albers va crear aquesta sèrie de quadres i gravats, en la qual va investigar sobre el color i els efectes que es podien aconseguir amb la seva manipulació.

1 Elements geomètrics dels polígons regulars

La circumferència circumscrita

Els polígons regulars estan inscrits dins d'una circumferència, que passa per tots els seus vèrtexs i té com a centre el centre del polígon. La paraula *circumscrit* significa 'al voltant de'.

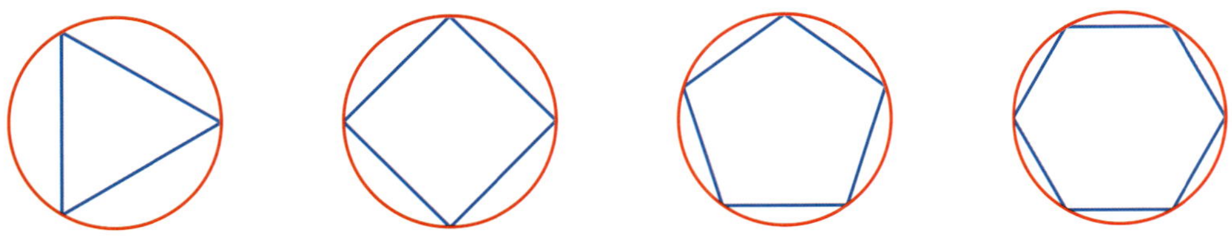

La circumferència inscrita

Els polígons regulars tenen també una circumferència inscrita ('dins de'), que està situada dins del polígon i passa pels punts mitjans dels seus costats. Aquesta circumferència també té com a centre el centre del polígon.

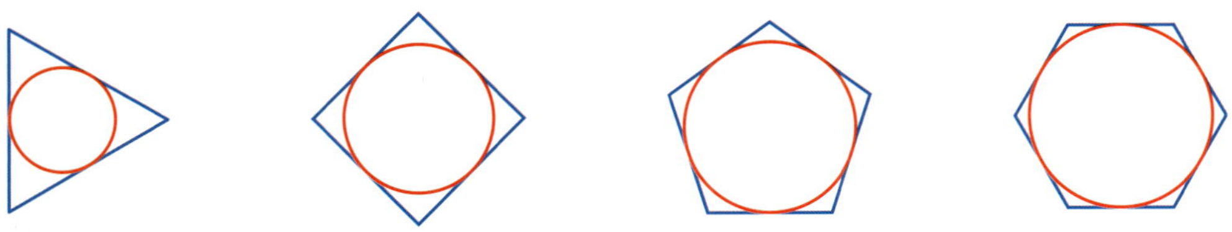

Centre

El centre d'un polígon regular és el centre de la circumferència circumscrita i la inscrita.

Totes les mediatrius dels costats d'un polígon regular i totes les bisectrius dels seus angles passen pel centre (*O*) del polígon.

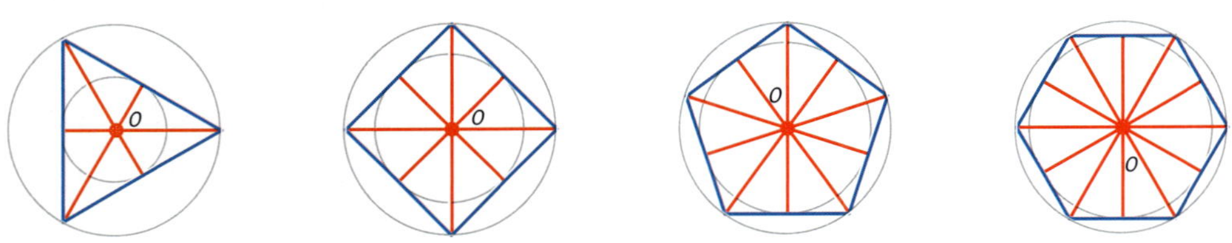

Apotema

Una apotema és una línia perpendicular a qualsevol dels costats del polígon i que passa pel centre d'aquest (*O*).

L'apotema d'un costat coincideix amb la seva mediatriu i amb el radi de la circumferència inscrita.

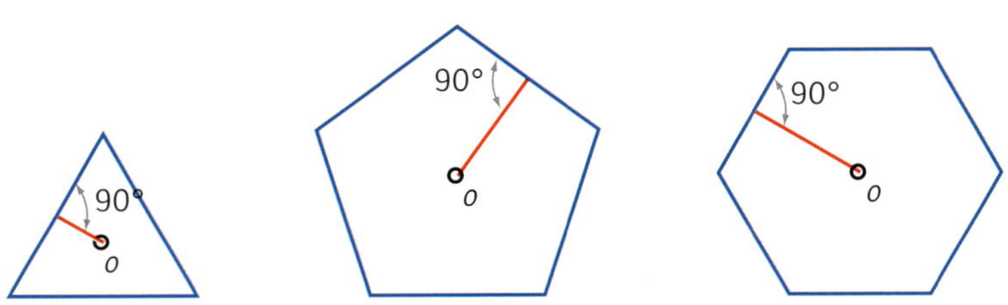

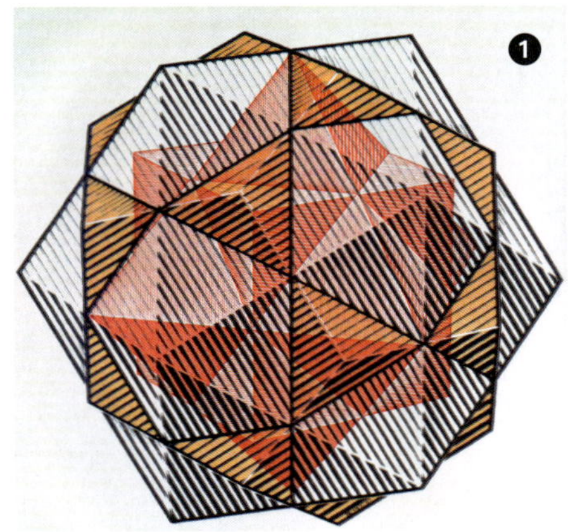

1 *Quatre sòlids regulars*, Maurits Cornelis Escher, 1961. En tota l'obra d'Escher podem veure un interès per la geometria i la representació de l'espai.

Angles

Els polígons regulars tenen el mateix nombre d'angles que de costats, i tant els angles com els costats d'un polígon regular són iguals.

Els **angles centrals** són els angles que formen dues apotemes consecutives o bé dos radis consecutius. N'hi ha tants com costats té el polígon i tots són iguals. Podem saber la mesura dels angles centrals d'un polígon regular dividint 360° pel nombre de costats que té.

2 Mètodes per a la construcció de polígons regulars

Es poden construir polígons regulars a partir de la divisió de la circumferència en parts iguals. Per construir polígons regulars d'un determinat nombre de costats, hem de dividir una circumferència (360°) pel nombre de costats que tingui el polígon. Aquest mètode permet dibuixar polígons coneixent el radi de la circumferència circumscrita.

Si es vol construir un polígon regular amb costats d'unes mesures determinades, s'ha de fer una construcció específica, que variarà en funció del nombre de costats del polígon.

❷ Il·lustració de *Les vides de Plutarc* en què es pot veure Plató dibuixant un triangle equilàter inscrit en una circumferència.

3 Construcció d'un triangle equilàter

Hem vist com es poden construir triangles equilàters quan es coneix la mesura del costat. Per construir un triangle equilàter, donat el radi de la circumferència circumscrita, s'ha de dibuixar la circumferència i dividir-la en tres parts iguals.

❸ Cúpula octogonal situada davant del mihrab. Mesquita de Còrdova, segle X.

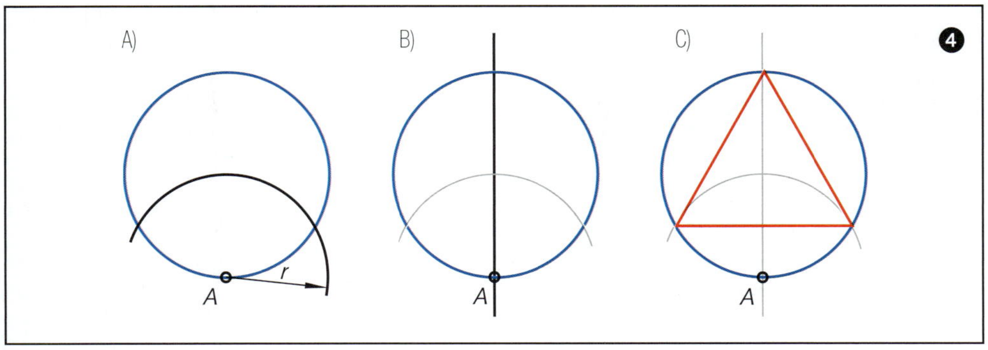

❹ Construcció d'un triangle equilàter coneixent el radi de la circumferència circumscrita.

A) Des de qualsevol punt de la circumferència, es traça un arc de radi igual al de la circumferència (*r*). Aquest arc talla la circumferència per dos punts, que són dos dels vèrtexs del triangle.

B) Es traça un diàmetre de la circumferència que passi pel punt *a*. L'altre extrem del diàmetre és el tercer vèrtex del triangle.

C) Unint els tres vèrtexs que s'han trobat, s'obté un triangle equilàter.

4 Construcció d'un quadrat

S'ha de dibuixar una circumferència amb el radi donat i dividir-la en quatre parts iguals.

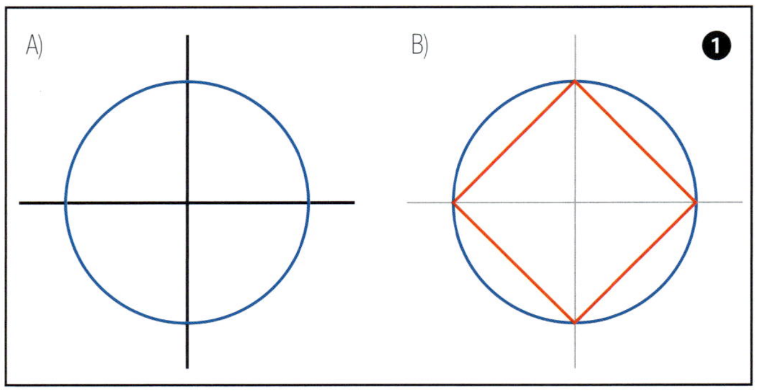

1 Construcció d'un quadrat coneixent el radi de la circumferència circumscrita.
A) Es dibuixa la circumferència de radi donat i es tracen dos diàmetres perpendiculars per dividir-la en quatre parts iguals.
B) Els extrems dels diàmetres dibuixats són els quatre vèrtexs del quadrat.

5 Construcció d'un pentàgon

Podem construir un pentàgon a partir de la circumferència circumscrita. Per fer-ho hem de dividir una circumferència en cinc parts iguals.

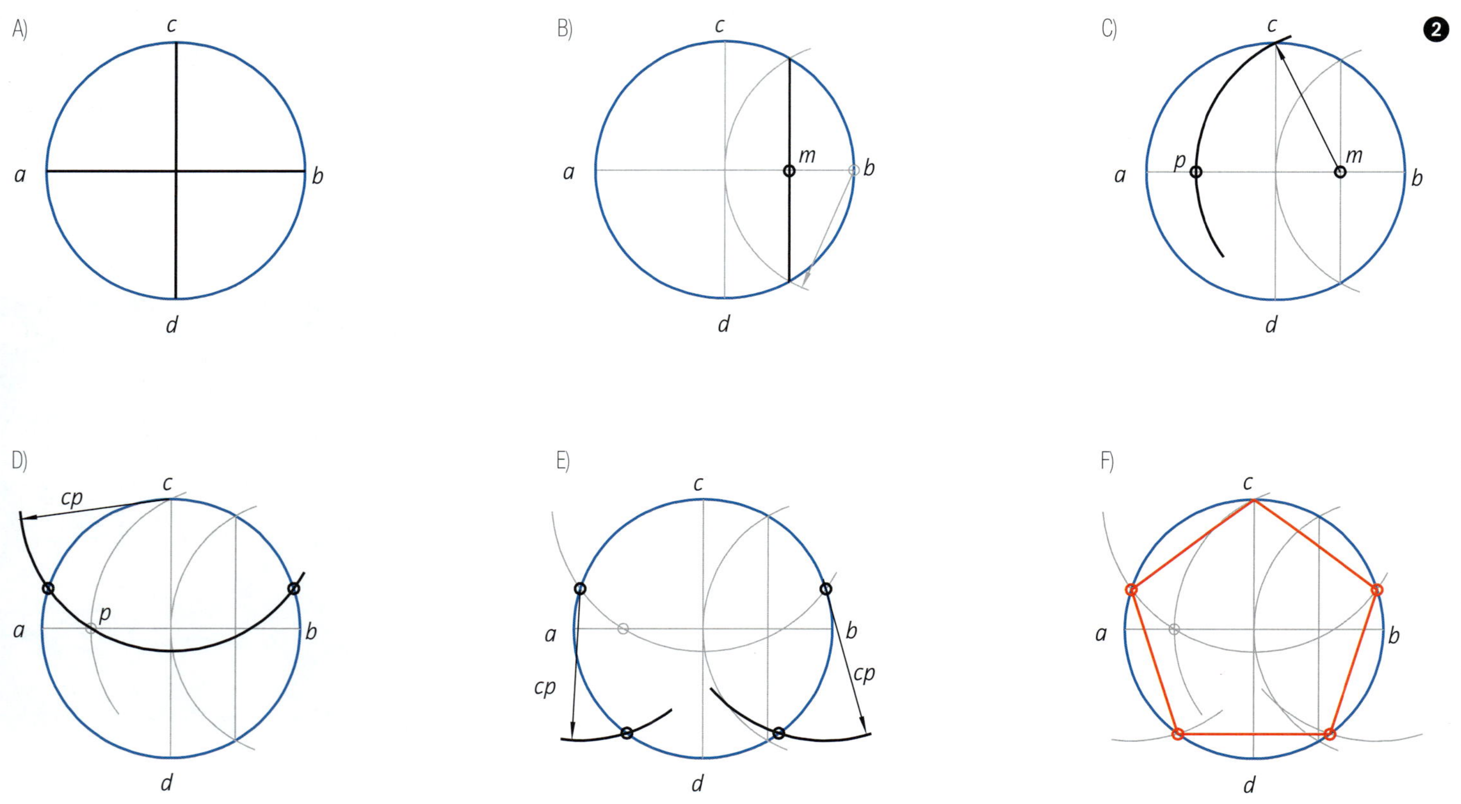

2 Procés de construcció d'un pentàgon.
A) Es tracen dos diàmetres perpendiculars de la circumferència.
B) Es traça la mediatriu d'un dels radis per trobar-ne el punt mitjà (*m*).
C) Fent centre a *m*, es traça un arc que passi per l'extrem de l'altre diàmetre (*c*). Aquest arc talla el diàmetre *ab* en el punt *p*. La distància des de *p* fins a l'extrem *c* de l'altre diàmetre és la mesura del costat del pentàgon que volem dibuixar.
D) Es traça un arc de radi igual al costat del pentàgon (*cp*) fent centre a l'extrem del diàmetre (*c*). Els punts de tall d'aquest arc amb la circumferència són dos dels vèrtexs del pentàgon.
E) Fent centre en aquests vèrtexs, es dibuixen dos arcs més de radi *cp*, i es determinen els altres dos vèrtexs del pentàgon.
F) Unint amb rectes els vèrtexs que s'han trobat, s'obté el pentàgon.

6 Construcció d'un hexàgon

En els hexàgons regulars, el radi de la circumferència i el costat del polígon mesuren exactament el mateix. S'ha de dibuixar una circumferència amb el radi donat (*r*) i dividir-la en sis parts iguals.

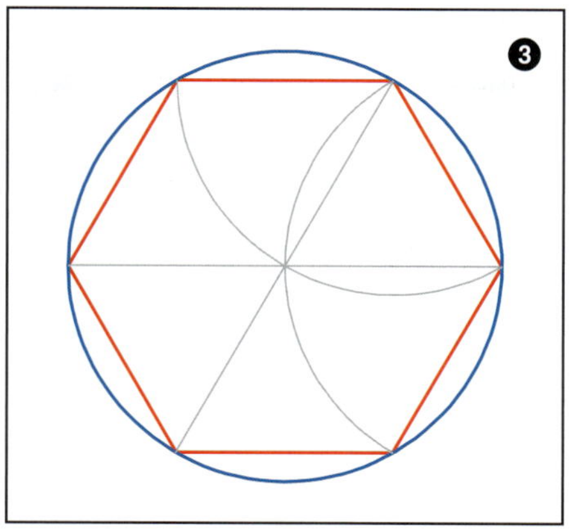

❸ Construcció d'un hexàgon.
A) Per dividir la circumferència en sis parts iguals, s'ha de prendre la mesura del radi amb el compàs i marcar sis vegades aquesta distància a la circumferència.
B) Si s'uneixen amb rectes els punts trobats, s'obté l'hexàgon regular.

❹ En el disseny d'aquest embalatge s'ha partit d'una forma hexagonal, que es divideix en formes triangulars.

7 Construcció de polígons regulars amb el doble de costats que un altre polígon donat

Per dibuixar polígons regulars amb el doble de costats que un polígon donat hem de traçar les mediatrius de tots els seus costats. Aquestes mediatrius tallen la circumferència circumscrita i determinen els nous vèrtexs del polígon. Unint aquests punts amb els vèrtexs del polígon donat, obtenim un nou polígon amb el doble de costats que l'originari.

Octàgon

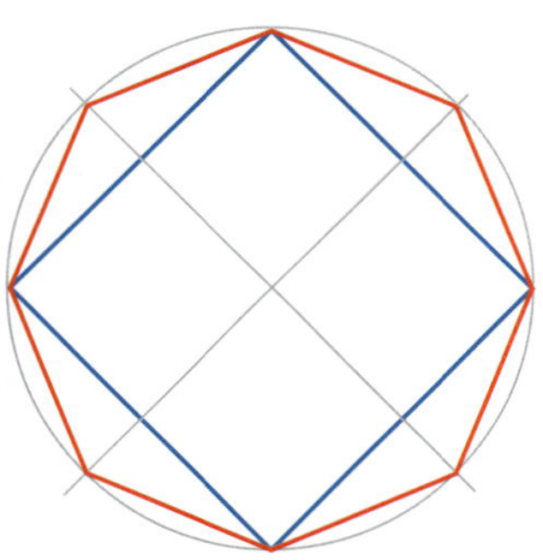

Decàgon

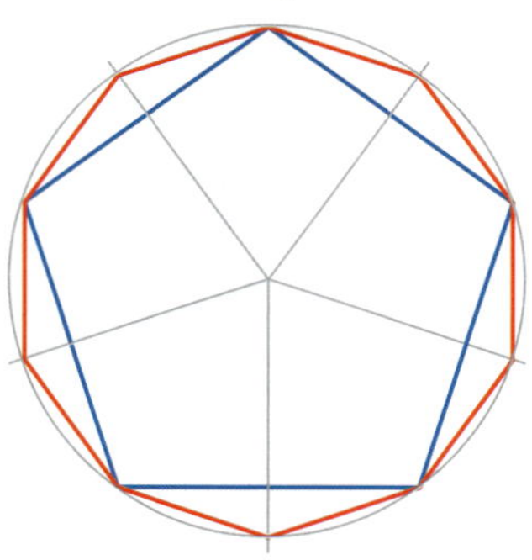

Dodecàgon

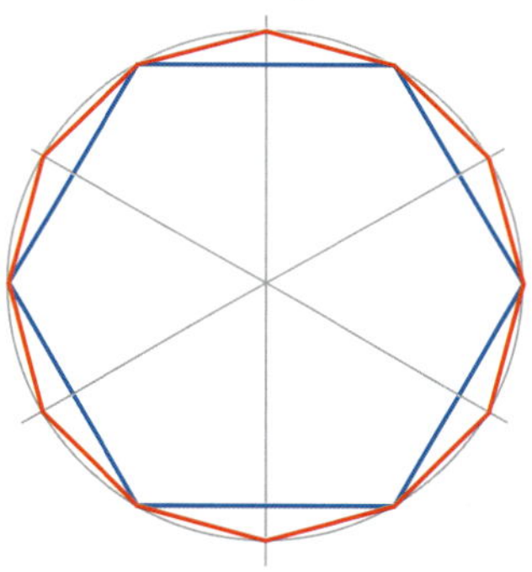

❺ Un arquitecte treballant.
❻ Decoracions geomètriques de l'Alhambra de Granada.

5. Representació de formes iguals i semblants

L'obtenció de formes iguals i semblants parteix de les transformacions geomètriques, que són operacions que relacionen dues formes planes.

Les formes semblants tenen mides diferents i poden ser més petites o més grans que les originals. Aquesta relació entre les formes semblants rep el nom de **escala** i es defineix com la relació de proporcionalitat que hi ha entre les dues formes: l'original i la semblant. Es representa per mitjà d'una fracció (1/2) amb una E al davant, que significa 'escala'. El numerador de la fracció correspon a les mides de la forma semblant o representada, i el denominador, a les de la forma original.

Així, si una forma està dibuixada a escala 1/2, això significa que una unitat (mm, cm...) del dibuix semblant correspon a dues unitats (mm, cm...) de l'original. Per tant, el dibuix semblant serà la meitat del dibuix original.

1 Mètode de la quadrícula

Amb aquest mètode, podem obtenir formes iguals i semblants d'una manera relativament senzilla. També és un bon mètode per copiar altres dibuixos, ja que en podem anar copiant les diferents parts sense que quedin massa grans o petites.

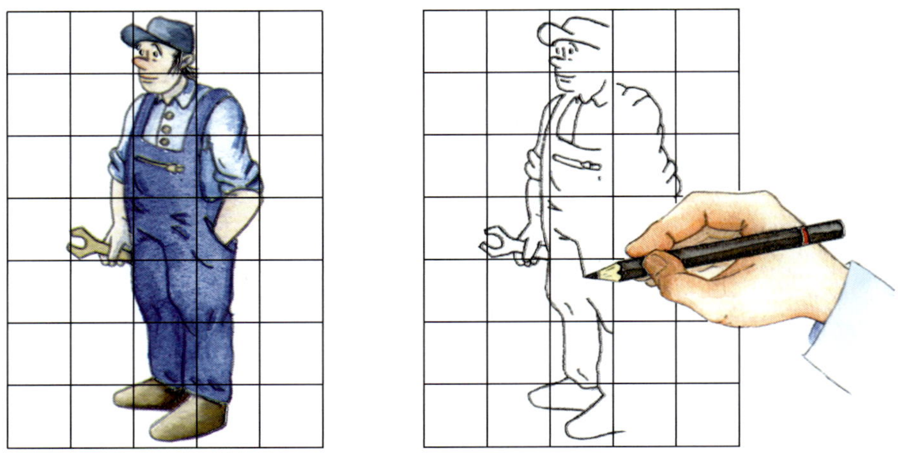

Aquests són els passos que cal seguir:

1. Es dibuixa una quadrícula sobre el dibuix o la forma que es vol copiar. Com que després s'ha d'esborrar aquesta quadrícula, és millor fer servir un llapis dur, que no marqui gaire les línies.
2. En el lloc on es vol copiar el dibuix, es fa una quadrícula igual a l'anterior, amb la mateixa mida i el mateix nombre de divisions. Si volem ampliar el dibuix, farem la quadrícula ampliada segons l'escala que triem. Per exemple, si el volem fer el doble de gran (E 2/1), farem el mateix nombre de quadres, però el doble de grans.
3. Dins de cada quadrat de la quadrícula, s'hi van dibuixant les mateixes formes que hi ha a l'original fins a completar tots els quadrats i tot el dibuix. Recorda que cal esborrar les línies de la quadrícula abans de completar el dibuix.

6. Els sistemes de representació

Hi ha moltes activitats, com ara el disseny d'objectes i de l'espai i l'arquitectura, en què es fa necessari descriure amb dibuixos allò que s'està projectant. En general, a l'hora de descriure la forma d'un edifici, objecte o espai cal fer-ne una representació gràfica.

Els dibuixos poden representar els objectes tal com els veiem, o bé poden ser més tècnics i contenir tota la informació necessària sobre les formes i mesures per construir.

Hi ha diversos sistemes de dibuixar, que estan basats en la geometria descriptiva i es coneixen amb el nom de **sistemes de representació**. Els sistemes de representació són el **sistema acotat**, el **sistema dièdric**, el **sistema axonomètric** i el **sistema cònic**. Alguns d'aquests sistemes permeten obtenir imatges de la realitat que s'assemblen a la nostra visió. En canvi, n'hi ha d'altres amb els quals s'obtenen imatges que no tenen res a veure amb la manera com veiem les coses.

Quan utilitzem el sistema acotat i el sistema dièdric, obtenim dibuixos de formes planes que ens descriuen la forma de l'objecte amb una aparença molt diferent de com el veiem, ja que utilitzen unes normes geomètriques que cal conèixer per tal d'entendre el dibuix.

Els mapes i plànols de muntanyes on veiem les corbes de nivell que ens indiquen les altituds de diferents punts del territori són un exemple de representació en **sistema acotat**.

Els dibuixos o plànols de les cases on en veiem la planta i la façana o alçat són un exemple de dibuixos en **sistema dièdric**.

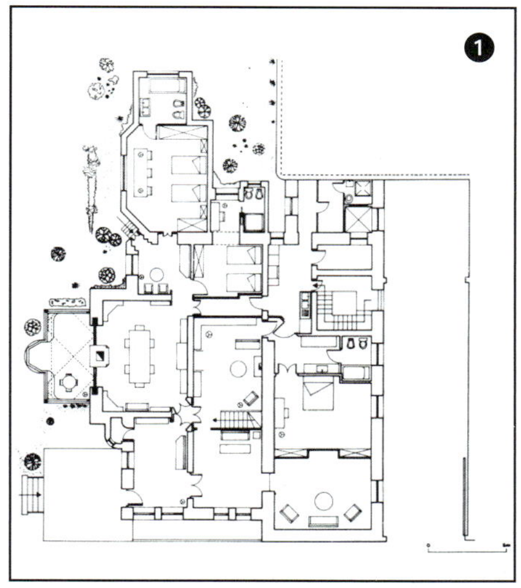

❶ Planta baixa de la casa Vicens, projectada per Antoni Gaudí (1883).

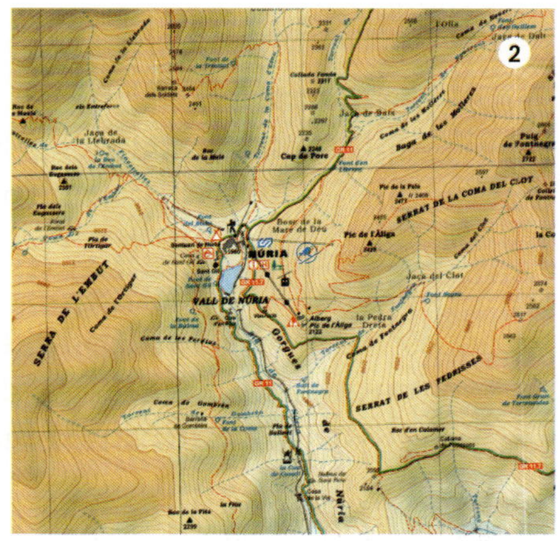

❷ Plànol amb corbes de nivell.

Quan utilitzem el **sistema axonomètric** i el **sistema cònic** obtenim uns dibuixos que mostren l'aparença de l'objecte d'una manera molt semblant a com nosaltres el veiem. Aquests sistemes es fonamenten en la geometria i permeten obtenir representacions dels objectes a partir de dibuixos realitzats des de tres llocs diferents. Aquest tipus de dibuixos s'anomenen **perspectives** o també **representacions tridimensionals** o en **3D**.

Cada sistema de representació té les seves característiques i la representació d'un mateix objecte o espai en els diversos sistemes és molt diferent. Convé, doncs, que sapiguem triar el sistema que més ens convé segons quines siguin les nostres necessitats.

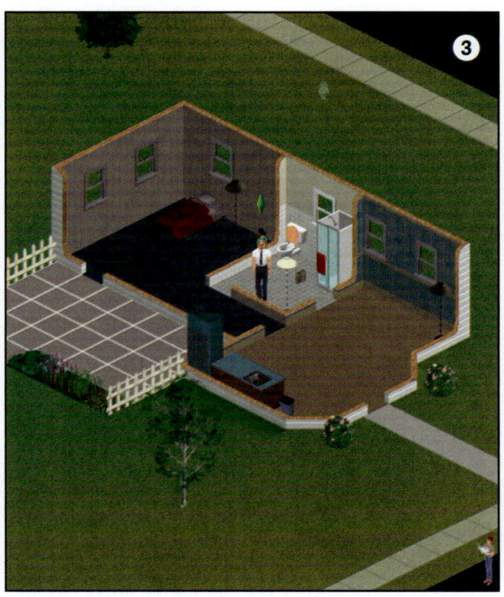

❸ Joc *Els Sims*. Aquesta imatge és un exemple d'aplicació de la perspectiva axonomètrica.
❹ Il·lustració de la portada del llibre *Tintín a Amèrica*, il·lustrada per Hergé. En aquesta imatge s'han utilitzat els fonaments de la perspectiva cònica.

1 El sistema acotat

Generalment, el **sistema acotat** s'utilitza per fer dibuixos topogràfics, com ara els mapes de relleu. La topografia és una ciència que s'encarrega de la representació gràfica de la superfície de la Terra.

Per representar una muntanya ens hauríem d'imaginar un conjunt de plans imaginaris paral·lels, situats a diferents alçàries respecte de terra, que la tallin.

Després, hem de dibuixar en un pla les línies de contorn que es produirien en aquest tall.

En el sistema acotat, la muntanya queda representada per un conjunt de línies, anomenades **corbes de nivell**, que uneix tots els punts de la muntanya que es troben a la mateixa altura.

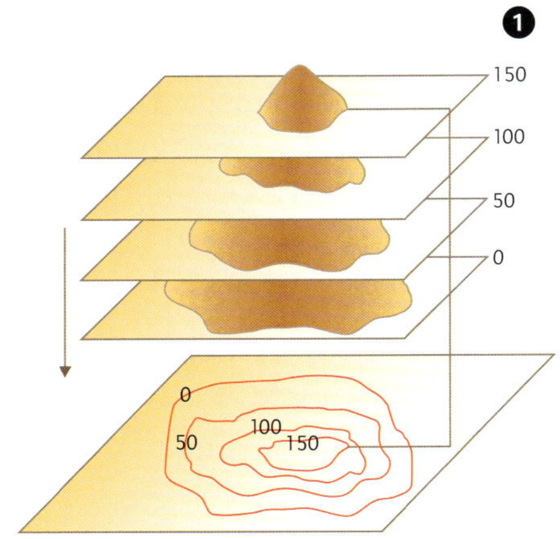

❶ Imatge en relleu i dibuix en el sistema acotat.

2 El sistema dièdric

El **sistema dièdric** és un dels més utilitzats en la construcció de qualsevol objecte o espai. Aquest sistema és un dels que ens donen una informació més precisa sobre les magnituds i formes de l'objecte i de qualsevol de les seves parts.

En aquest sistema, els objectes o espais es representen per mitjà de dibuixos fets des de diversos punts de vista. Aquests dibuixos s'anomenen **vistes** i es mostren ordenats segons una normativa determinada.

Necessitem un mínim de dues vistes per representar un objecte volumètric: la vista de l'objecte vist frontalment, que s'anomena **alçat**, i la vista de l'objecte vist des de dalt, que s'anomena **planta**.

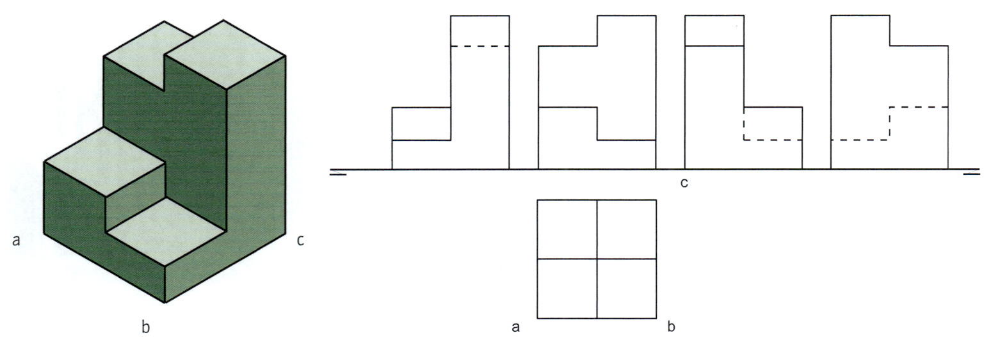

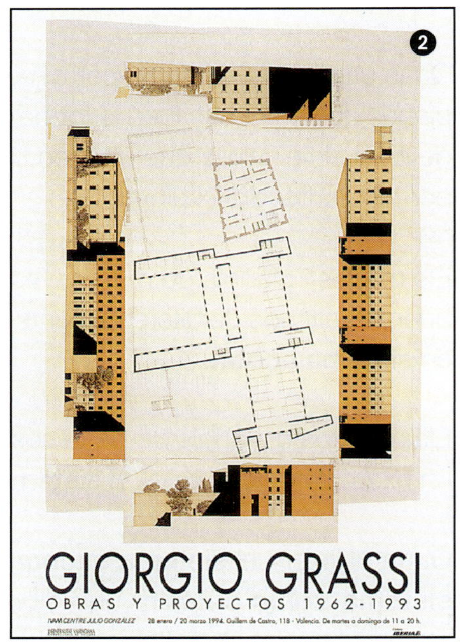

❷ Cartell de l'exposició d'obres de Giorgio Grassi a l'Institut Valencià d'Art Modern, 1988.
Al cartell es poden veure la planta i els alçats de la plaça Mateotti de Siena.

Sovint, però, cal afegir una tercera vista, anomenada *perfil*, que s'obté quan dibuixem l'objecte des d'un dels costats.

Si es tracta d'un objecte molt complex, es poden arribar a obtenir fins a sis vistes, ja que també podríem dibuixar l'objecte vist des de l'altre costat, des del darrere i des de sota.

3 El sistema axonomètric

El **sistema axonomètric** gairebé sempre acompanya les representacions dièdriques i ajuda a comprendre millor la forma de l'objecte. Aquest sistema s'utilitza sovint en les instruccions de muntatge d'objectes, com ara mobles, jocs infantils o maquinària, que estan formats per diverses peces.

Fins i tot s'utilitza en alguns dels videojocs més populars.

Els dibuixos fets amb aquest sistema tenen l'aparença i el volum dels objectes representats i ens en mostren les tres dimensions: l'amplada, l'alçada i la profunditat. Són representacions una mica irreals, que no es corresponen exactament amb la manera com veiem les coses.

Si observem una taula, per exemple, veurem les potes que estan més allunyades més petites que les que es troben a davant. En canvi, en una perspectiva axonomètrica, totes les potes de la taula tindran la mateixa mida.

Per fer un dibuix en el sistema axonomètric cal treballar amb tres eixos o rectes de referència, que corresponen a les tres dimensions de l'objecte. Un dels eixos tindrà una posició vertical, serà paral·lel als marges verticals del full de paper i servirà com a referència per situar les altures de l'objecte. Els altres dos eixos seran la referència de la seva amplada i profunditat, i podran tenir diferents inclinacions, segons el punt de vista triat.

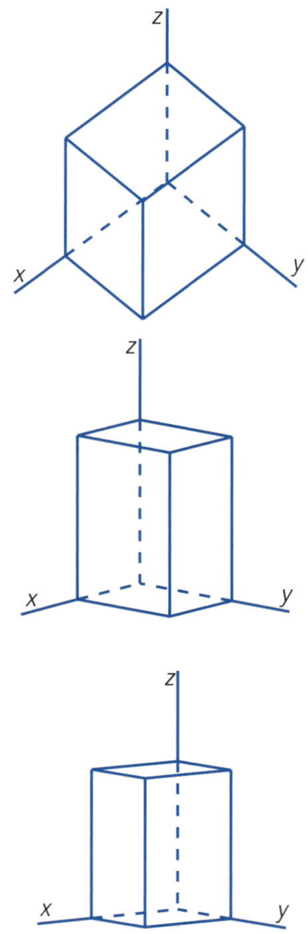

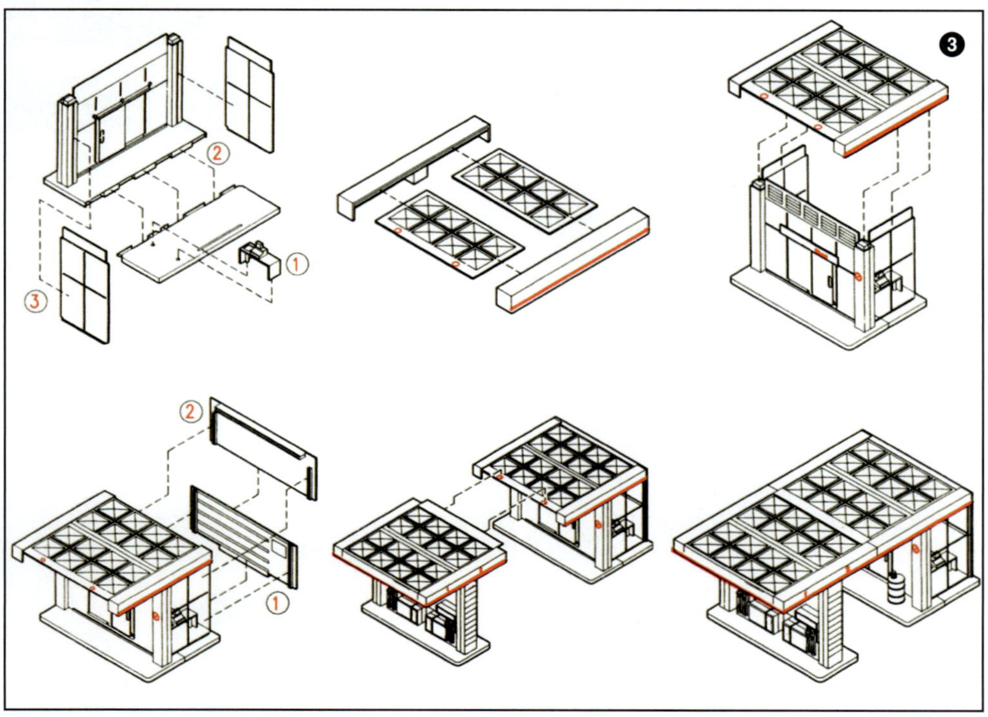

3 Instruccions de muntatge d'un joc fetes amb el sistema anomenat *d'explosió* realitzades en perspectiva axonomètrica.

4 El sistema cònic

Amb el **sistema cònic** podem obtenir dibuixos que s'assemblen molt a la forma en què veuen les coses els nostres ulls i a les fotografies o a les imatges del cinema o la televisió. El sistema cònic utilitza la base geomètrica del funcionament de la nostra visió.

Aquest sistema permet obtenir dibuixos amb una aparença molt similar a la realitat.

❶ *La Gran Via madrilenya*, Antonio López, 1974. Col·lecció privada.

❷ Dibuixos en perspectiva cònica d'un i dos punts de fuga respectivament.

En aquest tipus de dibuixos es pot apreciar la disminució de la mida dels objectes més llunyans, que és tal com els veiem nosaltres.

En la perspectiva cònica es pot apreciar que les línies que en la realitat són paral·leles, a mesura que s'allunyen de l'espectador, es veuen cada cop més juntes fins a trobar-se en un punt.

Aquest punt es coneix com a *punt de fuga* i es troba en una recta imaginària, anomenada *línia d'horitzó*, que és paral·lela al terra on es troba l'espectador. La distància d'aquesta línia d'horitzó a terra dependrà de l'altura dels ulls de l'espectador o del punt de vista des d'on s'observi.

Exemple de...
Representació en perspectiva cònica

En aquest dibuix de línies pot veure's la representació d'una ciutat feta en perspectiva cònica i el punt de vista molt alt.

Fixa't com s'ha completat el dibuix, esborrant les línies que han servit per fer-lo i posant detalls i donant color, per obtenir una imatge molt semblant al que veuríem o com la que obtindríem fent una fotografia.

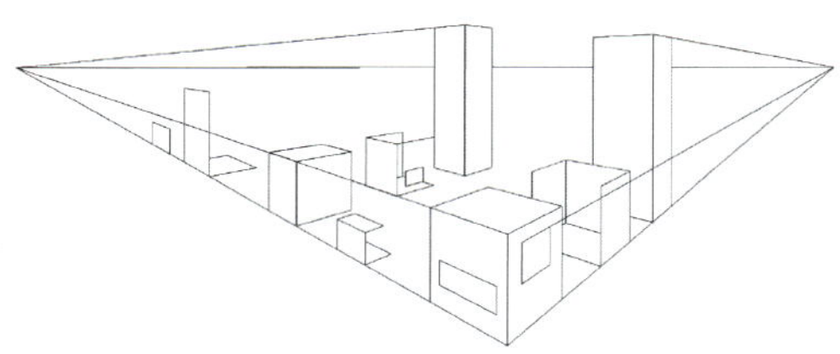

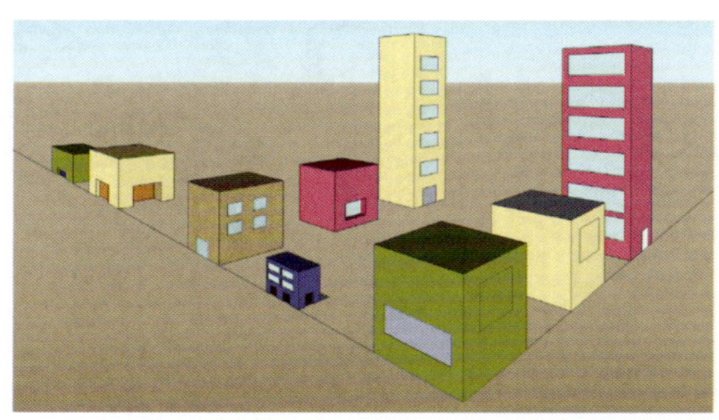

5 Aplicació del dibuix tècnic en el disseny

Quan es dissenya un objecte s'han de seguir una sèrie de passos en els quals el dibuix sovint ocupa un lloc molt important. Els dibuixos poden ser en forma d'esbós, de croquis i de plànols; tots són dibuixos tècnics però amb finalitats diferents.

Els **esbossos** són dibuixos més o menys esquemàtics que es van realitzant a mesura que es desenvolupa el projecte. Els primers esbossos serveixen per començar a definir allò que dissenyem, i els darrers, per definir-ne els detalls.

Aquests dibuixos, tot i ser fets quasi sempre a mà alçada i amb certa rapidesa d'execució, segueixen algun dels sistemes de representació.

El **croquis** és el dibuix d'un determinat objecte fet a mà alçada i ha de tenir el mínim nombre possible de línies i representar la forma i les proporcions de l'objecte. Els croquis ens donen una idea de com serà l'objecte.

Normalment, els croquis es fan en sistema dièdric i se solen acompanyar amb croquis de perspectives, axonomètrica o cònica, per donar una idea més clara de l'objecte.

En una segona fase del croquis, s'indiquen les mides reals de l'objecte per fer els dibuixos tècnics definitius que ens permetran construir-lo.

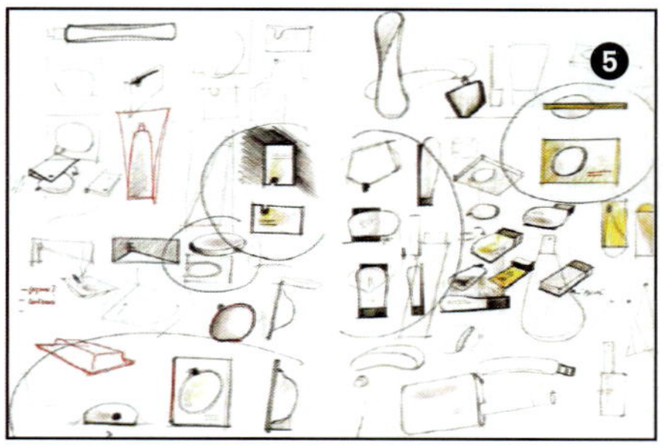

5

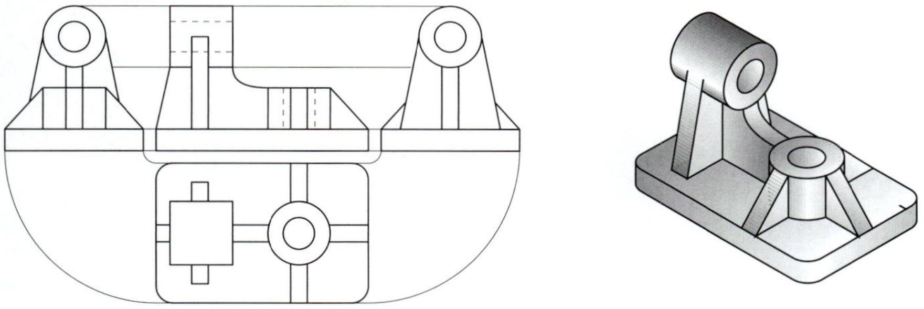

6

5 Esbossos per a un projecte.

6 Dibuix tècnic d'un objecte amb quatre projeccions dièdriques (perfil dret, perfil esquerre, planta i alçat) i una perspectiva axonomètrica, que ajuda a entendre'n el volum.

Què recordo?

1. Què és una línia poligonal?
2. Què és un polígon?
3. Què és un polígon regular?
4. Si dos angles d'un triangle mesuren 45° i 30°, quant mesura el tercer angle?
5. Com és un triangle isòsceles?
6. Què és un paral·lelogram?
7. Quina diferència hi ha entre un punt i una circumferència?
8. Què és un cercle?
9. Què és un arc?
10. Quina recta s'utilitza per dividir la circumferència en quatre parts iguals?
11. Quines propietats tenen els polígons regulars?
12. Quines dades es necessiten per construir polígons regulars?
13. Quin polígon regular té el costat i el radi de la circumferència circumscrita de la mateixa mida?
14. Com es dibuixa un polígon que tingui el doble de costats que un altre polígon donat?

UNITAT 7

La textura

1. Percepció de la textura

La **textura** és una qualitat de les superfícies que es percep a través dels sentits del tacte i la vista. La textura és un dels elements visuals del llenguatge plàstic i visual.

Inicialment, per entendre la textura d'una superfície cal tocar-la. Els nens petits descobreixen el món tocant tot allò que els envolta. Aquestes primeres experiències tàctils, ajudades per la percepció a través de la vista, ens proporcionen la informació que posteriorment ens permetrà saber com és una textura sense haver-la de tocar.

Habitualment descrivim les textures amb paraules que es refereixen a percepcions rebudes a través del tacte. Podem dir que la textura d'una superfície és llisa, aspra, rugosa, suau...

❶

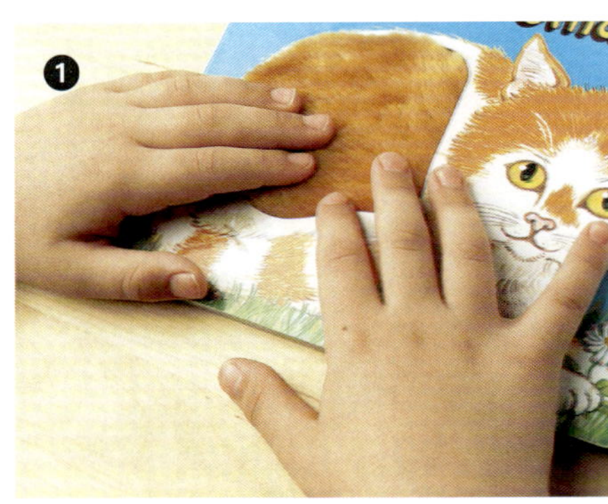

❶ En molts contes infantils hi ha objectes amb diferents textures perquè els infants els toquin i experimentin amb aquestes sensacions tàctils.

La textura dels objectes propers es percep més clarament que la dels objectes llunyans. La percepció de les textures és fonamental i bàsica en la percepció de la profunditat de l'espai i ens ajuda a comprendre el món que ens envolta.

Segons alguns estudis, la percepció de la profunditat es produeix gràcies a la percepció que tenim de l'augment o la disminució de densitats al llarg de les superfícies longitudinals.

De vegades és difícil apreciar bé les textures de les superfícies, sobretot si són suaus i tenen poc relleu. Per observar bé les textures, cal que ens trobem relativament a prop dels objectes i que la il·luminació sigui adequada.

❷ Quan s'il·lumina un objecte obliquament, es creen ombres que ajuden a destacar els relleus de les textures.

2. Textures naturals i artificials

La textura d'una superfície pot ser més o menys irregular; de vegades la textura es repeteix de manera uniforme en tota la superfície, i altres vegades no.

La majoria de les superfícies del nostre entorn són molt regulars, ja que normalment són artificials.

No obstant això, els elements naturals no presenten textures tan regulars. Generalment, les textures naturals no estan basades en un «mòdul» que es va repetint exactament igual.

Moltes superfícies de productes naturals com, per exemple, la d'una mandarina o la pell humana creixen de manera que es va repetint el mateix «mòdul». Tot i així, es produeixen petits canvis que fan que aquest creixement no sigui uniforme i que, per tant, la textura de la superfície tampoc no ho sigui.

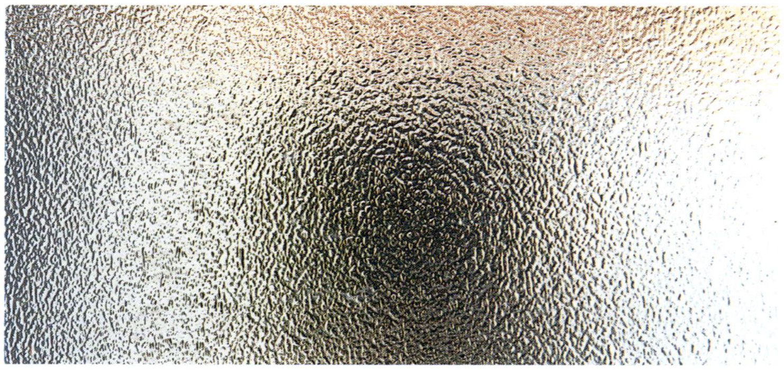

Per contra, les textures dels objectes artificials han estat creades majoritàriament de forma industrial. En general, es repeteix el mateix «mòdul», i això dóna com a resultat una textura uniforme com la dels teixits, els plàstics, el vidre, etc.

Algunes de les superfícies artificials tenen una textura que ve determinada pel procés mateix d'elaboració dels materials. Els teixits, per exemple, estan fabricats amb una sèrie de fils que, quan es creuen, formen una textura.

Sobre les superfícies de molts objectes elaborats per l'ésser humà amb plàstics i altres materials, s'han creat textures artificials determinades que sovint imiten les naturals.

De vegades, a causa del pas del temps i de l'acció d'agents externs, les superfícies amb textures artificials poden deixar de ser uniformes i assemblar-se, en certa manera, a les naturals.

1 Detall d'una carretera amb l'asfalt deteriorat.

3. Textures visuals i tàctils

Tal com s'ha dit, la textura d'una superfície es percep per mitjà dels sentits de la vista i del tacte. Ara bé, hi ha textures que no es poden percebre a través del tacte.

1 Textures visuals

Les textures que formen part de superfícies totalment llises i que es poden percebre per mitjà del sentit de la vista reben el nom de **textures visuals**.

Sovint, els dibuixants intenten representar les textures reals sobre superfícies planes utilitzant tècniques diverses. Aquestes textures, que es perceben per mitjà del sentit de la vista però no del tacte, reben el nom de **textures gràfiques**. Les textures de les fotografies són també textures visuals, ja que només es poden percebre per mitjà del sentit de la vista.

❶ Cartell dissenyat per M. Körner i W. Bühler, 1910. En aquest cartell es reprodueix una empremta digital. Aquesta forma té una textura visual que es pot crear estampant el dit polze impregnat de pintura.

2 Textures tàctils

Les textures que es poden percebre amb el sentit del tacte, a més del sentit de la vista, s'anomenen **textures tàctils**.

Les textures tàctils es diferencien de les visuals pel fet que són tridimensionals. Les textures visuals són planes i, per tant, no tenen volum; les tàctils, en canvi, tenen volum, i podem apreciar-les quan les toquem.

Les textures tàctils són volumètriques, i per això, la nostra posició i l'orientació de la llum que les il·lumina poden alterar la visió que en tenim.

❷ Fotografies d'una mateixa textura fetes amb dos tipus diferents d'il·luminació.

4. L'expressivitat de les textures

La textura és un element sempre present en les representacions graficoplàstiques. La tècnica, els suports i els materials utilitzats determinen la textura de les creacions artístiques. Els artistes tenen en compte aquest aspecte pel seu gran valor expressiu.

Un objecte determinat, com la butaca de la fotografia, pot transmetre una sensació molt diferent si se'n modifica la textura de manera més o menys contundent.

4

3

5

Les textures tàctils són molt importants en les creacions artístiques per la gran potència expressiva que tenen. Generalment, la percepció de les textures tàctils de les obres d'art només pot ser visual, ja que les obres que hi ha als museus no es poden tocar.

6

En les imatges d'aquesta pàgina pots veure que els artistes han utilitzat materials molt diferenciats i han tingut molt present el gran valor expressiu de la textura.

3 *Ocell a l'espai*, Constantin Brancusi, 1932-1940. París, Museu d'Art Modern.

4 *Butaca de cartró*, Frank Gehry, 1970. Nova York, National Design Museum.

5 *Gran tapís*, Joan Miró, 1974. Nova York, Port Authority.

6 Un noi contemplant les obres d'art exposades en el Museu Metropolità d'Art de Nova York.

La textura

En les creacions escultòriques la textura dels materials utilitzats té una importància especial. A més, també cal tenir present que alguns materials permeten modificar la seva textura millor que d'altres.

Quan s'extreu marbre de les pedreres, aquest té una textura molt aspra i irregular. Més tard, quan es poleix, se n'obtenen textures molt suaus i delicades.

❶ Marbre.
❷ Marbre polit.
❸ *David*, Miquel Àngel, 1501-1505. Florència, Galleria dell'Accademia.

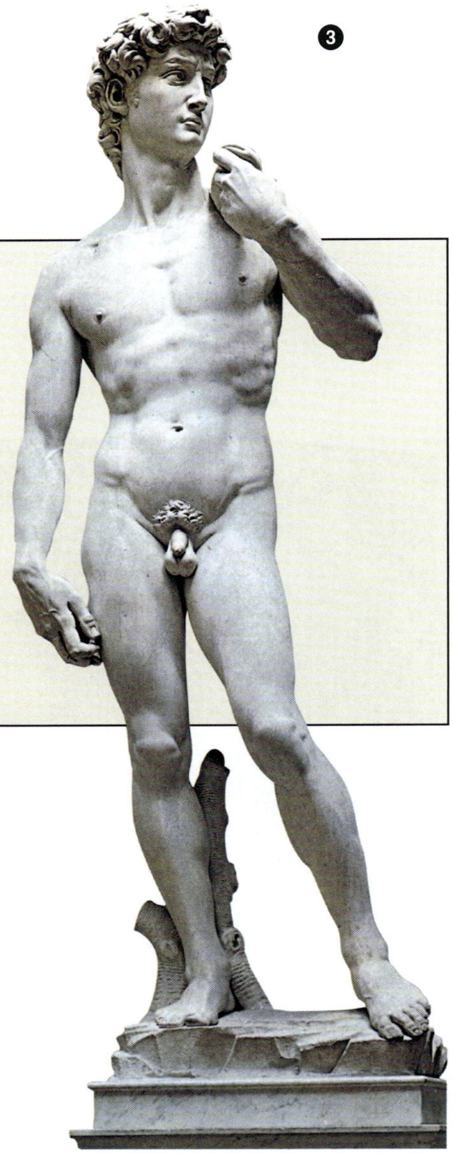

Tanmateix, quan es fa una escultura amb pedra de granit no es poden obtenir acabats tan suaus.

❹ Estàtues de granit de la catedral d'Àvila.
❺ Granit.

Sovint es fan creacions artístiques a partir de materials que tenen una textura tàctil interessant, de manera que no cal modificar-los o tractar-los. Moltes escultures o obres fetes amb la tècnica del collage presenten textures tàctils que provenen directament dels materials que s'hi han utilitzat. No obstant això, per aconseguir determinades textures també és possible tractar les superfícies en qüestió per obtenir el resultat desitjat.

6 *Composició*, Manolo Millares. Madrid, col·lecció particular.
En aquesta obra la textura és un element que té un gran protagonisme. Conté materials amb textures tàctils: teles, sacs, escaiola...

7 *Relleu amb esponges blaves*, Yves Klein, 1958. Colònia, Ludwig Museum.
El material utilitzat en aquesta obra és pigment barrejat amb resina sintètica aplicat sobre esponges, grava i conglomerat.

8 *Sobreteixim*, Joan Miró, 1972.
Miró va concebre aquest tapís com si fos una pintura i va pintar sobre un teixit.

5. Tècniques per a l'obtenció de textures

1 Procediments graficoplàstics

Una manera habitual d'obtenir textures gràfiques és amb el punteig i el ratllat. L'agrupació i la repetició de línies i punts permet obtenir simulacions, que s'assemblen força a les textures reals. També es poden obtenir textures amb l'agrupació i la repetició de formes.

❶ Les textures gràfiques d'aquest dibuix han estat obtingudes per mitjà de punts i línies.

❷ *Autoretrat*, Rembrandt Harmensz van Rijn, 1648. Madrid, Biblioteca Nacional.
En aquest gravat, Rembrandt es va retratar dibuixant i va representar les textures per mitjà del ratllat.

❸ *When did we go to Morocco*, Howard Hodgkin, 1988-1993. Nova York, Museu Metropolità d'Art.

4

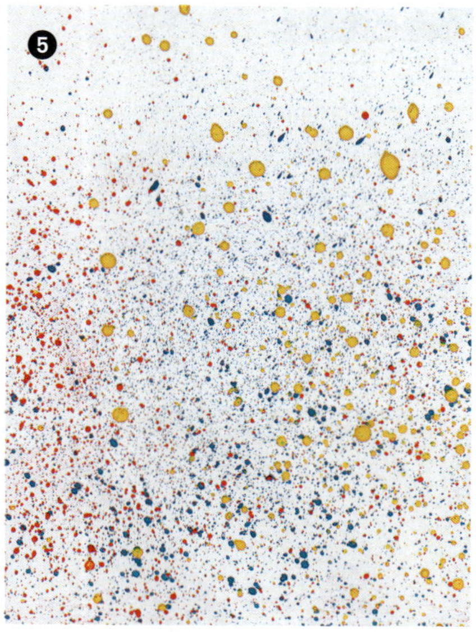
5

6

7

En aquestes il·lustracions es poden observar textures visuals creades amb diversos procediments graficoplàstics.

4 Textura obtinguda amb la tècnica del *frottage*, que consisteix a pintar sobre una superfície rugosa.

5 Textura obtinguda amb la tècnica de l'esquitxada, que consisteix a esquitxar o fer degotar pintura sobre un suport.

6 Aquesta textura visual s'ha creat amb l'estampació de pintura. L'estampació consisteix a impregnar un objecte o material de pintura i estampar-lo sobre el suport.

7 Amb la tècnica del jaspiat s'aconsegueixen textures que recorden la del marbre.

Exemple de...

Activitat de textura

Observa com, per mitjà de punts, es pot simular la textura de la pedra i la fusta. Pots provar de copiar una part de la fotografia, o el dibuix a mig fer, i completar la textura de la fusta amb línies i la de la pedra amb punts.

6. Creació de textures tàctils

Sovint es pensa que la textura no és un aspecte tan important en la creació d'imatges bidimensionals, i que no és possible modificar-la en materials com, per exemple, el paper. Però això és degut al fet que no es coneix gaire la gran varietat de papers que hi ha al mercat. Hi ha comerços especialitzats on es pot comprar paper de diferents textures, que s'han obtingut gràcies als tractaments que s'han aplicat a aquest material en el procés d'elaboració.

Si fem un dibuix amb un mateix procediment i tècnica sobre dos suports diferents de paper, podem obtenir resultats molt diversos. Però la textura no solament ve condicionada pel suport emprat; per mitjà de les tècniques i instruments utilitzats també es poden obtenir diferents textures. Per exemple, en un suport com ara el paper, s'hi poden fer incisions, rascar o punxar per modificar-ne la textura.

A més, s'hi poden afegir elements enganxant-hi, per exemple, un altre tipus de paper que modificarà la superfície del suport i, per tant, la seva textura.

❶ Composició amb papers de diferent textura.
❷ Papers de diferent textura.

1 Creació de textures en el paper

En el dibuix que pots veure a la dreta s'han creat textures diferents en cada zona. Aquestes textures ens recorden, en certa manera, la dels objectes que representen, i s'han obtingut realitzant diverses accions sobre la superfície del paper i emprant instruments diversos.

Observa com s'ha fet:

1. Per simular el terra, amb l'ajuda d'un punxó o un instrument semblant, s'ha punxat tota la zona i, d'aquesta manera, s'ha obtingut una superfície d'aspecte granulat.
2. La part corresponent a les fulles de l'arbre s'ha creat fent petits talls en diferents direccions amb una ganiveta.
3. En el tronc s'han traçat línies prement el punxó. Aquestes línies recorden les de l'escorça dels arbres. Si es vol obtenir una textura més marcada, es pot fer servir la punta d'una ganiveta i fer petites incisions en el paper.
4. A les muntanyes s'ha deixat la textura original que tenia la superfície del paper.
5. La zona corresponent al cel s'ha polit amb una cullera o un instrument semblant. Fent pressió sobre la superfície del paper s'ha aixafat la textura original i s'ha aconseguit una textura més llisa i suau.

3

4

3 *Formes en l'espai*, Kurt Schwitters, 1920. Düsseldorf, Kunstsammlung Nordrhein-Westfalen.
En els collages de Kurt Schwitters es pot veure una manera creativa d'utilitzar les textures.

4 *Gravitació*, Eduardo Chillida, 1988.
La textura del paper té un gran protagonisme en aquesta obra.

2 Textures tàctils en el disseny d'objectes

En el disseny dels objectes i el mobiliari la textura és un aspecte fonamental. Quan es dissenya un objecte, s'ha de tenir present quina funció té i cal triar els materials que tinguin la textura més idònia, tenint en compte la sensació que produeix al tacte, si és adequada a la funció de l'objecte, etc.

1 En aquests espais interiors podem veure que la textura dels objectes ajuda a crear un ambient càlid i acollidor.

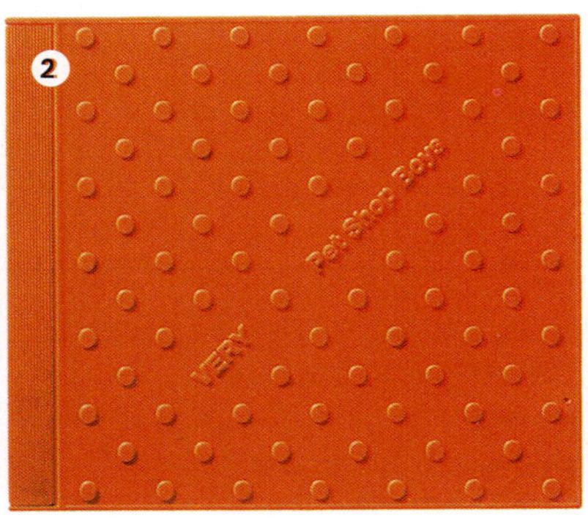

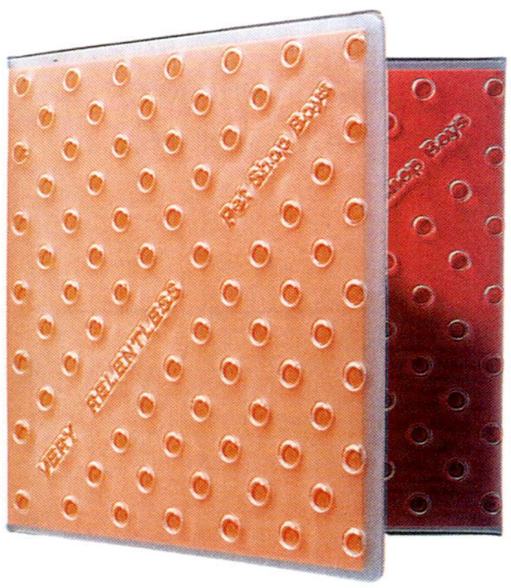

2 La textura en relleu d'aquestes fundes de CD dissenyades per Daniel Weil (Pentagram) els dóna un aspecte singular.

3 Quan es dissenya un got, s'ha de pensar en la funció que té: un got és un objecte que només s'agafa esporàdicament en el moment de beure o de rentar-lo.

4 En canvi, quan es dissenya el volant d'un cotxe, cal tenir en compte que és un objecte que s'agafa durant estones molt llargues i que, per tant, ha de tenir un tacte agradable i que no cansi. A més, ha de ser d'un material que no faci suar o que absorbeixi la suor, perquè podria ser molt perillós conduir amb un volant que rellisqués i se'ns pogués escapar de les mans.

De vegades, és difícil que el material amb el qual es fabrica un objecte tingui, d'una manera natural, la textura adequada. Per això, sovint és necessari fer-hi un tractament per obtenir artificialment la textura que es vol.

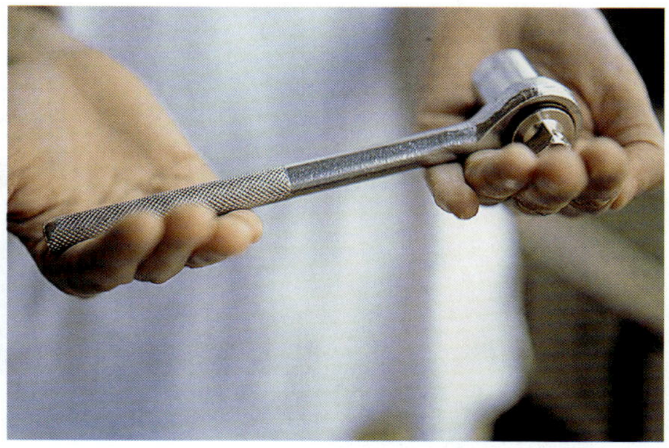

El procediment i la tècnica per obtenir textures de manera artificial depenen de cada material. Els plàstics són un dels materials que es fan servir més en la fabricació d'objectes, i sovint tenen textures artificials, que s'obtenen amb tractaments diversos.

Tècnica per crear textures amb plàstics

Els plàstics són materials sòlids a temperatura ambient; però, si s'escalfen, esdevenen líquids. Aprofitant aquesta característica, molts objectes de plàstic es fabriquen amb motlles. S'aboca el plàstic en estat líquid dins d'un motlle i, quan es refreda, en surt un objecte amb la forma del motlle. Si el motlle utilitzat té una textura volumètrica, l'objecte de plàstic que se n'obté presenta aquesta mateixa textura.

Hi ha una gran varietat de textures tàctils que han estat creades artificialment amb materials plàstics.

Què recordo?

1. Quins sentits intervenen en la percepció de la textura?
2. Quines paraules faries servir per distingir textures?
3. Per què necessitem tocar els objectes?
4. De quina manera intervé la textura en la percepció de la profunditat?
5. Què és necessari per apreciar correctament les textures?
6. Per què les textures artificials són molt uniformes?
7. Una textura natural pot ser uniforme?
8. Quina diferència hi ha entre les textures tàctils i les textures visuals?
9. Què són les textures gràfiques?
10. Per què són importants les textures tàctils en el disseny d'objectes?
11. Quins materials permeten obtenir textures tàctils amb facilitat?

HELADERIA
HORCHATERIA
HELADOS ALACANT
20
21

UNITAT 8

El color

1 Elements del llenguatge visual: el color

2 Color pigment

3 Ordenacions cromàtiques

4 El color com a expressió

1. Elements del llenguatge visual: el color

El **color** és un altre dels elements visuals, com ho són la forma, la grandària i la textura.

El color és una sensació que percebem quan es reflecteix la llum que incideix sobre la matèria. Perquè el color es pugui veure, cal que hi hagi llum, que els nostres ulls en captin el reflex i que transmetin aquesta informació al cervell.

Així doncs, cal que la nostra retina estigui en perfectes condicions per captar correctament la llum i transmetre de manera adequada la informació rebuda al cervell, que interpretarà la sensació de color.

❶ Colors de l'espectre: vermell, taronja, groc, verd, blau, blau marí i violeta.

1 Llum i color

Isaac Newton, molt conegut per la seva teoria de la gravetat, va demostrar que el color formava part de la llum. Newton va fer passar un raig de llum solar a través d'un prisma de vidre i va veure que aquest raig de llum es descomponia en els colors de l'arc de sant Martí.

❷ Manuscrit de Newton.
❸ Descomposició de la llum quan passa a través d'un prisma de vidre.

Això ja s'havia comprovat anteriorment, però sempre s'havia considerat que aquest fenomen era degut al color latent que hi havia al prisma, ja que fins aleshores s'havia cregut que el color era una propietat de la matèria.

Però Newton va anar més enllà i va fer passar el raig de colors obtingut a través d'un segon prisma, amb la qual cosa va obtenir el raig de llum blanc original.

D'aquesta manera va demostrar que la llum solar que percebem és, de fet, una barreja dels colors de l'arc de sant Martí.

Posteriorment, cap al segle XIX, es va comprovar que, barrejant llums dels colors vermell, verd i blau violat, es podia obtenir la llum blanca. Aquests experiments es van conèixer com a *síntesi additiva del color*.

❹ Barreja additiva del color aconseguida mitjançant llanternes amb llums de colors vermell, verd i blau violat.
❺ Quan surt l'arc de sant Martí, podem veure la descomposició de la llum blanca en els colors de l'espectre.

2 La percepció dels colors

La llum és una ona electromagnètica, igual que les ones de ràdio, les ones de TV, els rajos X i les microones. Aquestes ones electromagnètiques es diferencien de la llum per la longitud d'ona que tenen.

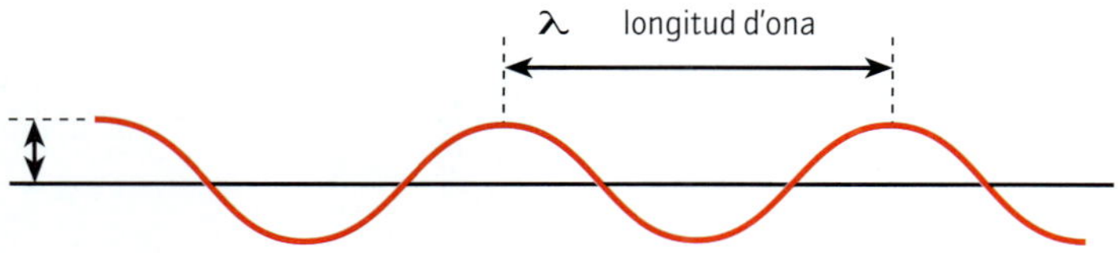

La llum blanca està formada per llums de diversos colors, amb diferents longituds d'ona. Els colors violats són els que tenen les longituds d'ona més curtes, i els colors vermells, les més llargues.

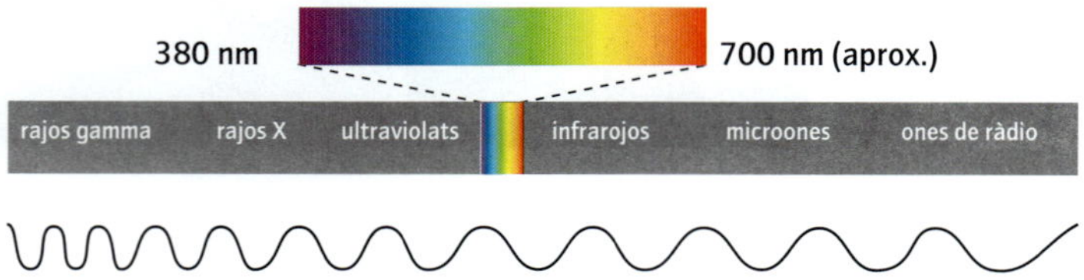

Si veiem els colors, és perquè a la retina hi tenim unes cèl·lules que són sensibles a certes radiacions de la llum: els **cons** i els **bastons**. Quan la llum incideix sobre l'ull humà, aquestes cèl·lules s'activen, transmeten la informació al cervell i, d'aquesta manera, es produeix la sensació de color.

La percepció del color és deguda bàsicament als cons, que es troben al fons de la retina. Hi ha tres tipus de cons, que són sensibles a tres longituds d'ona diferents. Els bastonets, en canvi, ens permeten captar la diferència de lluminositat.

Totes aquestes cèl·lules funcionen com una antena de ràdio o de televisió i capten les radiacions electromagnètiques que corresponen a la llum. Després, converteixen aquestes radiacions electromagnètiques en impulsos o senyals elèctrics i, a través del nervi òptic, arriben al cervell. Finalment, el cervell interpreta la sensació de color.

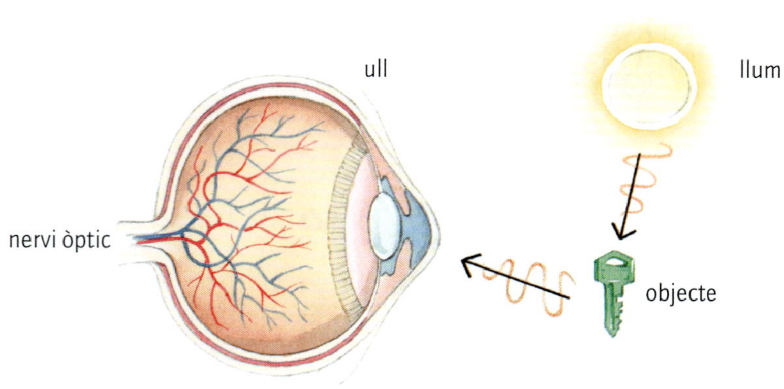

❶ Cèl·lules fotosensibles de la retina: cons i bastons.

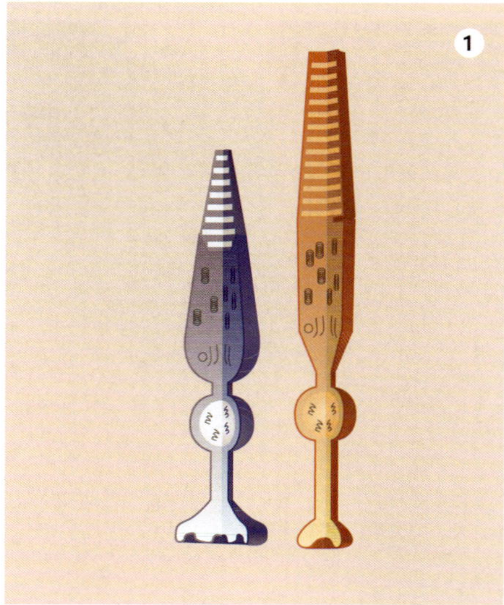

Les tres longituds d'ona que poden captar els cons són les que corresponen als colors blau violat, verd i vermell (vermell ataronjat).

Aquests tres colors es denominen **colors llum primaris** i, combinant-los entre ells, es poden obtenir tots els altres colors.

Quan arriben a l'ull humà radiacions amb longituds d'ona corresponents al verd i al vermell, els cons que són sensibles al verd i el vermell s'estimulen, i els que són sensibles al color blau violat no.

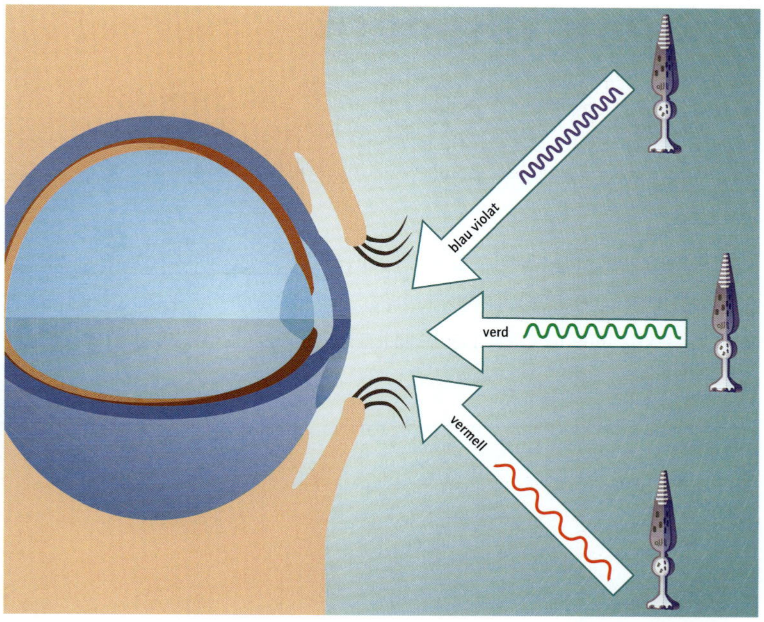

De les diferents estimulacions que pot rebre l'òrgan de la vista, se n'obtenen els vuit colors elementals.

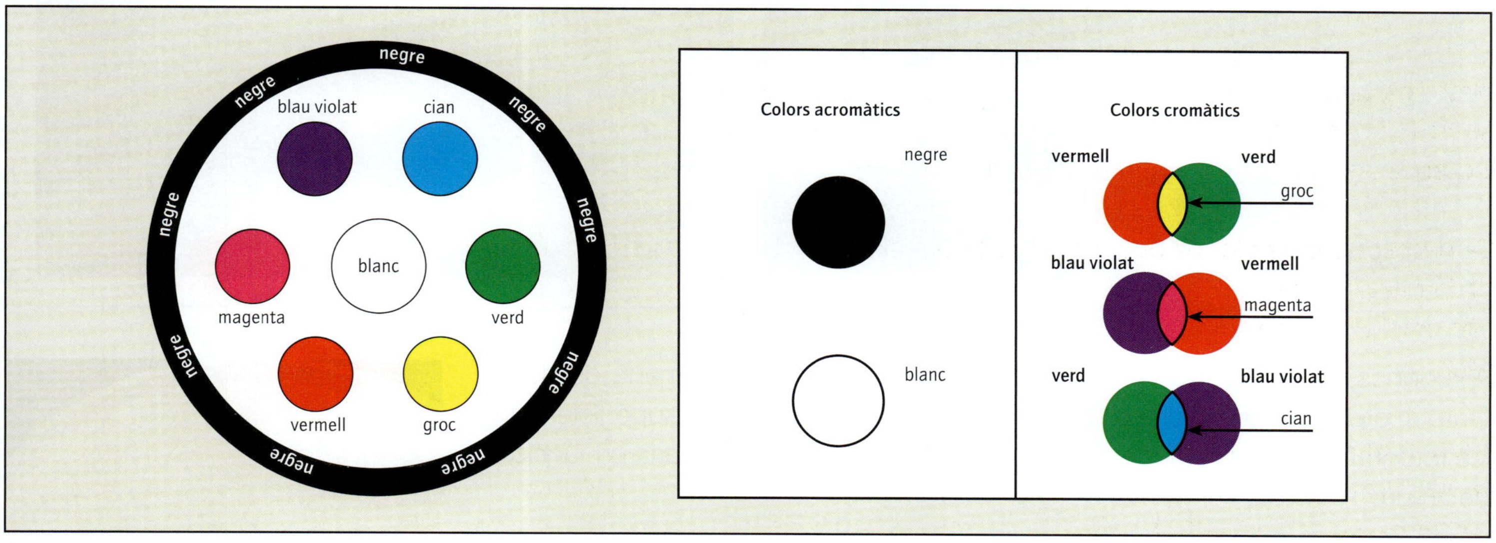

- Els colors **acromàtics** són el blanc i el negre. El color blanc s'obté amb l'estimulació màxima dels tres tipus de cons, i el color negre, amb l'absència d'estimulació.
- Els colors **cromàtics** són el blau violat, el verd, el vermell, el magenta, el groc i el cian. Els tres primers (el blau violat, el verd i el vermell) són sensacions que s'obtenen quan s'estimula només un dels tipus de cons. Els altres (el magenta, el groc i el cian) són sensacions que s'obtenen quan s'estimulen dos tipus de cons alhora.
  - Color groc: s'estimulen els cons sensibles al verd i al vermell.
  - Color magenta: s'estimulen els cons sensibles al blau violat i al vermell.
  - Color cian: s'estimulen els cons sensibles al blau violat i al verd.

2. Color pigment

Quan la llum solar, formada per rajos dels colors de l'arc de sant Martí, topa amb un objecte, alguns d'aquests rajos són absorbits, i d'altres, reflectits; els colors reflectits són els que captem.

Per exemple, veiem els tomàquets de color vermell perquè la seva superfície absorbeix tots els colors de la llum blanca que hi arriba, excepte la part de la llum vermella, que és la reflectida.

Així doncs, es pot dir que el color d'un objecte depèn, bàsicament, de dos factors: de la llum que hi arriba i de les característiques de la seva superfície. En les fotografies de sobre podem veure que el color del paisatge varia en funció de la llum.

Un objecte il·luminat amb llum blanca es veurà d'un color o un altre segons el material de la seva superfície o del que la cobreixi, com per exemple la pintura.

Totes les pintures estan formades per pigments que els donen color. Els pigments són substàncies que actuen com a filtres; absorbeixen una part de la llum i en reflecteixen la resta. Per exemple, un pigment groc absorbeix tota la llum blanca excepte la part groga; un de verd absorbeix tota la llum excepte la part corresponent al verd, i així amb cada color o cada pigment.

Hi ha tres pigments o filtres, que s'anomenen **colors pigment primaris**. Aquests tres colors barrejats poden absorbir tota la llum blanca i formar el color negre, que és l'absència de llum. Així mateix, l'absència dels tres pigments primaris produeix el blanc.

1 Colors pigment primaris i secundaris

Barrejant els colors pigment primaris en diferents proporcions s'obté la resta dels colors.

Els colors pigment primaris són el **groc**, el **magenta** i el **cian**. Barrejant dos colors primaris, s'obtenen els **colors secundaris**.

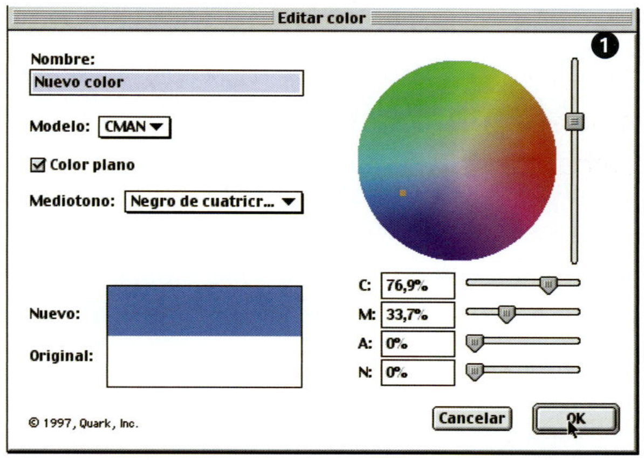

❶ Selector de color d'un programa informàtic.

Barrejant el groc i el magenta, s'obté el color **vermell**.

Barrejant el groc i el cian, s'obté el color **verd**.

Barrejant el magenta i el cian, s'obté el **violeta**.

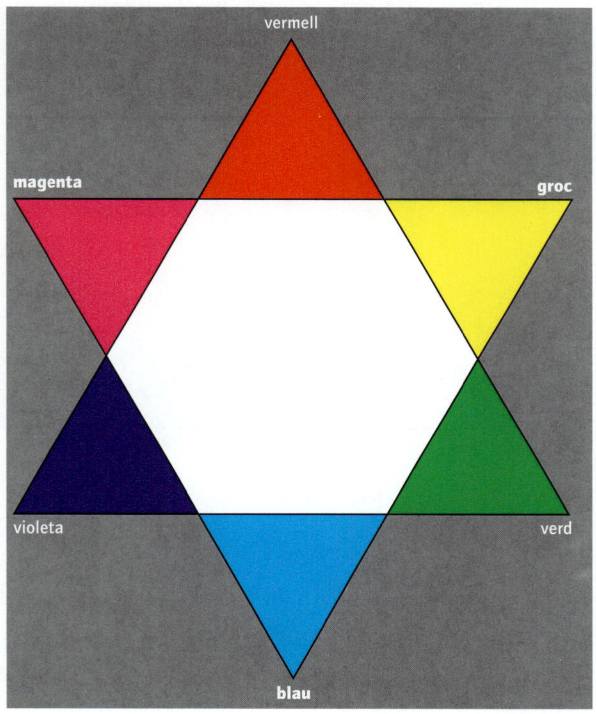

Si barregem dos colors primaris, es pot obtenir una infinitat de colors secundaris diferents. Això dependrà de la proporció de pigment que s'afegeixi de cadascun dels colors primaris.

Per exemple, si barregem groc i cian, obtindrem una gamma de verds diferents, segons la quantitat de pigment groc o verd que combinem.

3. Ordenacions cromàtiques

1 Percepció i ordenació dels colors

Els colors es poden ordenar d'acord amb criteris molt diversos. Una manera de fer-ho és segons la percepció que en tenim a través del sentit de la vista i el procés que segueix el cervell per interpretar-los.

Dels tres colors primaris que poden captar els cons de la retina obtenim totes les possibles combinacions que se'n poden derivar, segons el diferent grau d'intensitat o de força amb què s'estimula cada grup de cons.

En aquest hexàgon s'han combinat els tres colors primaris sense variar la intensitat de llum. Els colors primaris s'han col·locat en els vèrtexs, i en les zones intermèdies hi ha les barreges obtingudes amb aquests colors. Al centre de l'hexàgon hi ha el blanc, que es crea quan tots els cons s'estimulen amb la màxima intensitat.

2 Propietats físiques del color

Una altra manera d'ordenar els colors és segons les propietats físiques de les radiacions electromagnètiques. Les característiques físiques del color són el to, el valor i la saturació.

El to

És una qualitat cromàtica que està condicionada per la longitud d'ona. Quan es diu que un color és blau o vermell, es fa referència al to o valor cromàtic que té. El to és la característica que fa que donem nom als colors i que els puguem distingir.

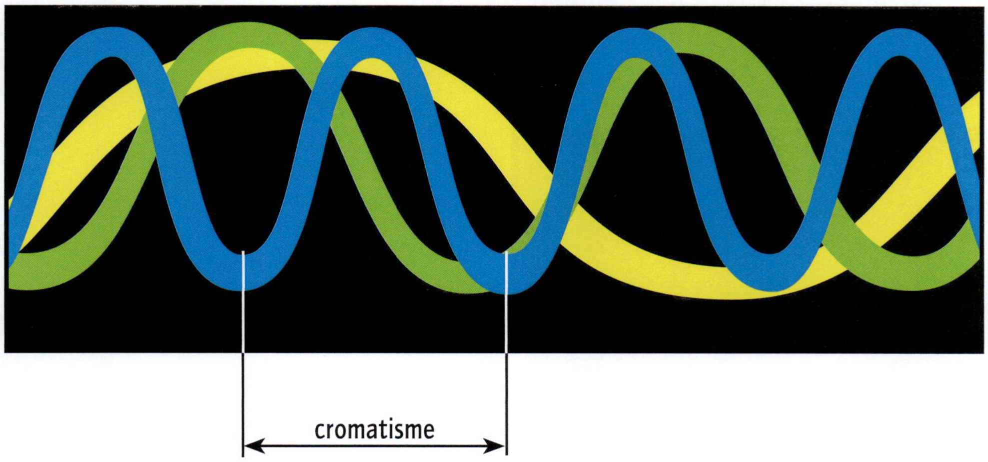

El valor

És el grau de lluminositat d'un color. Depèn de la quantitat de llum que un color reflecteix i, per això, també s'anomena *brillantor*. No tots els colors tenen la mateixa lluminositat. El color més lluminós és el blanc.

L'altura de les crestes de l'ona de la radiació determina la lluminositat o valor.

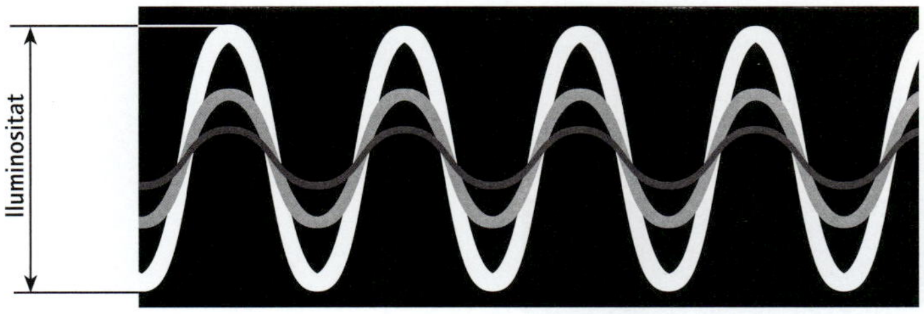

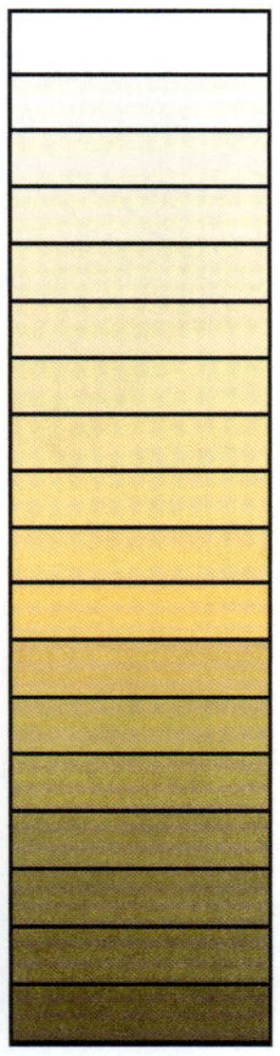

La saturació

És la mesura de la puresa d'un color. També s'utilitza la paraula *croma* per designar aquesta propietat. Els colors purs són saturats i, a mesura que s'hi afegeix gris, perden saturació.

3 Escales de colors

Una de les ordenacions més simples del color són les **escales**, que consisteixen en variacions d'un o més colors desenvolupades d'una manera constant i en funció d'alguna de les seves propietats.

Escala acromàtica

És l'escala que modula colors grisos neutres.

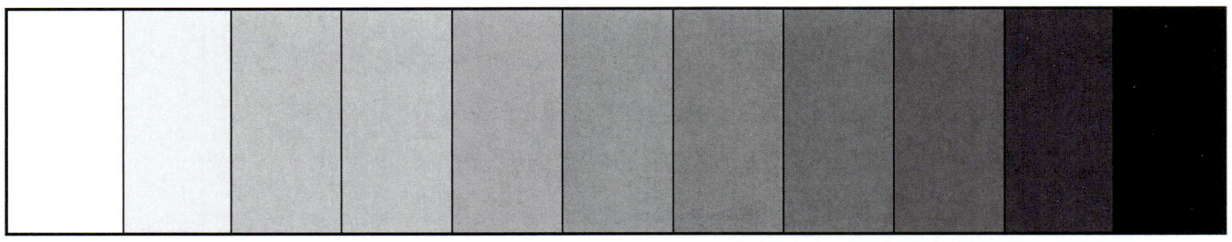

Escala cromàtica

És l'escala que es crea quan considerem el to dels colors.

- **Escala monocromàtica**

  És l'escala en què es fa una variació de la intensitat d'un mateix color.

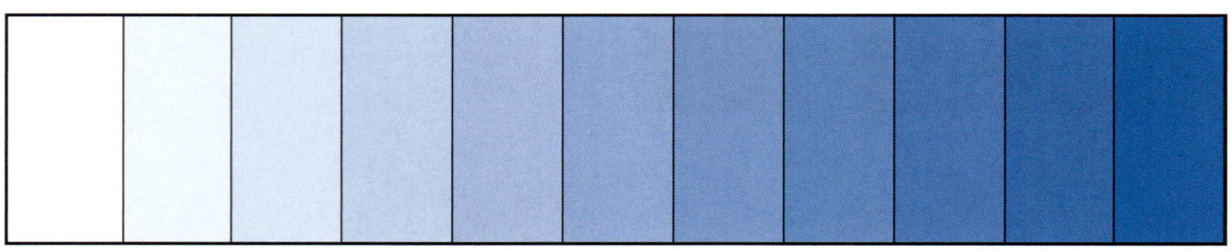

- **Escala policromàtica**

  És l'escala en què es fa una variació de la intensitat de diversos colors.

4 El cercle cromàtic

El cercle cromàtic és una ordenació policromàtica que disposa els colors cromàtics elementals d'una manera semblant a la de l'hexàgon cromàtic.

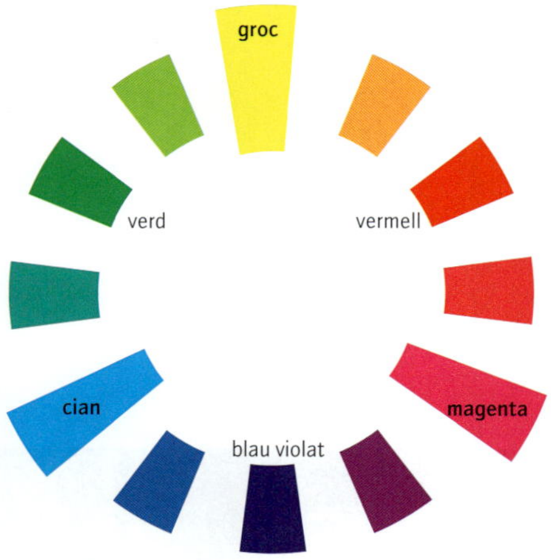

En el cercle cromàtic de la dreta s'han representat també els diferents graus de lluminositat d'un mateix color en circumferències concèntriques. Al cercle del centre hi ha el negre, de manera que els colors, a mesura que s'hi apropen, van perdent lluminositat.

Els colors que es troben en costats oposats del cercle cromàtic s'anomenen **colors complementaris**. Quan es barregen dos colors complementaris, s'obté el negre.

❶ 

❷ 

Al llarg del temps hi ha hagut diversos intents de sistematitzar els colors.
❶ Esfera cromàtica de Runge presentada en forma d'estrella, Johannes Itten.
❷ Sòlid de Munsell.
Amb aquest model, Munsell va representar les gradacions de lluminositat i saturació d'un mateix to de color.

5 El color i les sensacions: gammes cromàtiques

Com ja s'ha dit, el color és una sensació que es produeix quan percebem uns determinats tipus de radiacions electromagnètiques a través del sentit de la vista. Segons el tipus de radiació electromagnètica que arriba a l'ull, parlem d'un color o d'un altre. La denominació dels colors, doncs, neix de donar un nom a aquesta sensació.

També podem associar el color amb altres sensacions que percebem per mitjà d'altres sentits, com ara el tacte, l'oïda, etc. Molt sovint relacionem un color amb els elements de la natura en què predomina. Per exemple, el color blau s'associa amb el cel, l'aigua i el mar; el color verd, amb el món vegetal, i el vermell, amb el foc.

Una de les atribucions que donem al color és la sensació de fred o de calor que ens provoca. El vermell, per exemple, el relacionem amb el foc i el considerem un color càlid; en canvi, el blau l'associem amb el mar i el considerem un color fred.

Segons aquesta sensació tèrmica produïda pels colors, podem dividir el cercle cromàtic en dos grans grups: els colors freds o de la gamma freda i els colors càlids o de la gamma càlida.

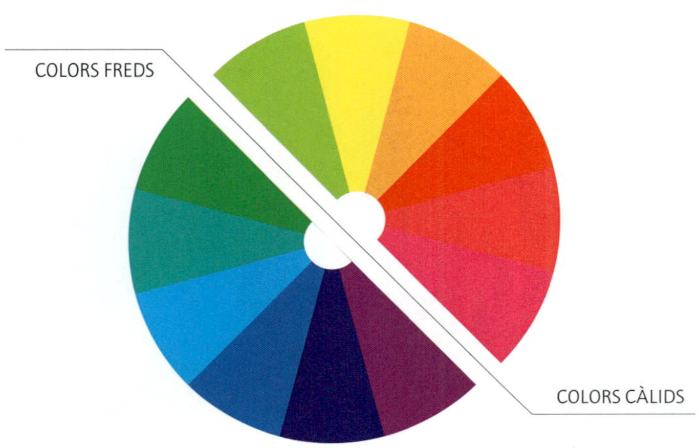

- **Gamma freda:** hi trobem els colors en què predomina el blau. Es considera que els colors freds transmeten tranquil·litat, estabilitat i relaxació.

❶ *Maternitat a prop del mar*, Pablo Picasso, 1902. Basilea, col·lecció Beyeler.
Al bell mig d'un paisatge desolat de tons blaus veiem una dona que sosté una flor vermella, símbol d'esperança.

❷ *Blau sostingut*, Albert Ràfols Casamada, 1978. Barcelona, col·lecció Alier.
Els colors de la gamma freda transmeten una sensació de repòs, relaxació i frescor.

- **Gama càlida:** hi trobem els colors en què predomina el vermell. Es considera que els colors càlids són estimulants i alegres, i transmeten dinamisme.

❸ *Els gira-sols*, Vincent van Gogh, 1888. Londres, National Gallery.
En general, els colors de la gamma càlida del cercle cromàtic transmeten alegria, energia i dinamisme.

❹ *L'enterrament del poeta Oskar Panizza*, George Grosz, 1917-1918. Stuttgart, Staatsgalerie.
La composició en diagonal i els colors càlids ajuden a crear aquest ambient dinàmic i esvalotat.

4. El color com a expressió

És evident que el color pot transmetre sensacions i emocions, ja que, igual que la llum, forma part de la vida.

Tal com succeeix amb la forma, el color facilita el reconeixement d'allò que veiem i ens ajuda a entendre el món. A més, és un dels principals instruments de comunicació i expressió que té el llenguatge visual.

A vegades, quan es crea una imatge graficoplàstica, s'intenten reproduir els colors tal com es veuen en la realitat. Altres vegades es fa servir el color per explicar i transmetre sensacions o estats d'ànim determinats.

❶ *Vermell, blanc i ocre*, Mark Rothko, 1957. Basilea, Kunstmuseum.
L'obra de Rothko es caracteritza per les formes pures, l'ús del color com a element expressiu i les grans dimensions.

❷ *El crit*, Edvard Munch, 1893. Oslo, Galeria Nacional.
Munch va pintar aquest quadre commovedor, en què va voler expressar la seva por i la seva angoixa, i va utilitzar el color en aquest sentit.

En èpoques anteriors, com el Renaixement, l'art pretenia reproduir la realitat de la manera més fidel possible, tant en les formes com en el color.

3 *L'escola d'Atenes*, Rafael, 1509-1511. Roma, Estances Vaticanes.

Hi ha hagut altres èpoques o corrents pictòrics en què els artistes, bàsicament, han volgut expressar-se i transmetre sensacions, i per fer-ho han utilitzat el color.

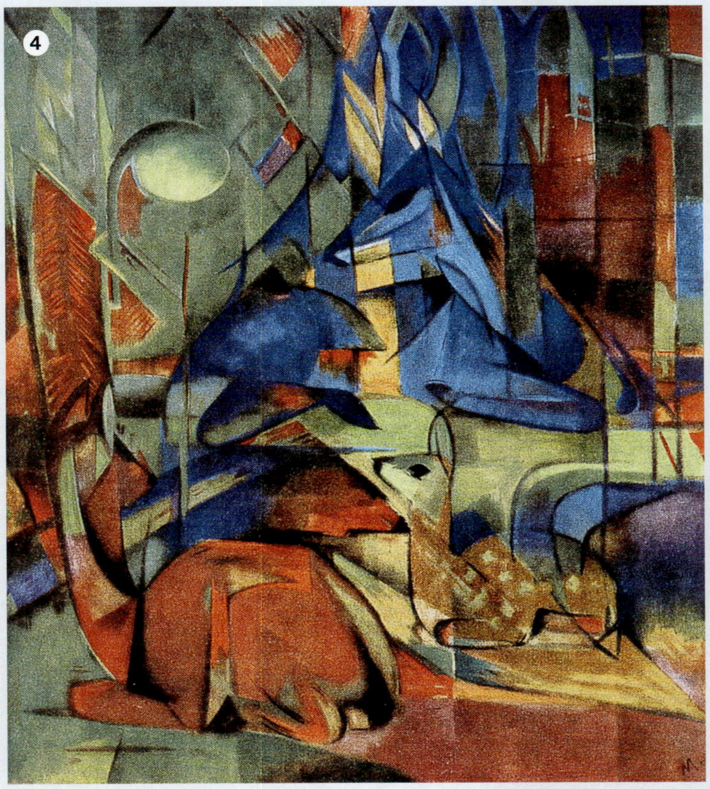

Aquests quadres de Franz Marc i J. M. William Turner representen dues maneres diferents d'utilitzar el color com a element d'expressió.

4 *Cavalls al bosc*, Franz Marc, 1913-1914. Col·lecció Madame Maria Marc.

5 *Pluja, vapor i velocitat*, J. M. William Turner, 1844. Londres, National Gallery.

Generalment, quan utilitzem el color, no pensem en allò que volem expressar i «ens deixem portar» pels colors. Encara que no en siguem conscients i ens sembli estar reproduint exactament el color d'un determinat objecte o forma, les emocions i l'estat d'ànim ens influeixen molt a l'hora de triar els colors.

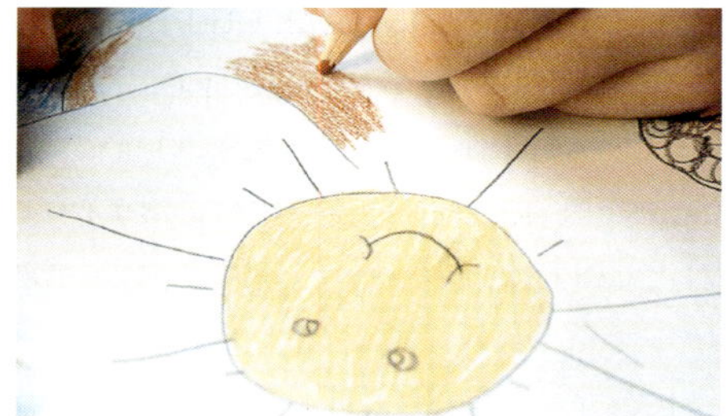

Sovint, quan no es té prou traça en la utilització del color, aquest s'aplica de manera uniforme, com quan es pinta una paret. A les imatges podem veure que el color del tronc de l'arbre pintat (a l'esquerra) és uniforme i, en canvi, el tronc d'un arbre real representa una infinitat de marrons i altres colors com ara vermells, grisos i taronges.

Si observem la fotografia del tronc real, veurem que és molt més «expressiu» i interessant que el del dibuix de l'esquerra. Això és degut a la riquesa i varietat de colors que té.

Es pot aconseguir que el tronc sigui més interessant si es fa servir una varietat suficient de tons marronosos i altres colors.

1

2

3

❶ Dibuix d'un arbre fet per un infant.
❷ Fotografia del tronc d'un arbre.
❸ Detall d'una pintura en la qual es percep la varietat cromàtica emprada per pintar el tronc de l'arbre. D'aquesta manera s'aconsegueix un cert interès i realisme.

Les experiències viscudes associades als colors provoquen que a cadascú transmetin unes certes sensacions i records. Els artistes són molt conscients de les capacitats expressives dels colors i ho tenen en compte quan els apliquen en les seves obres.

Gauguin, per exemple, quan va pintar *El cavall blanc* sabia perfectament que els cavalls no eren vermells, però fent servir aquest color va voler expressar unes sensacions determinades. Malgrat que era conscient que potser no seria acceptat en la seva època, va pintar un dels cavalls de color vermell per transmetre millor el que pretenia i afegir, d'aquesta manera, un focus d'atenció al quadre.

A les fotografies de sota pots veure dues pintures de Kirchner i Matisse. Aquests, conscients de la capacitat expressiva del color, van pintar les seves obres amb colors molt allunyats dels que hi ha en la realitat.

4 *El cavall blanc*, Paul Gauguin, 1898. París, Museu d'Orsay.

5 *Noia sota el para-sol japonès*, Ernst Ludwig Kirchner, 1909. Düsseldorf, Kunstsammlung Nordrhein-Westfalen.

6 *La dansa*, Henry Matisse, 1910. Sant Petersburg, Museu de l'Ermitage.

Què recordo?

1. Quina relació hi ha entre la llum i el color?
2. Quina relació hi ha entre l'arc de sant Martí i el color?
3. Per què veiem els colors?
4. Quines cèl·lules visuals hi ha a l'ull?
5. Què és el pigment?
6. Quins són els colors llum primaris?
7. Quins són els colors acromàtics? Què és una escala acromàtica?
8. A què és degut que vegem un objecte de color vermell?
9. Què vol dir *color pigment primari*? Quins són els colors primaris?
10. Com s'obtenen els colors secundaris?
11. Quines són les propietats físiques del color?
12. Què és una escala monocromàtica?
13. Què és el cercle cromàtic?
14. Quins són els colors càlids? Per què s'anomenen així?
15. Quins colors utilitzaries per crear una sensació de tranquil·litat i d'estabilitat?
16. Quins diferents usos del color hi ha en l'art de les diferents èpoques?
17. Com es pot fer servir el color per aconseguir un dibuix més interessant?
18. Amb què associem la varietat de colors?

Fotograma de *Toy Story*, pel·lícula de dibuixos animats generats per ordinador, dirigida per John Lasseter el 1995.

UNITAT 9

Imatges tecnològiques

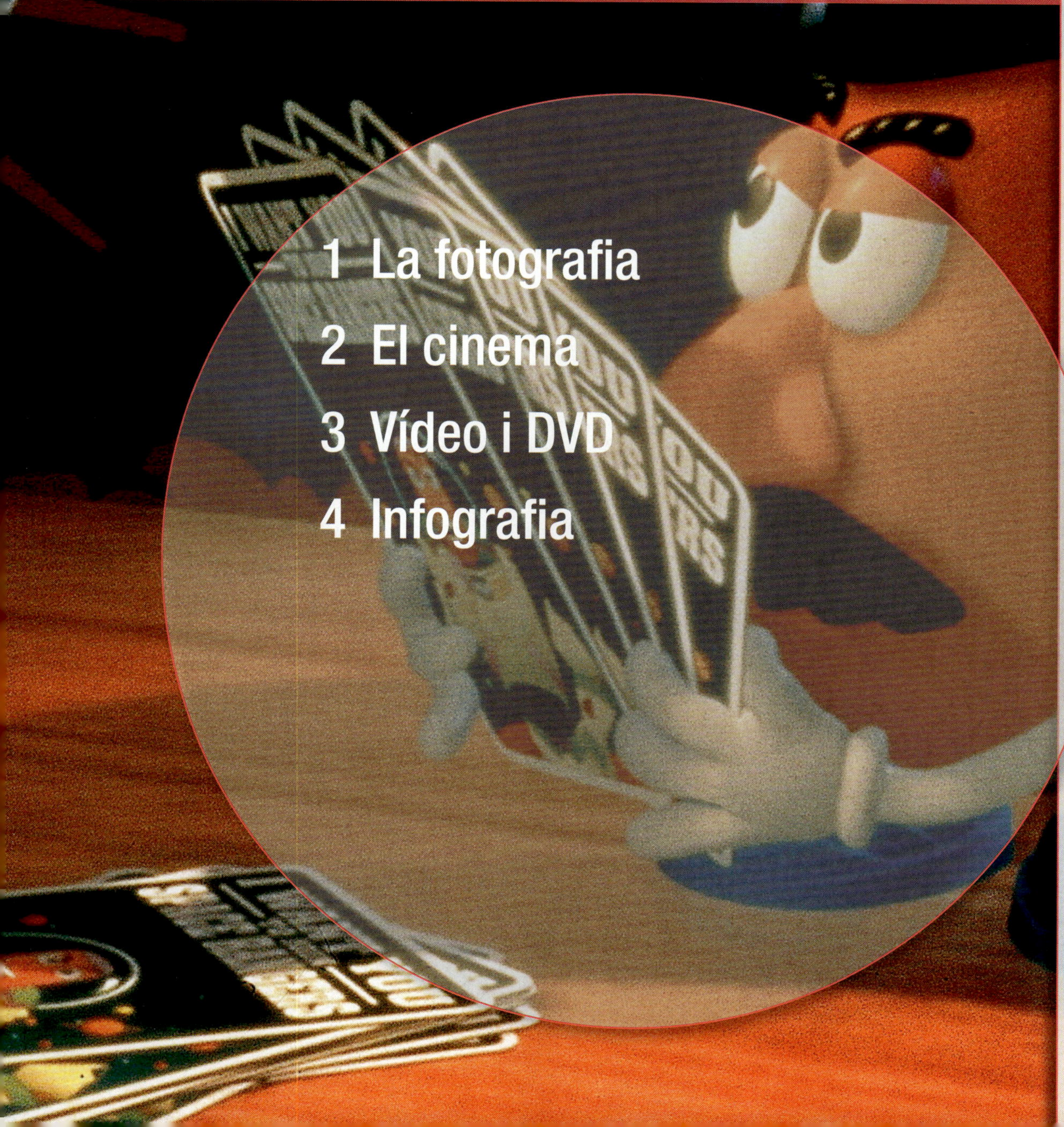

1. La fotografia

Anomenem **imatges tecnològiques** aquelles representacions visuals bidimensionals realitzades amb procediments i mitjans fotomecànics o informàtics, com són la fotografia, el cinema, el vídeo i la infografia.

Per crear aquestes imatges, s'utilitzen aparells com la càmera fotogràfica, la càmera de vídeo o de cinema, l'ordinador o d'altres

1 El descobriment de la fotografia

L'invent de la fotografia es va produir cap a l'any 1826. La va inventar el francès Joseph-Nicéphore Niepce, que va aconseguir fixar imatges obtingudes en una càmera fosca sobre una placa metàl·lica. La càmera fosca per obtenir imatges ja s'havia utilitzat des de temps d'Aristòtil (segle IV aC) i ha tingut diversos usos al llarg del temps.

La **càmera fosca** és una càmera o caixa fosca amb una petita obertura per on entra la llum. Els rajos de llum reflectits pels objectes passen a través d'un petit orifici i projecten una imatge a la cara oposada a la de l'orifici.

Niepce va col·locar al fons de la càmera fosca unes plaques metàl·liques recobertes amb un bany de plata, un material fotosensible que es torna negre quan hi incideix la llum. A partir d'aquesta reacció, va poder fixar la imatge obtinguda a la càmera fosca.

❶
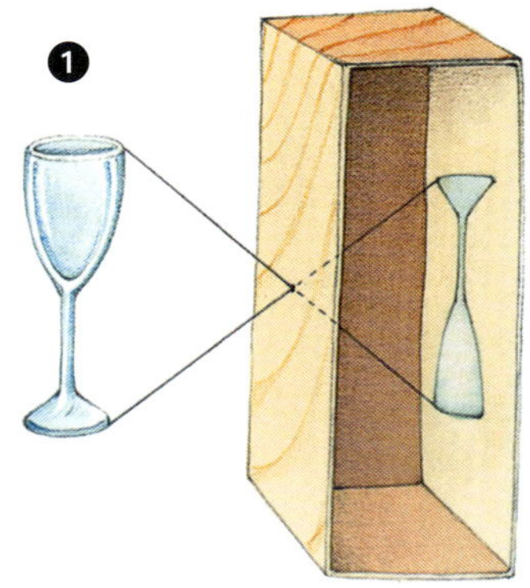

❷
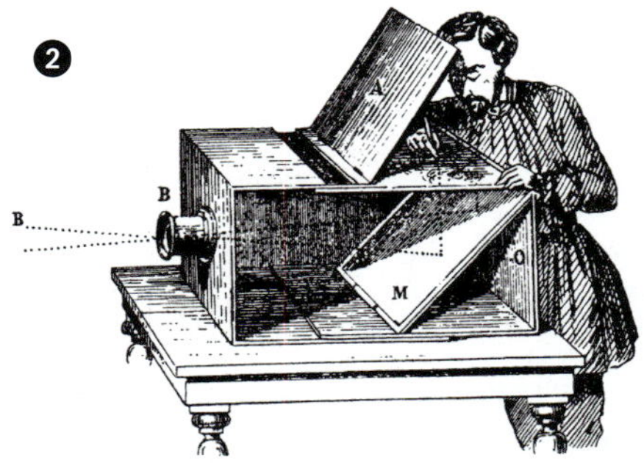

❶ Il·lustració sobre el funcionament de la càmera fosca.
❷ En aquest gravat es pot veure com s'utilitzava la càmera fosca per dibuixar al segle XIX. Els miralls servien per desviar els rajos de llum cap a una taula, on es podia calcar la imatge projectada.

❸

❹

❺

❸ Càmera per impressionar plaques de vidre recobertes de gelatina fotosensible, 1886.
❹ Primera fotografia obtinguda en una placa metàl·lica després de vuit hores d'exposició, obra de Joseph-Nicéphore Niepce, 1826.
❺ Càmera estenopeica construïda amb una caixa de cartró.
Per fer una fotografia en negatiu, s'ha de col·locar un paper fotogràfic al costat oposat de l'orifici. Després, al laboratori, es pot aconseguir una imatge en positiu.

A partir del descobriment de Niepce apareixen molts inventors aficionats que fan diversos experiments amb l'objectiu de retenir la imatge que capta la càmera fosca de la millor manera possible.

El **daguerreotip** o **fotografia sobre metall** va ser inventat el 1837 pel francès Daguerre. Aquest sistema solucionava alguns dels problemes tècnics del procediment inventat per Niepce i reduïa notablement el temps d'exposició.

El **calotip** o **fotografia sobre paper** va ser inventat el 1841 pel britànic William Henry Fox Talbot i es basava en la utilització de paper recobert de clorur de plata. Amb aquest sistema s'obtenia una imatge negativa sobre paper. A més, posteriorment, a partir de la imatge en negatiu es podien treure tantes còpies en positiu com es volgués.

Posteriorment, la utilització de col·lodió com a emulsió va permetre obtenir **fotografies sobre vidre**. Utilitzar el vidre com a suport del negatiu va permetre obtenir fotografies més nítides i de més qualitat, ja que el vidre és transparent. Més tard, el 1861 el vidre seria substituït pel cel·luloide.

El 1888, el nord-americà George Eastman va registrar la marca Kodak. Eastman es convertí en el primer fabricant de rodets de pel·lícula, i el 1888 Kodak va comercialitzar la primera càmera fotogràfica que funcionava amb rodet. Més tard, l'evolució tècnica va permetre la fotografia en color. Avui en dia, en les càmeres ja no s'utilitza un rodet de pel·lícula, sinó que tenen un sensor que transforma la llum que rep la càmera en informació digital.

6 Calotip de William Henry Fox Talbot. Imatge en positiu.
7 Calotip de William Henry Fox Talbot. Imatge en negatiu.
8 Daguerreotip del retrat de Dorothy Draper (1840) obtingut després d'una exposició de 65 segons.

2 La càmera fotogràfica

Una càmera fotogràfica es basa en el principi de la càmera fosca; la llum hi entra a través de l'objectiu i projecta una imatge sobre un sensor fotosensible.

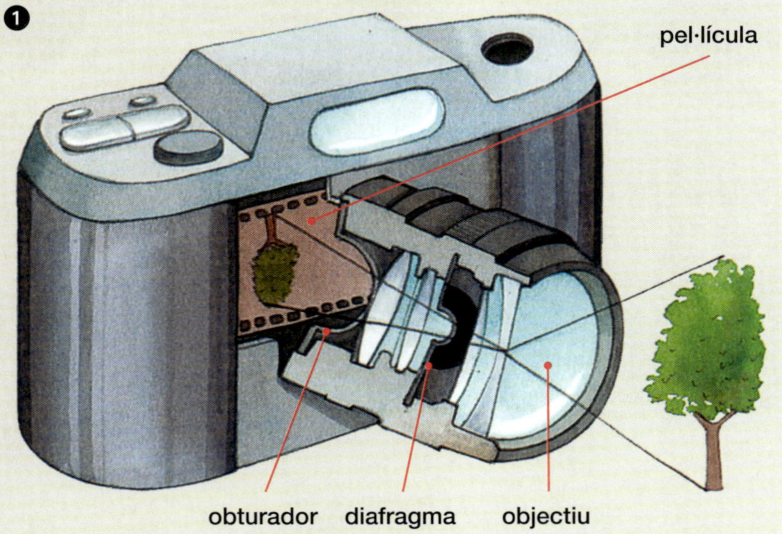

❶ Esquema de funcionament d'una càmera fotogràfica. La llum hi entra a través de l'objectiu i projecta una imatge sobre una pel·lícula fotosensible.
❷ Càmera rèflex.

Els principals mecanismes d'una càmera fotogràfica són els següents:

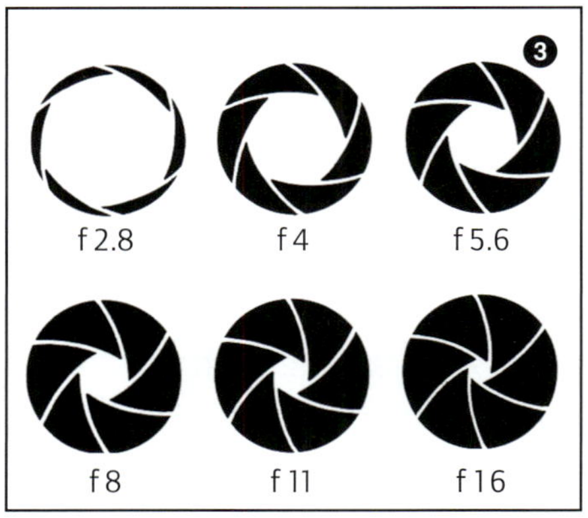

❸ Diferents obertures del diafragma.

- L'**objectiu** té la funció de dirigir la llum cap al sensor per obtenir una imatge nítida.
- El **visor** és una petita finestra que permet veure la imatge que quedarà enregistrada. No totes les càmeres en tenen; la majoria tenen una pantalla molt més gran que un visor, que mostra l'enquadrament de la fotografia de manera més còmoda.
- L'**obturador** és un dispositiu que acostuma a estar situat entre l'objectiu i el sensor. L'obturador s'encarrega de deixar passar la llum durant un temps determinat. La durada d'aquesta obertura rep el nom de *velocitat d'obturació*.
- El **diafragma** està situat entre les lents de l'objectiu. El diafragma té un mecanisme que permet una obertura circular, que pot ser més o menys gran, i determina la quantitat de llum que entra per l'objectiu.

Per aconseguir una bona fotografia, és necessari que la relació entre l'obertura del diafragma i la velocitat d'obturació sigui correcta. En cas contrari, obtindrem una imatge que serà massa clara o bé massa fosca a causa de la manca o de l'excés de llum, respectivament. En l'actualitat, la majoria de les càmeres fotogràfiques disposen d'un programa que controla els dos factors de manera automàtica i permet obtenir bones fotografies.

La fotografia digital

Una càmera digital té un xip sensor amb uns receptors de llum que transformen la llum que reben en informació digital. Aquesta informació s'emmagatzema en un dispositiu de memòria i es pot posar en un ordinador. Després, es pot manipular amb programes informàtics de retoc fotogràfic, si és necessari.

Les imatges digitals es poden imprimir sobre paper, que pot ser de qualitat fotogràfica. També es poden veure en una pantalla, ja sigui en pàgines web, en projeccions, etc.

Una imatge digitalitzada és un arxiu o fitxer que pot tenir característiques molt diferents. Aquests arxius són imatges formades per una sèrie de punts (píxels) de diversos colors. Les imatges basades en píxels o mapes de bits es poden guardar en diferents formats. Els formats d'imatges de mapa de bits més habituals són BMP, JPG, GIF, PCX, TIF i PSD.

La resolució és un aspecte bàsic en la fotografia digital. En una càmera digital, la resolució es basa en el nombre de punts o píxels que conté el sensor i s'expressa indicant el nombre de píxels d'amplada pel nombre de píxels d'alçària del sensor.

4 Si es connecta una càmera digital a un ordinador, es poden transferir les imatges de la càmera a l'ordinador. Després, les fotografies es poden retocar amb programes informàtics i imprimir amb la impressora.

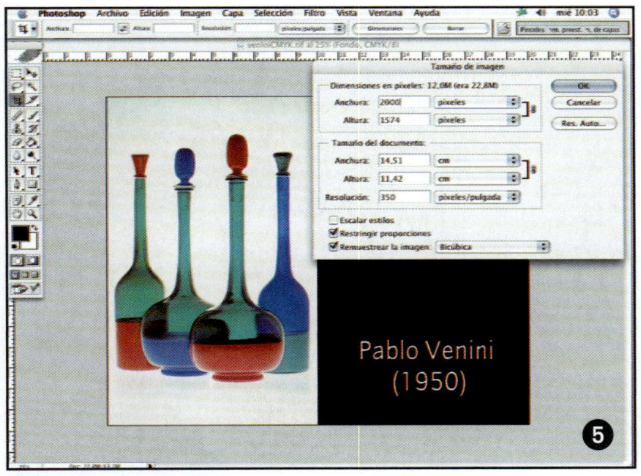

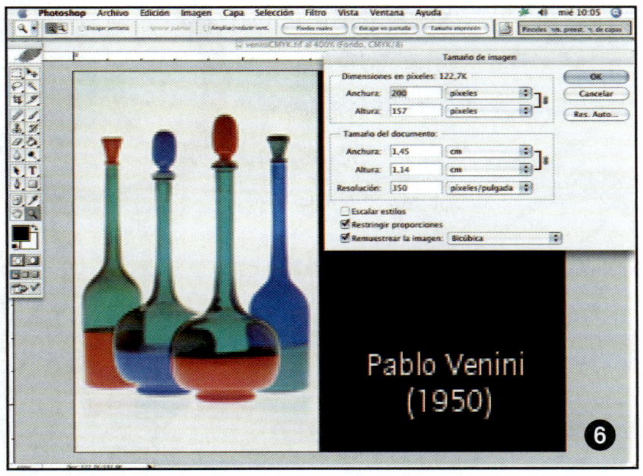

5 Imatge de 2 000 × 1 570 píxels.
6 Imatge de 200 × 157 píxels.

La definició de la resolució en fotografia digital es pot fer de diferents maneres:

- Indicant el nombre de píxels d'amplada pel nombre de píxels d'alçària (2 000 × 1 574 píxels).
- Donant el nombre total de píxels (3 140 000 píxels, o bé 3,2 MP o megapíxels).

En general, podríem dir que com més píxels pugui capturar el sensor, més detall tindrà la fotografia. Per imprimir una fotografia de 18 × 24 cm, podem considerar que una resolució de 3,2 MP és suficient.

En les imatges que s'han de veures en una pantalla d'ordinador, la resolució pot ser molt inferior; tot dependrà de les mides del monitor. Una imatge de 768 × 1 024 píxels pot ser suficient per a una pantalla d'ordinador de 17 polzades.

2. El cinema

La paraula *cinema* prové del grec *kínema*, que significa 'moviment'. La part de la física que estudia el moviment s'anomena *cinemàtica*, nom que també prové d'aquesta paraula grega. El cinema mostra una seqüència d'imatges, anomenades *fotogrames*, a un ritme constant.

La sensació de moviment que produeix el cinema és deguda al fenomen de la persistència retiniana. Quan l'ull rep un estímul lluminós, la retina s'impressiona i es crea una imatge que persisteix en la nostra retina durant una fracció de segon.

Gràcies a aquest fenomen, quan percebem una seqüència encadenada d'imatges que es diferencien molt poc les unes de les altres, l'ull no pot percebre que es tracta d'imatges diferents i es produeix una sensació de continuïtat del moviment.

Una pel·lícula de cinema és una seqüència de fotogrames, col·locats l'un a continuació de l'altre, que es projecta a una velocitat de 24 fotogrames per segon, la qual cosa produeix la sensació d'imatge en moviment.

1 El zoòtrop és una joguina inventada al segle XIX. Per crear la il·lusió de moviment, es col·loca una tira amb una seqüència d'imatges dibuixades que representen la descomposició d'un moviment. Després es fa girar el zoòtrop.

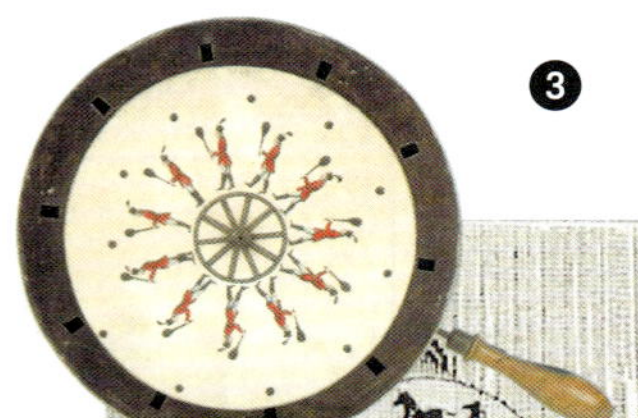

Abans de començar a filmar una pel·lícula s'ha d'escriure un guió, planificar-ne l'argument, els temps, l'ordre en què es desenvolupa la narració, la música...

El **guió cinematogràfic** consta d'un guió literari i un guió tècnic. En el guió literari s'inclouen tots els diàlegs de cada escena i en el guió tècnic s'especifiquen els detalls d'il·luminació, els efectes especials, els moviments de la càmera, el so, etc.

Les escenes es roden per separat i després es fa el muntatge de la pel·lícula seguint el guió establert. Per enregistrar els fotogrames s'utilitza la càmera de cinema, el funcionament de la qual és semblant al d'una càmera fotogràfica. Es tracta d'una caixa tancada amb un objectiu, per on passa la llum, i una bobina de pel·lícula fotosensible situada al fons.

2 Fotografies de les diverses etapes del moviment del galop d'un cavall, preses per Eadweard Muybridge (1873). Muybridge va disposar en fila una sèrie de càmeres que s'anaven disparant a mesura que passava un cavall. Mitjançant aquestes fotografies es pot veure amb tota exactitud la posició de les potes durant el galop.

3 El fenaquistoscopi (1833) és una joguina òptica amb què es poden aconseguir imatges en moviment.

4 En aquest gravat es pot observar com s'utilitzava un fenaquistoscopi.

Les càmeres de cinema porten incorporada una gravadora de so. El so de la pel·lícula pot ser el que es produeix en el moment del rodatge o bé un so que s'ha afegit en la fase de muntatge.

La banda sonora d'una pel·lícula conté les converses dels personatges, els sons ambientals i les melodies musicals incorporades per reforçar el missatge de la pel·lícula.

1 Gèneres cinematogràfics

És habitual classificar el cinema per gèneres, és a dir, pels diferents ambients o temàtiques en què discorre l'acció. El cinema, des del seu naixement el 1895 a París amb la projecció de les pel·lícules dels germans Lumière, s'ha presentat sota diferents gèneres, que es poden classificar en:

- **Cinema d'aventures.** Inclou les pel·lícules en què els protagonistes tenen molta acció i hi ha molta aventura, a vegades amb risc físic o perill.
- **Cinema de ciència-ficció.** És un gènere d'arrel literària. Generalment està centrat en els efectes especials, que es poden aconseguir gràcies a la tècnica.
- **Comèdia.** Es caracteritza per la seva intenció, generalment crítica o satírica, i sol tenir un desenllaç feliç.
- **Documentals.** En general, són films basats en la realitat. Poden versar sobre temes de la natura, de geografia, culturals, històrics, etc.
- **Cinema dramàtic.** Mostra les relacions entre els éssers humans i pretén emocionar l'observador. Aquest gènere inclou pel·lícules de conflicte o confrontació i pel·lícules de cinema romàntic, que mostra sobretot les relacions amoroses i sentimentals.
- **Cinema històric.** Gènere de base literària que pot descriure una biografia, narracions mitològiques o la història d'un poble o comunitat.
- **Musicals.** Es caracteritza pel fet que desenvolupa la història utilitzant diàlegs cantats i perquè té una banda sonora escrita d'acord amb la trama.
- **Cinema policíac.** Conegut també com a *cinema negre*, és el cinema nord-americà per excel·lència. La seva temàtica fonamental són fets delictius i criminals en què intervenen els estaments policíacs.
- **Cinema de terror, fantàstic.** Es basa en l'espectacularitat i requereix un ampli desplegament d'efectes especials, amb una ambientació d'acord amb la trama.
- ***Western.*** Juntament amb el cinema policíac, és el gènere més representatiu del cinema nord-americà, ja que la seva temàtica principal sempre parla d'uns territoris, uns pobles i uns costums que formen part de la història dels Estats Units.

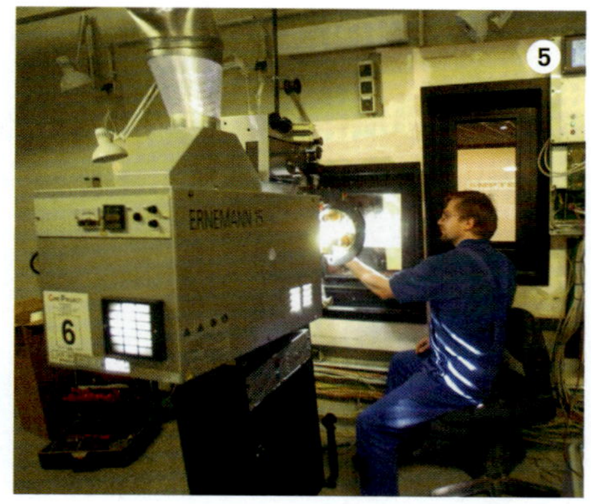

5 Projecció d'una pel·lícula de cinema.

6 El cinema mostra una seqüència d'imatges fotogràfiques, anomenades *fotogrames*, que se succeeixen a un ritme constant.
Avui dia, per crear la sensació de moviment s'utilitzen 24 fotogrames per segon.

7 *Grease* va ser una pel·lícula musical de gran èxit a la dècada de 1980.

8 *Wyatt Earp* (1994) és un *western* que explica la història d'un personatge mític de l'oest americà.

9 *Qui ha enredat Roger Rabit?* és una pel·lícula produïda el 1988 en què els personatges reals conviuen amb dibuixos animats (anomenats *dibus*).

2 Punt de vista i enquadrament

El **punt de vista** és la posició que tenim respecte de l'objecte que observem. Un mateix objecte o una mateixa forma pot canviar d'aspecte segons quina sigui la posició de l'observador.

Aquestes fotografies han estat preses des de dos punts de vista diferents: la primera va ser feta des d'un punt de vista normal, i la segona, des d'un punt de vista alt. Per aquest motiu, l'aspecte de les imatges és molt diferent.

Quan observem el nostre entorn, no som gaire conscients de quin és el nostre punt de vista. Sovint, quan no podem identificar un objecte o no el veiem prou clar, ens movem per veure'l des d'un altre angle. El que fem és mirar des de diferents punts de vista per tal que, d'aquesta manera, puguem recollir la màxima informació i tenir més dades sobre allò que estem mirant.

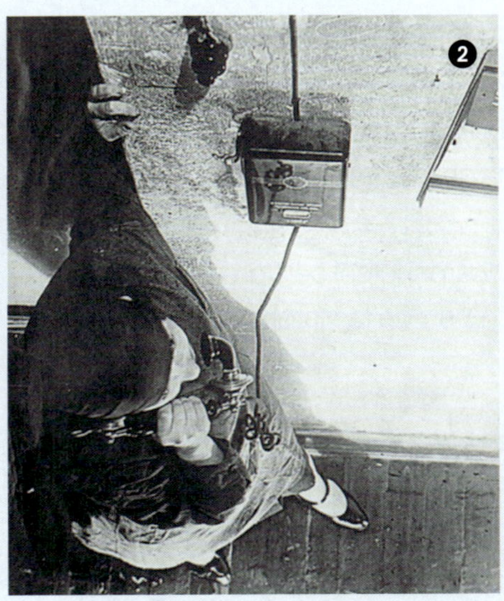

❶ Quan s'ha de gravar amb càmera de vídeo o s'ha de fer una fotografia, cal buscar el punt de vista i l'enquadrament més adequats.

❷ *Al telèfon*, Alexander Rodchenko, 1928. Nova York, Museu d'Art Modern.
Aquesta fotografia d'una dona parlant per telèfon va ser presa des d'un punt de vista inusual.

Angle de visió

En el cinema, la fotografia i el vídeo, s'han creat unes denominacions per als diversos punts de vista des dels quals s'observa l'acció. Aquests punts de vista depenen de la situació de la càmera que filma, i se suposa que corresponen al lloc on està situat l'espectador. Aquesta nomenclatura també s'utilitza en el llenguatge del còmic.

- **Angle normal o mitjà:** l'escena s'observa des d'un punt de vista normal, és a dir, des de l'alçada corresponent a la dels ulls d'una persona que estigui dreta.

- **Angle en picat:** l'escena s'observa des de dalt.

- **Angle en contrapicat:** l'espai es mira des de baix.

L'enquadrament

Enquadrar consisteix a seleccionar el fragment de la realitat que ens interessa i «retallar» i «eliminar» les parts que no volem. Generalment, l'enquadrament té forma de quadre o de rectangle. En la fotografia, el cinema i la televisió, l'enquadrament és la part que veiem pel visor.

A l'hora de prendre una imatge, s'ha de tenir en compte tant l'enquadrament com l'angle de visió.

En el món del cinema, els diversos tipus d'enquadrament s'anomenen *plans cinematogràfics* i, fonamentalment, es basen en la part de la figura humana que abracen.

1. **Pla general:** els personatges es poden identificar, però sense gaire detall, i podem veure l'espai on estan ubicats.
2. **Pla sencer o de conjunt:** les figures dels personatges es veuen senceres i hi ha una mica d'espai per dalt i per baix.
3. **Pla americà o de tres quarts:** els personatges queden tallats a l'altura dels genolls.
4. **Pla mitjà:** els personatges queden tallats a l'altura de la cintura.
5. **Primer pla:** talla l'espai a l'altura de les espatlles del personatge i ens en mostra el rostre. Quan s'enquadra un objecte sencer, també parlem de primer pla.
6. **Pla de detall:** s'utilitza per mostrar un detall d'algun objecte de l'entorn o una part d'una persona.

❶ Fotograma de la pel·lícula *Los lunes al sol* (2002), dirigida per León de Aranoa i protagonitzada, entre altres actors, per Javier Bardem i Luis Tosar.

❷ Fotograma de la pel·lícula *Superman: el retorn* (2006), dirigida per Bryan Singer.

❸ Fotograma de la pel·lícula *Harry Potter i la cambra secreta* (2002), dirigida per Chris Columbus.

❹ Fotograma de la pel·lícula *Gandhi* (1982), dirigida per Sir Richard Attenborough, que explica la vida de Mahatma Gandhi, pensador i polític pacifista de l'Índia.

❺ Fotograma de la pel·lícula *El senyor dels anells: les dues torres* (2002), dirigida per Peter Jackson i basada en l'obra de Tolkien.

❻ Fotograma de la pel·lícula *El pianista*, dirigida per Roman Polanski (2002), en què es narra la història d'un pianista jueu que va aconseguir sobreviure a la Segona Guerra Mundial.

3. Vídeo i DVD

S'anomena *vídeo* la tecnologia que permet gravar i reproduir imatges en moviment i so mitjançant una cinta magnètica, encara que en l'actualitat ja no s'utilitza cinta magnètica, sinó que són senyals electrònics que es processen per un ordinador.

La **càmera de vídeo**, igual que la càmera cinematogràfica, té un objectiu pel qual entra la llum, però al seu interior, en lloc de pel·lícula fotogràfica hi ha un sensor que capta la llum que arriba i, mitjançant un petit processador informàtic, la converteix en informació digital.

El procés per realitzar un vídeo és molt semblant al del cinema, ja que totes dues tècniques comparteixen el mateix llenguatge audiovisual. Per aconseguir un bon resultat, és important seguir un procés de treball ben planificat. Aquest procés de treball acostuma a constar de tres fases: preproducció, producció i postproducció.

- En la **preproducció** es determina el contingut del guió que s'ha de seguir, on hi ha tota la informació sobre el rodatge i l'edició posterior del vídeo. També és en aquesta fase quan s'han de resoldre tots els aspectes relacionats amb el finançament i la preparació de tot el material necessari per al rodatge.
- La **producció** consisteix en l'enregistrament o rodatge del vídeo
- En la **postproducció** es realitza l'edició o el muntatge de tot el que s'ha enregistrat. És el moment d'afegir-hi efectes sonors, fer el doblatge dels actors, triar quines parts del que s'ha rodat es deixen i quines es treuen, afegir el so que no s'ha gravat en directe en el moment del rodatge, posar títols, etc.

Amb l'aparició del vídeo digital i del DVD (*digital versatile disc*), el vídeo i el cine, igual que la fotografia, es troben immersos en un procés de canvi profund. Avui dia, les imatges enregistrades en una pel·lícula de cinema es poden convertir en imatges digitals i, més tard, es poden retocar i barrejar els fotogrames per ordinador, amb la qual cosa s'aconsegueixen uns nivells espectaculars de realisme.

Les noves tecnologies permeten crear efectes especials, fer canvis en els paisatges de fons on es desenvolupa l'acció, crear personatges imaginaris i barrejar dibuixos animats amb imatges reals o fotogràfiques.

7 

8 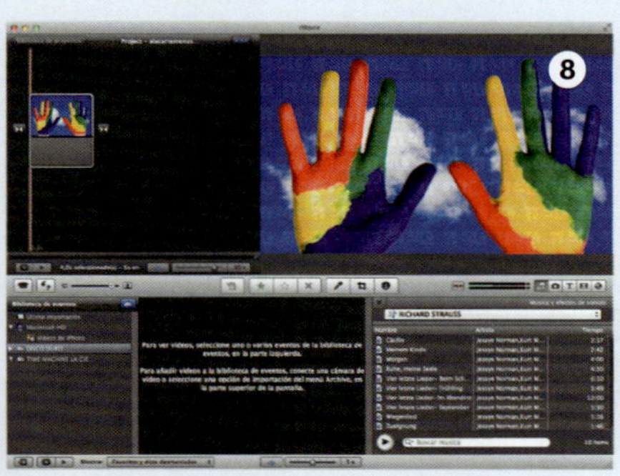

9 

7 *Nu baixant l'escala*, Shigeko Kutoba, 1977. Documenta de Kassel VI.
Actualment els artistes han incorporat les noves tecnologies com a mitjà d'expressió artística. Aquesta videoescultura és un homenatge a l'obra de Duchamp de 1912.

8 Amb un programa d'edició de vídeo es poden fer muntatges, retocar fotogrames, etc.

9 Càmera de vídeo digital.

4. Infografia

La informàtica és un nou mitjà de creació d'imatges, i amb el seu desenvolupament han aparegut nous missatges visuals. Les imatges que es poden realitzar o retocar amb l'ordinador s'anomenen *imatges digitals* i s'obtenen de maneres molt diverses:

- Es pot fer una recerca a Internet o en un CD d'imatges.
- Es poden digitalitzar imatges impreses (llibres, revistes i fotografies) amb un escàner.
- Es poden captar imatges amb una càmera fotogràfica digital.
- Amb un programa d'edició de vídeo digital es poden obtenir fotogrames aïllats d'un vídeo digitalitzat.
- Es pot crear una imatge utilitzant un programa informàtic d'edició gràfica.

Una imatge digitalitzada és un arxiu que pot tenir diversos formats o extensions. Cada format codifica la informació d'una manera determinada. En general, els formats de les imatges digitals es podrien classificar en dos grups: els gràfics vectorials i els mapes de bits.

1 Imatges vectorials

Els fitxers amb gràfics vectorials contenen instruccions (vectors) amb informació sobre les línies i corbes que contenen les imatges. En aquests arxius es descriuen les imatges a partir de les seves característiques geomètriques.

Els programes de dibuix vectorial, com ara l'Adobe Illustrator, el Macromedia FreeHand i el CorelDRAW, descriuen les imatges a partir de vectors i formes geomètriques. Els arxius creats amb aquests programes tenen les extensions següents: *ai*, *fh11*, *cdr*.

Els gràfics vectorials són molt utilitzats per al dibuix i el disseny. Tenen l'avantatge que les imatges es poden ampliar tant com vulguem, i les línies sempre es veuen nítides.

2 Mapes de bits

Els fitxers de mapes de bits descriuen les imatges a partir del nombre, la posició i el color dels seus píxels. La manipulació d'aquestes imatges s'ha de fer píxel per píxel, mitjançant programes com el Paint Shop Pro, l'Adobe Photoshop o el Corel PHOTO-PAINT, i les extensions més habituals són *jpg*, *gif*, *pcx*, *tif* i *psd*.

Els mapes de bits tenen l'avantatge que reprodueixen amb gran fidelitat gradacions subtils d'ombres i colors. El seu principal inconvenient és que, quan les imatges s'amplien, poden perdre definició i les línies es veuen en forma de dents de serra o «pixelades».

❶ Dibuix vectorial realitzat amb un programa de dibuix vectorial.
❷ Imatge de mapa de bits creada amb el Photoshop.

3 Tractament de les imatges en programes d'edició de textos

Moltes vegades, en els treballs escrits s'utilitzen imatges digitals que complementen la informació del text. La majoria de programes de tractament de textos permeten inserir imatges que poden tenir diferents formats (GIF, JPG, PNG, TIF...).

Un dels programes més utilitzats per a l'edició de textos és el Microsoft Word. Aquest programa permet inserir imatges predissenyades i imatges emmagatzemades a l'ordinador.

A més, les imatges en un document de Word es poden manipular mitjançant la barra d'eines *Imatge*.

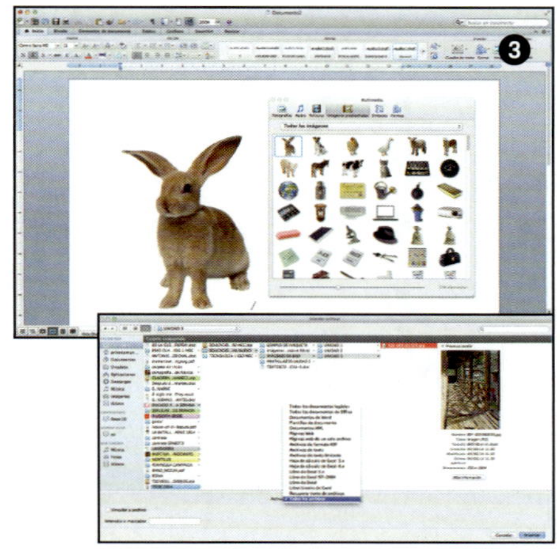

❸ Inserir imatges predissenyades i imatges arxivades a l'ordinador.

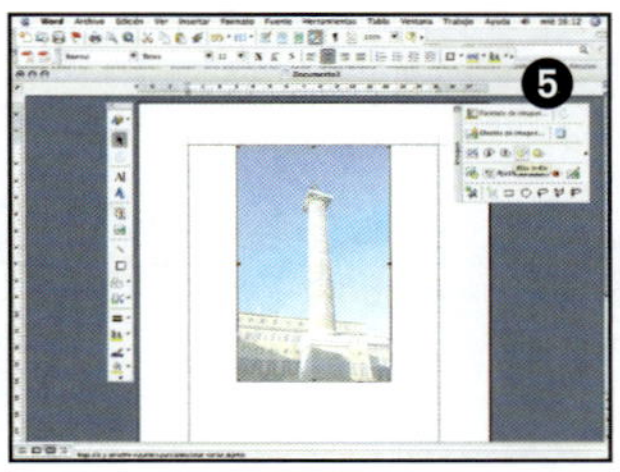

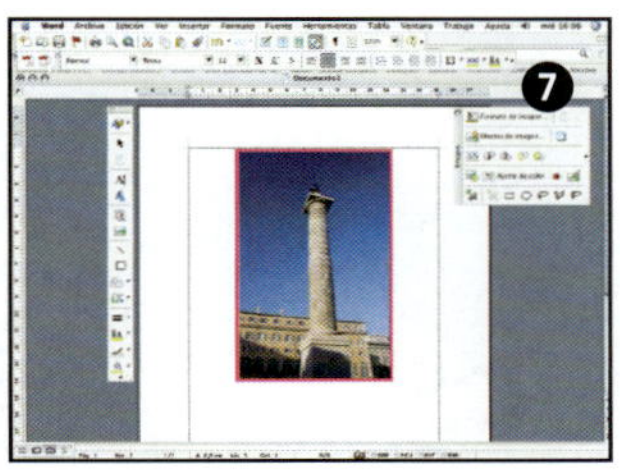

❹ Convertir la imatge a escala de grisos.
❺ Modificar la lluminositat.
❻ Augmentar o disminuir el contrast de la imatge.
❼ Emmarcar la imatge amb vores de diversos colors.

No obstant això, és més aconsellable manipular les imatges amb programes específics de tractament d'imatges, com ara el Photoshop, i després incorporar-les al document de Word. Amb els programes de tractament d'imatges les possibilitats de manipulació són molt més àmplies.

❽ Manipulació d'imatges realitzada amb el Photoshop.

Què recordo?

1. Com funciona una càmera fosca?
2. Què va comercialitzar Kodak l'any 1888?
3. Quina és la funció de l'objectiu d'una càmera fotogràfica?
4. Quina és la funció de l'obturador d'una càmera fotogràfica?
5. En què es diferencien la fotografia tradicional i la fotografia digital?
6. Com s'anomenen les diferents imatges que formen una pel·lícula de cinema?
7. A quina velocitat es projecta una pel·lícula de cinema?
8. En quina part d'un guió de cinema s'inclouen els moviments de la càmera?
9. Quin gènere cinematogràfic es caracteritza per tenir diàlegs cantats?
10. En què consisteix l'enquadrament?
11. En quins plans els personatges no queden tallats?
12. Quines són les fases del procés d'elaboració d'un vídeo?
13. Quins tipus de format d'imatges digitals són molt utilitzats en el dibuix i el disseny?

Joc amb petxines, Kitagawa Utamaro, 1790-1791. Colònia, Museu d'Art Oriental.

ANNEX 1

Les arts visuals

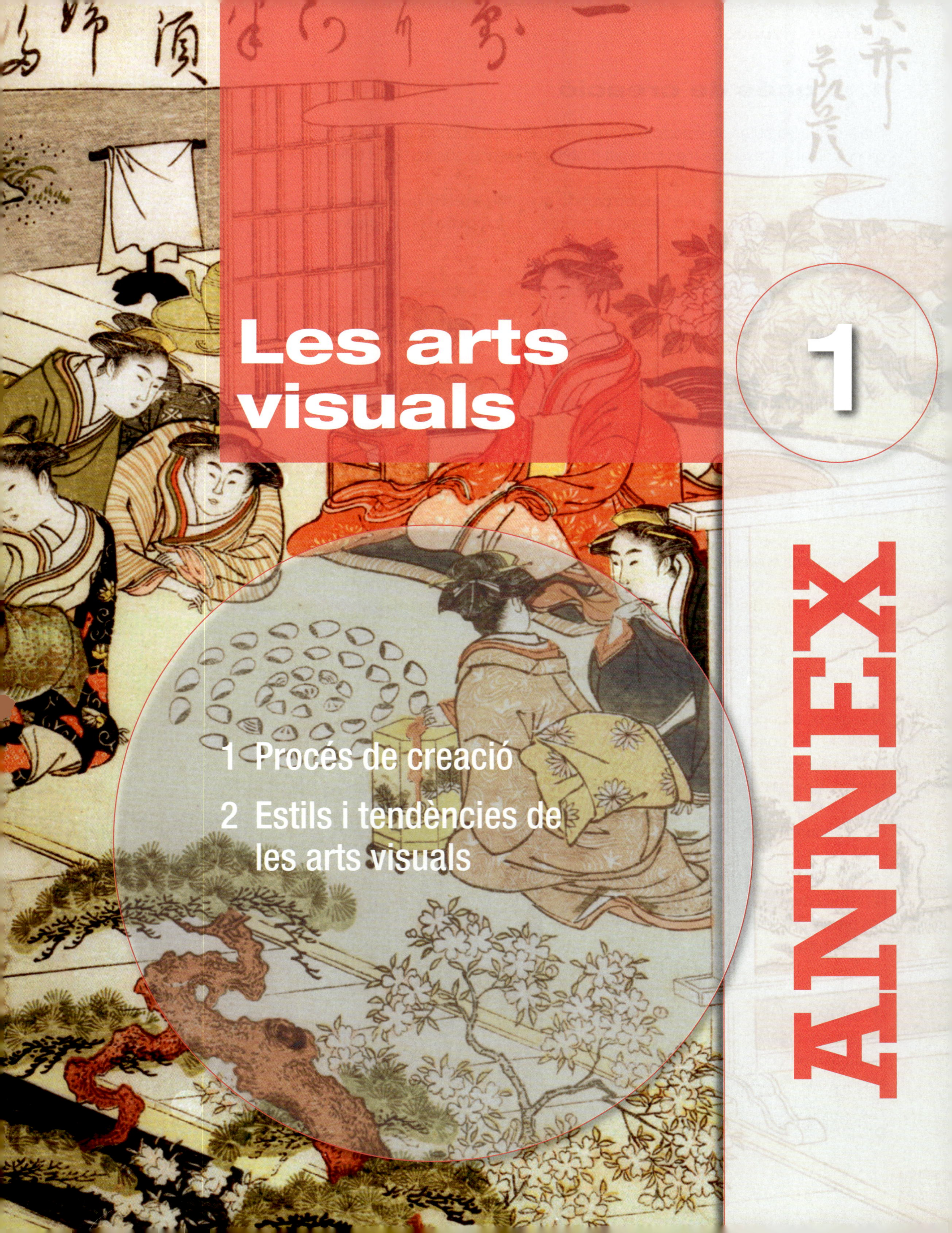

1. Procés de creació

Creiem que les obres de creació són aquelles que s'han obtingut a partir d'un procés creatiu. L'exemple més conegut d'obres de creació són les obres d'art.

Les arts visuals inclouen les obres de creació que utilitzen el llenguatge visual com a forma de comunicació. Les arts plàstiques, la fotografia i el cinema formen part de les arts visuals.

Quan observem una obra d'art, hi podem distingir tres aspectes bàsics:

- La **matèria** o el **suport físic** de l'obra mateixa: el paper, la tela, la pintura, la pedra...
- L'**aspecte formal**: els elements del llenguatge visual: elements visuals (forma, color, textura...), conceptuals i de relació (la composició, les proporcions, etc.).
- El **significat** de l'obra.

Fins a començaments del segle xx, es considerava que les obres d'art eren objectes únics que es percebien unitàriament i es realitzaven amb la intenció de convertir-los en objectes artístics. Avui en dia, el concepte d'art ha canviat i el concepte d'obra d'art és més ampli. El cinema, per exemple, es considera art i no és un objecte físic palpable; és una llum projectada a través d'una cinta de plàstic. Segons el concepte tradicional d'obra d'art, no podríem considerar una pel·lícula com a objecte artístic perquè no té l'aspecte material.

Al segle xx, el concepte d'art es va començar a desvincular de la matèria o suport físic de l'obra. En l'actualitat, els nous valors de l'art ja no se centren en l'objecte o en l'obra. Podríem dir que són més importants l'acció, el procés artístic i el mateix artista, amb les seves idees i les seves noves interpretacions.

Per entendre les obres d'art, és necessari conèixer el context en què han estat creades. Per fer-ho, cal tenir una visió àmplia de la història de l'art i conèixer els estils artístics previs, ja que això ens ajudarà a entendre-les millor.

Si volem entendre i saber interpretar les obres d'art del nostre país, hem de conèixer els principals estils artístics que han existit al món occidental, des de la Grècia clàssica fins a l'actualitat.

1 *Flamenc*, Alexander Calder, 1974. Chicago, plaça Federal Center.

Durant molts anys l'art ha pretès representar la realitat tal com es percebia, i l'habilitat tècnica de l'artista tenia una gran importància i era molt apreciada. Després, es va començar a valorar la imaginació; l'artista va passar a ser considerat un geni, i sorgí la curiositat pel procés de creació i producció de l'obra d'art. Durant molt de temps, es va creure que la genialitat de l'artista era fruit de la inspiració, que en alguns casos es considerava divina i en d'altres es creia que procedia dels somnis de l'artista.

2 Muses tocant instruments musicals. Mosaic del Palau de la Música Catalana, Barcelona. Les muses són divinitats gregues del cant, la poesia i la dansa, i eren considerades protectores de les arts i de la saviesa.

També es pensava que, si no hi havia inspiració, no hi podia haver creació artística, i d'aquesta manera es desvinculava la creació del treball i l'esforç. En canvi, actualment es considera que el procés creatiu funciona com qualsevol altra activitat humana i que l'estimulació, la pràctica i el domini de la tècnica són factors molt importants.

En l'actualitat, també es considera que la part inconscient exerceix un paper molt important en el procés de creació, i que la coordinació entre les parts conscient i inconscient de l'èsser humà és fonamental.

3 Jackson Pollock pintant amb la tècnica del *dripping*.

2. Estils i tendències de les arts visuals

1 L'art grec (segle VII aC - 31 aC)

L'artista grec no estava sotmès als interessos de l'autoritat i se sentia del tot lliure a l'hora de crear les seves obres. La voluntat de creació consistia a representar de manera mimètica la bellesa de la natura, que s'identificava amb la proporció i harmonia de les formes. Els artistes grecs van crear uns sistemes de proporcions basats en l'observació de la natura, i d'aquesta manera pretenien reproduir en les seves obres l'harmonia que predominava a la natura.

❶ Partenó o temple d'Atenea, Ictinos i Cal·lícrates, 447-432 aC Atenes.
❷ Fris del Partenó, Fídies, 440 aC, marbre. Atenes.
❸ Esquema de les adaptacions visuals del Partenó d'Atenes. La imatge A mostra tal com es veu el partenó d'Atenes. Per aconseguir-ho, es van inclinar lleugerament les columnes (figura C), ja que en cas contrari es veurien com a la figura B.

Arquitectura

En la vida ciutadana del món grec s'han de considerar dos aspectes bàsics: el seu caràcter públic i l'organització democràtica. Les ciutats gregues es van estructurar en tres parts diferenciades:

- L'**àgora**, que era la plaça pública on es reunien els ciutadans per celebrar les assemblees i fer les transaccions comercials. Al voltant d'aquesta plaça se situaven els edificis oficials i privats més importants.
- L'**acròpoli**, que, situada al capdamunt d'un turó, estava emmurallada i acollia els temples de les principals divinitats.
- La **part baixa** de la ciutat estava destinada al poble: comerciants, obrers i artesans.

Característiques més importants de l'arquitectura grega

- Està feta a mida de l'ésser humà i rebutja la monumentalitat.
- Concedeix molta importància a l'**harmonia** visual i hi aplica efectes òptics, com ara una lleugera inclinació de les columnes per produir la sensació d'equilibri i estabilitat.
- Els materials més utilitzats són la pedra i el marbre.
- Les principals construccions són els temples, els teatres, les àgores, els gimnasos i els estadis.
- La construcció dels edificis es basa en estructures horitzontals i verticals. Aquesta estructura s'anomena **arquitravada**.

❸

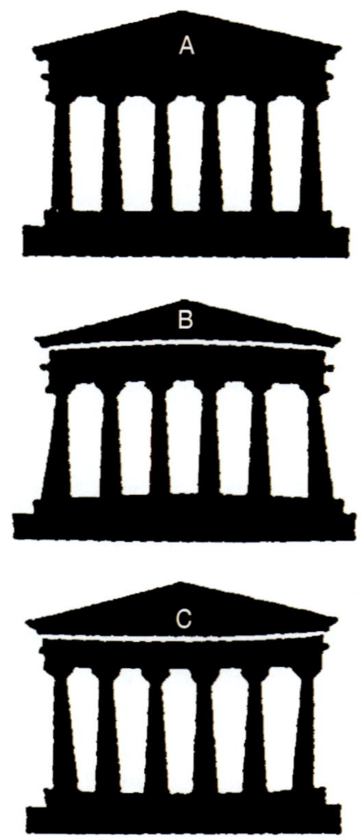

Escultura

Probablement, l'escultura és l'art que millor reflecteix els ideals de la bellesa grega.

Característiques més importants de l'escultura grega

- El tema principal és la **figura humana**.
- L'ideal de la bellesa humana es basa en la **proporció** i l'equilibri. Es busca la semblança amb el natural, però hi ha una **idealització** del cos de l'home i de la dona per aconseguir la **perfecció**.
- Els materials més utilitzats són el marbre, la pedra i el bronze.
- Les principals representacions són escultures exemptes i relleus.

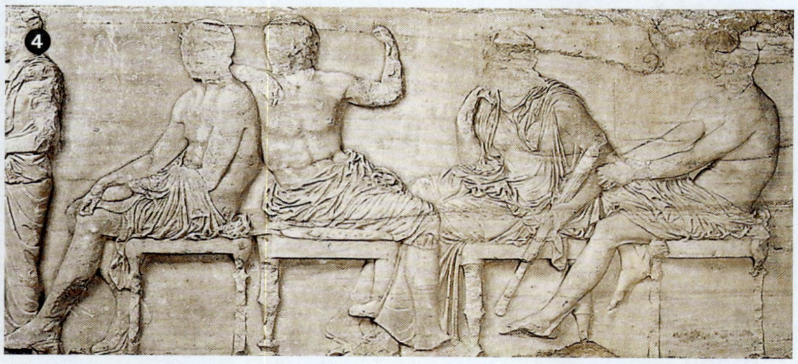

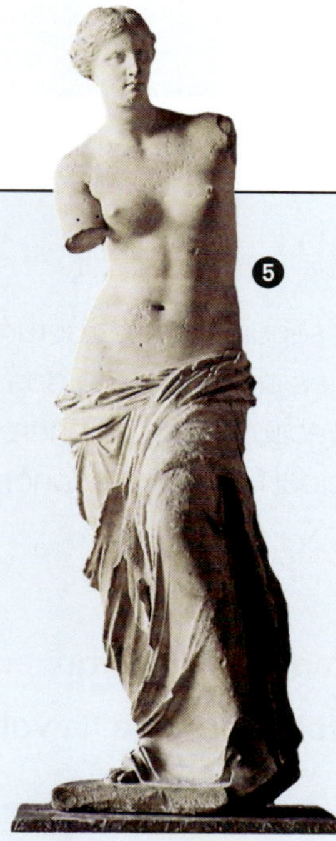

4 *Hermes, Dionís i Ares esperant l'arribada de la processó*, del fris sud del Partenó, Fídies, 442-438 aC. Atenes, Museu de l'Acròpoli.

5 *Afrodita de Melos*, anònim, 150 aC. París, Museu del Louvre.

6 *L'auriga de Delfos*, anònim, 475 aC. Delfos (Grècia), Museu Arqueològic.

Pintura

No tenim restes d'obres pictòriques de l'època, només informació escrita i algunes còpies en mosaic. Les úniques restes que es conserven són peces de ceràmica amb decoració pictòrica. Generalment, les decoracions consisteixen en formes geomètriques i en algunes representacions esquemàtiques. Els colors utilitzats eren el vermell i el negre.

7 Detall de *La batalla d'Isos entre Alexandre i Darios*, Filó d'Erètria, 300 aC (còpia romana del 80 aC), mosaic. Nàpols, Museo Nazionale.

8 *Aquil·les i Àjax jugant a daus*, Exequies, 350 aC. Ciutat del Vaticà, Museu Gregorià Etrusc.

2 L'art romà (segles III aC-V dC)

L'Imperi romà va exercir una gran influència a tot el Mediterrani. L'art romà es va haver d'adaptar a gustos i necessitats molt diferents, i per això presenta una gran varietat.

En aquesta època, la persona que encarregava les obres d'art solia utilitzar-les com a signe de la seva riquesa i poder. Generalment, l'artista era un desconegut, i es donava poca importància a la seva creativitat. Els romans valoraven més els aspectes tècnics i pràctics de les obres que els estètics.

Arquitectura

És en aquesta disciplina que la creativitat romana va aconseguir més originalitat i independència. A diferència de la grega, l'arquitectura romana és molt pràctica i no té sentit religiós.

L'organització de les ciutats seguia una estructura reticular, semblant a la dels seus campaments militars. Les ciutats tenien dos eixos vertebradors perpendiculars entre si (el *cardo* i el *decumanus*), a l'encreuament dels quals hi havia el **fòrum**, que era la plaça principal i el centre econòmic, polític i social de la ciutat.

Trets característics de l'arquitectura romana

- S'usa habitualment la **volta d'aresta**, la **volta de canó** i l'**arc de mig punt**.
- Es fa servir la **cúpula**.
- Els materials més utilitzats són la pedra, el marbre, el maó, el morter, el formigó i la fusta.
- Les principals construccions són: el temple, la basílica, l'amfiteatre, el teatre, el circ, les termes, l'arc de triomf, la columna commemorativa, els ponts i aqüeductes, les vies o calçades, i la casa o habitatge.

1 *Columna trajana*, Apol·lodor de Damasc, 107-113. Roma.

2 Aqüeducte de Segòvia.

3 *August de Prima Porta*, anònim, 18 aC (còpia del 14 dC). Ciutat del Vaticà, Museus del Vaticà.

Escultura

L'escultura romana va estar influenciada per l'escultura grega fins al punt que moltes estàtues gregues es coneixen gràcies a les còpies romanes.

Trets característics de l'escultura romana

- Les obres demostren un gran **realisme**.
- La finalitat de la majoria de les escultures és l'**ornamentació** d'edificis i obres arquitectòniques.
- Els materials més utilitzats són el bronze, la pedra i el marbre.
- Les representacions més habituals són els **retrats** i els **relleus commemoratius**.

Pintura

Se sap que els romans practicaven la pintura de cavallet, però només es conserven restes d'obres de pintura mural. Les característiques de la pintura són semblants a les de l'escultura i el relleu pel que fa al tractament de la figuració i la temàtica. Els romans es van interessar vivament per la representació realista i van intentar produir la il·lusió òptica de l'espai. La finalitat de la pintura i del mosaic era sobretot decorativa, i se'n troben, bàsicament com a element decoratiu, a les vil·les.

4 *Sacrifici d'Ifigènia*, anònim, segle I, mosaic. Barcelona, Museu Arqueològic.

3 L'art paleocristià (segles II-VI dC)

Al final de l'Imperi romà va néixer una altra religió, el cristianisme, que tenia un concepte de l'art que suposaria una ruptura amb l'art pagà romà. L'art cristià primitiu seria el pont entre dues cultures occidentals decisives: la clàssica i la cristiana.

Aquest nou art es considera l'inici de l'art medieval i es distingeix per l'ús d'un llenguatge ple de formes simbòliques i al·legòriques.

Al principi, les formes conservaven alguns trets de l'art clàssic, però van anar evolucionant cap a una combinació d'elements simbòlics i històrics procedents dels textos evangèlics.

5 Basílica de Santa Sabina de Roma.
6 Mosaics del Bon Pastor, segle V. Ravenna, sepulcre de Gal·la Placídia.

El principal objectiu d'aquest art era la difusió del cristianisme, i es preocupava més de la transmissió de la religió als fidels que de l'expressió artística en si mateixa.

Arquitectura

Abans de l'any 313 –data en què va ser reconegut el cristianisme–, les pràctiques religioses dels cristians estaven prohibides i es feien en cases particulars i en soterranis anomenats *catacumbes*. Les catacumbes eren unes galeries construïdes sota terra on els cristians es reunien, resaven i enterraven els seus morts.

Més tard, el cristianisme va deixar de ser perseguit, i els cristians van començar a construir les primeres basíliques per reunir-s'hi i resar.

Escultura i pintura

L'objectiu pedagògic de l'escultura i la pintura d'aquesta època és la difusió del cristianisme, i els temes més habituals que tracten són representacions dels textos evangèlics. La majoria de pintures que es conserven es troben a les catacumbes, les basíliques i també, com a element decoratiu, als sarcòfags.

4 L'art bizantí (324-1453)

L'any 324, l'emperador romà Constantí va traslladar la capital de l'Imperi romà a la ciutat de Bizanci, que va anomenar Constantinoble.

L'any 476 va caure la ciutat de Roma, i només va quedar l'Imperi romà d'Orient, que durà gairebé un mil·lenni (fins al 1453), any en què Constantinoble va caure en mans dels turcs.

En la civilització bizantina hi van confluir l'eficaç administració romana i el bon gust oriental. Bizanci havia estat una colònia grega, i per això, el seu art mostra influències gregues, romanes i orientals.

Arquitectura

Les construccions bizantines es van anar estenent des de Constantinoble fins als Balcans i Itàlia, que és el territori que va abraçar l'imperi de Justinià.

Trets característics de l'arquitectura bizantina

- S'utilitza l'**arc de mig punt**, la **cúpula semiesfèrica** i les cúpules sostingudes per **petxines**.
- Es combina l'aspecte auster de l'exterior dels edificis i el luxe ornamental interior.

1. Exterior de Santa Sofia, 532-537. Istanbul (Turquia).
2. Interior de Santa Sofia, Antemi i Isidor, 532-537. Istanbul (Turquia).
3. *Verge de Vladimir*, anònim, 1125. Moscou, galeria estatal Trat'Jakov.
4. *Justinià i el seu seguici*, anònim, 547, mosaic. San Vitale de Ravenna (Itàlia).

Escultura

Són freqüents els relleus de petites dimensions, realitzats amb materials com ara l'ivori.

La pintura i el mosaic

Les dues mostres principals de l'art bizantí són els murals de les esglésies, que sovint eren realitzats amb la tècnica del mosaic, i les icones.

Les icones eren imatges pictòriques de Jesucrist, la Verge i els sants, realitzades sobre taula de fusta. Les cares de les icones són, en general, molt rígides i estan representades des d'una perspectiva frontal.

També trobem pintura en els llibres de l'Antic i el Nou Testament, que il·lustra i acompanya els textos.

5 L'art islàmic

La religió islàmica apareix a començaments del segle VII, prové de l'Aràbia i es basa en els ensenyaments de Mahoma, el Profeta.

L'islamisme es va estendre a Pèrsia, l'Orient Mitjà, l'Àsia central, Turquia, l'Índia, el nord d'Àfrica i la península Ibèrica.

Les representacions artístiques de l'islam es caracteritzen pel fet que barregen elements bizantins i cristians, i per la decoració cal·ligràfica, que respon a la prohibició religiosa de representar persones i animals.

5 *Mihrab* de la mesquita aljama de Còrdova, segle X.

Arquitectura

Les construccions àrabs més destacades tenen l'origen en la gestació de la fe islàmica. Les més importants són les mesquites, els mausoleus, els palaus i les torres.

Trets característics de l'arquitectura islàmica

- Es concedeix més importància a l'interior dels edificis que a l'exterior.
- Els edificis són de poca altura i s'integren en el paisatge.
- S'utilitza la cúpula bizantina, modificada de diverses maneres.
- S'usa la **volta califal** (volta de creueria amb nervis que no s'encreuen al centre).
- Els materials més utilitzats són el maó, el guix, la fusta –per al sostre– i la pedra.

Escultura i pintura

En la pintura i l'escultura islàmiques trobem moltes representacions geomètriques, cal·ligràfiques i de vegetals que apareixen com a elements decoratius en l'arquitectura i la ceràmica.

6 Hàram de la mesquita aljama (ampliació d'Almansor), 987. Còrdova.
7 Alhambra de Granada.
8 Mesquita de la Roca, 690-692. Jerusalem.

6 L'art romànic (segles X-XIII)

L'inici de l'art romànic se situa al segle X. Al segle XII el romànic arriba al moment de màxima esplendor i desapareix al segle XIII amb l'aparició del gòtic. Aquest art mostra influències dels arts romà, bizantí, islàmic i germànic.

L'art romànic es desenvolupa a tot Europa, i les seves manifestacions artístiques es concentren a l'entorn dels monestirs, que són els focus culturals a l'època feudal. Podem trobar obres del romànic a Alemanya, França i Espanya, on va tenir una especial repercussió.

Arquitectura

Les principals construccions són: l'església, el monestir amb el claustre i el castell.

Característiques de l'arquitectura romànica

- S'utilitza l'**arc de mig punt**.
- S'utilitza la **volta d'aresta** i la **volta de canó**.
- Els principals elements interiors de sosteniment són els murs, les columnes i els pilars.
- L'interior dels edificis és **fosc**; la llum entra per unes finestres molt petites.
- El material més utilitzat és la pedra.

❶ Església de San Martín de Frómista, 1066. Frómista, Palència.
❷ Santa María de Eunate, segle XII. Leyre, Navarra.
❸ Claustre del monestir de San Juan de la Peña, segle XII, Osca.

Escultura

La major part de les escultures es troben en els capitells de les columnes i en els timpans de les portalades.

Principals característiques de l'escultura romànica

- La majoria de les escultures estan integrades en l'arquitectura, i el material més utilitzat és la **pedra**. L'adaptació de l'escultura als elements arquitectònics comporta deformacions dels personatges representats.
- La seva funció és catequitzar els fidels més que decorar. S'ha de tenir en compte que en aquella època la major part de la població no sap llegir.
- Les figures adopten postures molt **rígides** i **solemnes**.
- Es concedeix més importància a l'**expressivitat** i al **simbolisme** que a la representació realista.
- Hi trobem moltes talles de fusta.

4 Portalada del monestir de Santa Maria, 1150-1170. Ripoll, Girona.

Pintura

Les principals obres són pintures al fresc i sobre taula de fusta.

Principals característiques de la pintura romànica

- Es representen imatges de gran **expressivitat** i **simbolisme**.
- Els temes més habituals són escenes de les vides dels sants, pantocràtors (representació de Déu), verges i escenes de diverses activitats humanes.
- En general, els personatges apareixen ordenats jeràrquicament.
- Els **frescos** es pinten a les parets, les voltes i els absis, i la **pintura sobre taula** de fusta, als altars i frontals.
- Els colors són vius, i s'utilitza una àmplia varietat de tons i gammes. Les figures se solen dibuixar amb un **traç gruixut**.

5 Majestat *Batlló*, anònim, finals del segle XI. Barcelona, Museu Nacional d'Art de Catalunya.

6 Frontal de Santa Maria d'Avià, Mestre d'Avià, segle XIII. Barcelona, Museu Nacional d'Art de Catalunya.

7 Detall de *L'anunciació als pastors*, anònim, segle XII. Pintura mural situada a la cripta del Panteón de los Reyes. Lleó, col·legiata de San Isidoro.

7 L'art gòtic (segles XII-XV)

L'art gòtic apareix a França a mitjan segle XII com a conseqüència de diversos canvis socials. Amb l'aparició de les primeres universitats, els monestirs deixen de ser els principals focus de cultura.

En l'àmbit urbanístic, les ciutats es potencien i reforcen el seu sistema de fortificació exterior amb la construcció de muralles. Aquestes ciutats s'organitzen al voltant de l'església o la catedral.

Arquitectura

Les catedrals gòtiques neixen per satisfer les necessitats de la nova societat, que requereix un nou espai religiós més ampli i lluminós, amb capacitat per acollir un gran nombre de fidels.

Característiques de l'arquitectura gòtica

- La utilització de l'**arc apuntat** dóna un aspecte més lleuger i esvelt que l'arc de mig punt, que es feia servir en el romànic.
- S'utilitza la **volta de creueria**, que resulta de l'encreuament d'arcs apuntats, i **arcbotants** i **contraforts** per contrarestar les càrregues de les voltes.
- La part superior dels murs exteriors de les esglésies s'ocupa amb grans finestrals amb **vidrieres**.
- L'arquitectura gòtica té una gran **verticalitat** i **lluminositat**, trets que representen l'espiritualitat d'aquesta època, que destaca per la recerca de la llum i l'anhel d'elevació.
- Les principals construccions del gòtic són les catedrals, les llotges, els palaus, els castells i les cases consistorials.

❶ Esquema constructiu d'una catedral gòtica.
❷ San Juan de los Reyes, 1476. Toledo.
❸ Interior de la catedral de Lleó, 1258-1302.

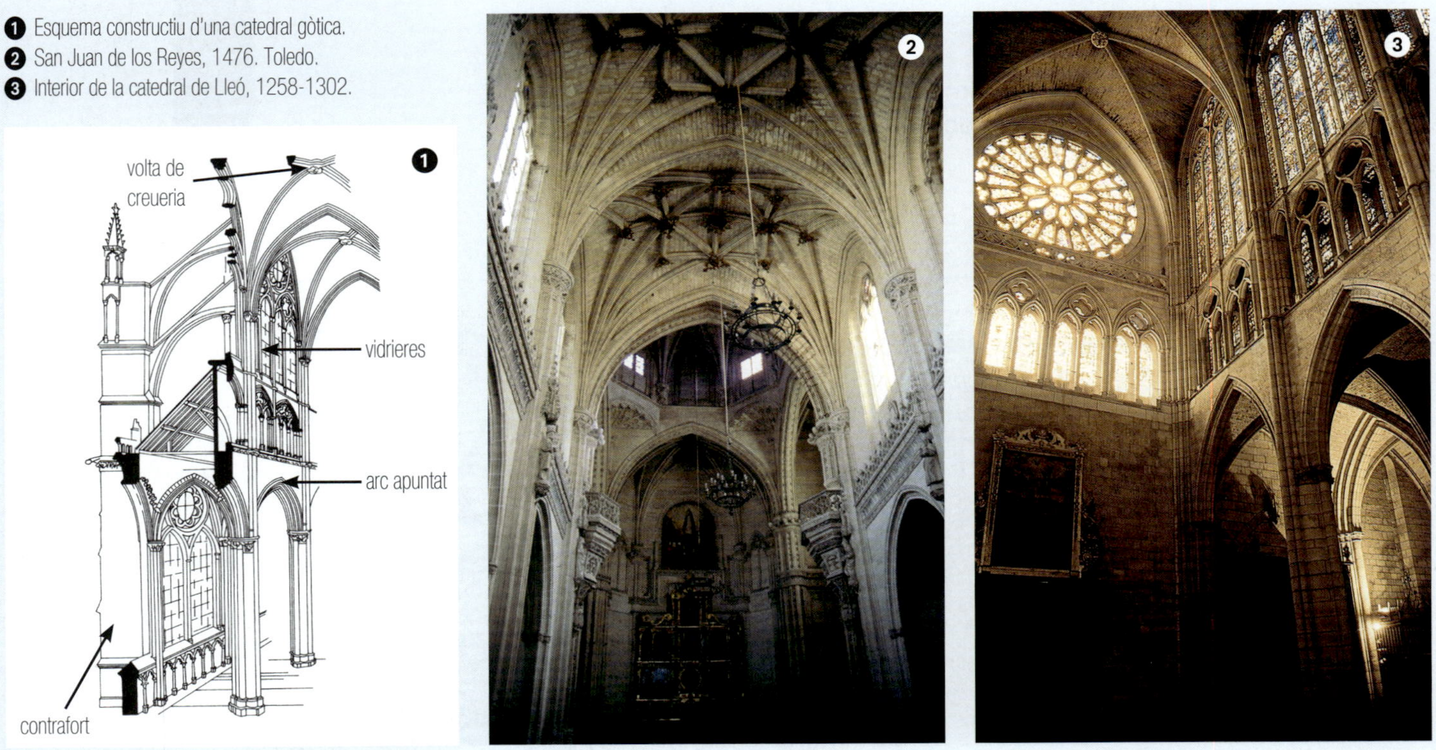

Escultura

Una de les principals característiques de l'escultura gòtica és la representació de figures exemptes, que ja no formen part de l'arquitectura, encara que estiguin vinculades als edificis.

Característiques de l'escultura gòtica

- És molt present en les obres arquitectòniques, sobretot a les portalades de les catedrals.
- La representació és molt naturalista i no tan simbòlica com la romànica.
- Les figures són esveltes i estan plenes de línies corbes.
- La temàtica és religiosa.
- Els materials més utilitzats són la pedra, la fusta i l'ivori.

Pintura

En general, el mural romànic és substituït pel retaule gòtic.

Característiques de la pintura gòtica

- Desapareix de manera gairebé absoluta la pintura mural del romànic i es difon la pintura sobre fusta feta amb **pintura** al **tremp**.
- La temàtica és preferentment religiosa. Al segle XV, a Europa sorgiran les obres del gòtic flamenc, que eren encarregades pels burgesos, amb una pintura de temàtica profana.
- Les figures humanes mostren més **naturalisme** i **expressivitat**.

4 Porta del Sarmental (catedral de Burgos), segle XIII.
5 Verge de Sallent de Sanaüja, anònim, 1350. Barcelona, Museu Nacional d'Art de Catalunya.
6 *Retaule del Sant Esperit* (fragment), Pere Serra, 1393-1394. Catedral de Manresa (Barcelona).
7 *Verge de Santa Trinità*, Giovanni Cimabue, 1280-1290. Florència, Galleria degli Uffizi.

8 El Renaixement (segles XV-XVI)

El principi fonamental del Renaixement va ser la recuperació de l'art clàssic de l'antiguitat grega i romana. Podem considerar que va tenir l'origen a Florència (Itàlia) durant la segona meitat del segle XIV i va perdurar fins al segle XVI. A Itàlia es divideix en dues etapes: el **Quattrocento** (segle XV) i el **Cinquecento** (segle XVI).

❶ Vista de Florència en què destaca la cúpula de Santa Maria dei Fiore, de Brunelleschi, 1418-1446.

El Renaixement es desenvolupa a tot Europa en una època de prosperitat econòmica en què es va produir una ampliació dels mercats a causa del descobriment d'Amèrica.

En el món de l'art també es va produir un descobriment molt important: la **perspectiva**. Aquest sistema permet representar l'espai tridimensional d'una manera molt realista, molt semblant a com la perceben els nostres ulls. A més, també es desenvolupen noves tècniques i procediments pictòrics.

L'artista renaixentista deixa de ser considerat un artesà, té una formació intel·lectual i coneixements culturals, i fins i tot participa en reunions cultes amb els prínceps i mecenes. L'artista deixa de ser un personatge anònim i obté el reconeixement com a creador individual de l'obra d'art. Apareixeran els grans genis, que seran personatges famosos en l'àmbit internacional.

Arquitectura

L'arquitectura del Renaixement s'inspira en l'art romà. Els coneixements de la perspectiva s'apliquen també en el camp de l'arquitectura. Els dibuixos en perspectiva dels edificis projectats ajuden a tenir una idea de com seran els edificis abans de ser construïts.

Els edificis més singulars del Renaixement són els palaus i les esglésies. Alguns dels arquitectes més destacats són Brunelleschi, Alberti, Bramante i Palladio.

Característiques de l'arquitectura del Renaixement

- S'utilitza la **volta de canó** i l'arc de mig punt, que són molt valorats per la seva senzillesa.
- S'utilitzen tirants metàl·lics, que s'introdueixen entre les voltes per contrarestar les càrregues.
- S'utilitzen maquetes i dibuixos per exposar els projectes arquitectònics, fet que potencia el desenvolupament de l'arquitectura.
- Les principals construccions són l'**església** i el **palau**. També destaquen la vil·la o mansió de camp i la fortalesa militar.

❷ Templet de San Pietro in Montorio, Bramante, 1503. Roma.

Escultura

L'escultura del Renaixement busca, igual que l'art clàssic, la bellesa, l'harmonia i l'equilibri. Els escultors més destacats són Donatello, Ghiberti i Miquel Àngel.

Trets característics de l'escultura del Renaixement

- Es desenvolupa independentment de l'arquitectura.
- Hi predominen les línies corbes i es retorna a la **tradició grega**.
- Es tendeix al monumentalisme i es realitzen obres de **grans dimensions**.
- Les escultures són molt **realistes** i mostren l'interès per representar el cos humà i la seva expressivitat i moviment.
- En l'escultura també podem observar l'aplicació de les lleis de la perspectiva cònica.

3 *Pietat* de la catedral de Florència, Miquel Àngel, 1550. Florència, Museo dell'Opera del Duomo.

Pintura

El principal objectiu de la pintura renaixentista era aconseguir la bellesa. Els pintors renaixentistes entenien la bellesa com a representació de la realitat i concedien una gran importància a l'equilibri i la racionalitat. Alguns dels pintors més importants del Renaixement van ser Sandro Botticelli, Leonardo da Vinci, Rafael, Miquel Àngel i el Greco.

Trets característics de la pintura del Renaixement

- El tema central és la **figura humana**. Els personatges són cada vegada més reals i naturals pel que fa al moviment, l'expressió i l'actitud.
- La utilització de la **perspectiva cònica** permet aconseguir un gran realisme i la sensació de tridimensionalitat.
- La tècnica del **clarobscur** contribueix a definir els volums i permet obtenir la sensació de tridimensionalitat.
- S'incorporen noves tècniques i mitjans: la pintura a l'oli, la tela com a suport i els esbossos preparatoris.
- Hi ha un **predomini** del **dibuix** sobre el color.

4 *Martiri de sant Maurici i la legió tebana*, el Greco, 1580-1581. Monestir de San Lorenzo de El Escorial (Madrid).

5 Detall de la creació d'Adam, *Llibre del Gènesi*, Miquel Àngel, 1508-1512. Volta de la Capella Sixtina, Sant Pere del Vaticà.

9 El barroc (segles XVII i XVIII)

El barroc neix a Roma i es desenvolupa a Europa i l'Amèrica llatina. L'art del barroc és una reacció contra la serenitat, la racionalitat i l'equilibri del Renaixement. En oposició amb el del Renaixement, l'art del barroc es caracteritza pel fet que és càlid, sensual i sentimental. Aquest nou art reflecteix una concepció del món diferent, en què l'art ja no té com a ideal la bellesa i l'harmonia. Respon a la necessitat del món catòlic, que demana un art que provoqui admiració i impacte.

Arquitectura

L'arquitectura és l'art predominant i destaca per les formes corbes i ondulades, amb les quals aconseguia una certa sensació de dinamisme. Un dels arquitectes més famosos del barroc és Bernini.

Trets característics de l'arquitectura barroca

- Hi predominen les **línies corbes** i les **superfícies ondulades**.
- S'accentua la sensació de moviment amb parets i façanes ondulades.
- Es crea la **columna salomònica**.
- Es recorre als **contrastos de llum** per aconseguir més teatralitat.
- Els **edificis** estan molt **decorats** i **ornamentats**, amb figures plenes de moviment.
- Es concedeix una gran importància a les escales i galeries interiors.
- Els edificis es conceben com si fossin grans escultures.
- Les principals construccions són l'església i el palau. La plaça i l'avinguda es converteixen en els eixos de l'urbanisme.

1 Façana de l'Obradoiro, Fernando de Casas Nóvoa, 1738-1749. Santiago de Compostel·la.
2 Baldaquí de Sant Pere del Vaticà, Gian Lorenzo Bernini, 1624. Ciutat del Vaticà.
3 Retaule major del convent de San Esteban, José Benito de Churriguera, 1693-1696. Salamanca.

Escultura

En l'escultura destaca la ruptura amb la frontalitat i el dinamisme. Alguns dels escultors més destacats del barroc són Bernini i Pedro de Mena.

Trets característics de l'escultura barroca

- Els temes predominants són religiosos, mitològics i funeraris.
- Gust per la teatralitat i l'aparatositat dels gestos i el vestuari.
- Interès per la representació del **moviment** i el **moment fugaç**.
- El domini tècnic arriba al virtuosisme.
- S'utilitzen esquemes més lliures, i les figures són més esveltes.

❹ *Èxtasi de santa Teresa*, Gian Lorenzo Bernini, 1645-1652. Roma, capella de Cornaro a Santa Maria della Vittoria.

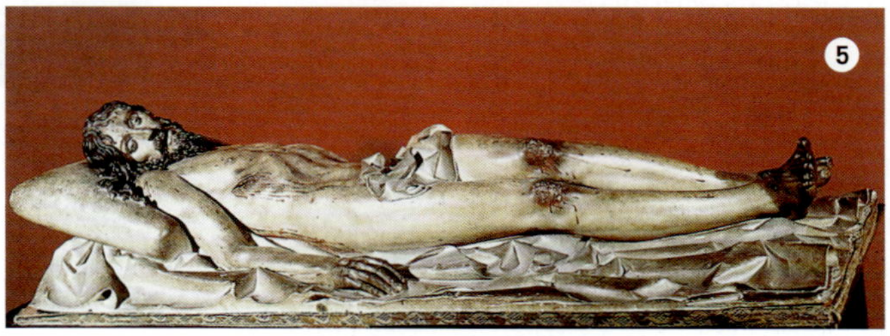

❺ *Crist jacent*, Gregorio Fernández, 1614. Valladolid, Museo Nacional de Escultura.

Pintura

En la pintura barroca predominen els **efectes de llum** i el **dinamisme**. Alguns dels pintors més representatius del barroc són Caravaggio, Vermeer, Rembrandt, Rubens, Zurbarán, Velázquez i Murillo.

Trets característics de la pintura barroca

- Utilització del mur i la tela.
- Realisme i gran perfecció en l'ús del **clarobscur**.
- Interès per aconseguir la sensació de **moviment**.
- Predomini del **color** sobre la línia.
- Els esquemes compositius es basen en les **línies corbes** i en les **diagonals**.

❻ *El davallament de la creu*, Peter Paulus Rubens, 1611-1614. Anvers, museu de la catedral.

❼ *La lletera*, Jan Vermeer, 1660. Amsterdam, Rijksmuseum.

❽ *Las Meninas (La família de Felip IV)*, Diego Rodríguez de Silva y Velázquez, 1656. Madrid, Museu del Prado.

10 L'art dels segles XVIII i XIX

El rococó

Entre el barroc i el neoclassicisme va sorgir un nou estil artístic que idealitzava els valors de la cortesia, la **sensibilitat** i el **sentiment**. Aquest va ser l'art preferit de l'aristocràcia europea a mitjan segle XVIII. Les obres més representatives es troben en l'ornamentació, l'arquitectura i la pintura.

En arquitectura destaca l'augment de la decoració dels interiors i el gust pels detalls. En pintura s'utilitzen colors pàl·lids i hi abunden temes com ara les festes dels nobles i l'amor galant.

Els principals pintors del rococó són Fragonard i Watteau.

❶ *El gronxador* o *El feliç caprici del gronxador*, Jean-Honoré Fragonard, 1766. Londres, Wallace Collection.

El neoclassicisme

El neoclassicisme comença al segon terç del segle XVIII i significa un **retorn a l'antiguitat** i als models de l'art romà i grec. Les idees de la Il·lustració i els descobriments arqueològics van fer renéixer l'interès per l'art clàssic. El neoclassicisme suposa un retorn a la raó i a l'ordre, produït com a reacció davant l'exuberància del barroc i el rococó.

El neoclassicisme té els orígens a Itàlia, s'estén amb gran rapidesa per Europa i arrela amb molta força a França, ja que el seu llenguatge és molt afí a la Revolució Francesa.

En arquitectura destaca la blancor dels murs, l'eliminació de la decoració i la recuperació de la columna. En escultura es copien i imiten els temes clàssics i s'utilitza el marbre blanc. En pintura no abunden gaire els **temes clàssics** i trobem temes referents a l'època, com la Revolució Francesa i Napoleó. La pintura prescindeix de la decoració accessòria, i **el dibuix i la línia predominen** sobre el color.

❷ *Eros i Psique*, Antonio Canova, 1787-1793, marbre. París, Museu del Louvre.

❸ *La coronació de Napoleó*, Jacques-Louis David, 1805-1807. París, Museu del Louvre.
❹ Església de la Madeleine, Pierre Vignon, 1806-1842. París.

❺ Porta de Brandemburg, Karl Gotthard Langhans, 1788-1791. Berlín.

El romanticisme

El romanticisme sorgeix a França a començaments del segle XIX. Aquest corrent artístic proclama l'**individualisme**, l'instint, els sentiments, la religió i l'esperit nacionalista. Els valors de l'ordre i la raó del neoclassicisme són substituïts per l'**expressió dels sentiments** i la **llibertat**. Es proclama la llibertat de l'artista en contraposició a la rigidesa de l'academicisme neoclàssic.

En la pintura trobem diferències entre el romanticisme francès, els temes habituals del qual són els **esdeveniments històrics**, i el romanticisme anglès i alemany, que s'interessen per la **natura** i els **paisatges**. Hi predominen el color sobre el dibuix i les pinzellades soltes i ràpides.

Alguns dels principals pintors romàntics són Géricault, Delacroix, Turner i Constable.

6 

7 

8 

9 

6 *Pluja, vapor i velocitat*, Joseph Mallord William Turner, 1844. Londres, National Gallery.

7 *La catedral de Salisbury vista des del jardí del palau arquebisbal*, John Constable, 1820. Nova York, Museu Metropolità d'Art.

8 *El rai de la Medusa*, Théodore Géricault, 1818. París, Museu del Louvre.

9 *La Llibertat guiant el poble*, Eugène Delacroix, 1830. París, Museu del Louvre.

El realisme

A mitjan segle XIX i en oposició amb el neoclassicisme i el romanticisme sorgeix el **realisme**, que pretén reflectir els fets d'una **manera objectiva**. El realisme té una certa implicació en els afers de caire social, i els **temes quotidians** són la seva principal font d'inspiració. En escultura i pintura es representen amb gran realisme els personatges del poble, com els camperols i artesans. Entre els pintors més representatius del realisme hi ha Jean-François Millet i Gustave Courbet.

10 

10 *Els picapedrers*, Gustave Courbet, 1849. Destruït a Dresden durant la Segona Guerra Mundial, 1939-1945.

Goya

La figura de Francisco de Goya (1746-1828) apareix en aquest mateix segle i no es pot adscriure a cap dels moviments anteriors, ja que la seva obra és molt àmplia i comprèn obres d'estils molt diversos: rococó, neoclàssic i romàntic. La seva obra mostra des d'escenes d'un gran dramatisme fins a pintures de festes galants. Goya és considerat precursor del romanticisme, l'impressionisme i l'expressionisme.

❶ *Autoretrat*, Francisco de Goya, 1795. Nova York, Museu Metropolità d'Art.

❷ *El quitasol*, Francisco de Goya, 1777. Madrid, Museu del Prado.

❸ *El gigante*, Francisco de Goya, 1812. Madrid, Museu del Prado.

❹ *El sueño de la razón produce monstruos* (detall), Francisco de Goya, cap a 1796 (de *Los Caprichos, núm. 43*). Fuendetodos (Saragossa), Museo del Grabado.

❺ *La condesa de Chinchón*, 1808. Madrid, Museu del Prado.

L'impressionisme

Aquest moviment sorgeix a França a finals del segle XIX i va suposar una gran revolució en la pintura. Els impressionistes van sortir a **pintar a l'aire lliure**, i procuraven reproduir en les seves obres la visió de l'instant fugaç i reflectir les variacions produïdes per la **llum** en els seus quadres. Per aconseguir-ho, utilitzaven pinzellades soltes, colors vius i van substituir el clarobscur pel contrast entre colors complementaris. Els representants més coneguts de l'impressionisme van ser Monet, Manet, Renoir, Degas i Pissarro. En escultura destaca Rodin.

- **Neoimpressionisme.** Aquest grup de pintors, també anomenats *puntillistes*, creaven les seves obres amb petites taques o punts de colors purs. Els principals representants del puntillisme van ser Seurat i Signac.

- **Postimpressionisme.** Alguns pintors impressionistes van obrir més tard nous camins que exercirien una gran influència en els moviments d'avantguarda del segle XX. Aquests pintors concedien molta importància al color, però consideraven que el dibuix i l'expressió subjectiva eren més importants. Entre els pintors inclosos en aquesta tendència hi ha Toulouse-Lautrec, Cézanne, Van Gogh i Gauguin.

6 *Autoretrat pintat amb el barret de palla*, Vincent van Gogh, 1887.
7 *Impressió, sol naixent*, Claude Monet, 1873. París, Musée Marmotan.
8 *A la riba del Sena*, Georges Seurat, 1887. Brussel·les, Musées Royaux des Beaux-Arts de Belgique.
9 *La Troupe de Mlle. Eglantine*, Toulouse-Lautrec, 1896.
10 *Parau Api. Què hi ha de nou?*, Paul Eugéne Henri Gauguin, 1848-1903.

11 L'art del segle XX

Al segle XX hi va haver nombrosos moviments artístics, alguns dels quals van tenir una vida molt curta. A continuació estudiarem els més destacats.

Modernisme

El modernisme es va desenvolupar amb el canvi de segle (1890-1910) com a reacció davant l'amenaça que per a l'art constituïa la industrialització. Es caracteritza per l'interès en la decoració i perquè considera la natura com a font d'inspiració. Les obres modernistes presenten **formes corbes** i irregulars. El modernisme es caracteritza per l'interès a **aglutinar totes les arts** i per la valoració del disseny i les arts decoratives.

El modernisme rep diferents noms segons els països d'Europa on es desenvolupa: a França, *Art Nouveau*; a Anglaterra, *Modern Style*; a Alemanya, *Jugendstil*; a Àustria, *Sezession*; a Itàlia, *Liberty* o *Floreale*, i a Espanya, *modernisme*.

Els arquitectes més destacats del modernisme a Espanya són Antoni Gaudí, Lluís Domènech i Montaner i Josep Puig i Cadafalch.

1 La Pedrera, Antoni Gaudí, 1906-1910. Barcelona.
2 Vestíbul de la Casa Tassel, Víctor Horta, 1892-1893. Brussel·les.

Fauvisme

El fauvisme va suposar una ruptura amb l'impressionisme. Els pintors fauvistes utilitzaven el color de manera autònoma i subjectiva, i no pretenien reproduir els colors de la realitat. En les seves obres podem observar la utilització de **colors vius** que no tenen res a veure amb els colors de la realitat. Alguns dels pintors que pertanyen a aquest moviment són Matisse i Duffy.

3 *L'habitació vermella*, Henri Matisse, 1908. Sant Petersburg, Museu de l'Ermitage.

Cubisme

Els cubistes pretenien representar la realitat des de diversos punts de vista i, per fer-ho, van trencar amb la perspectiva i les tècniques tradicionals de dibuix. Els cubistes descomponien les figures en múltiples facetes i les representaven amb formes geomètriques. En la pintura cubista els colors s'aparten de la realitat i, sovint, s'utilitza la tècnica del collage.

Alguns dels principals representants del cubisme són Pablo Picasso, Georges Braque i Juan Gris, i en l'escultura destaquen Juli González, Pau Gargallo i Pablo Picasso.

Expressionisme

Moviment artístic que va representar un estat col·lectiu d'inseguretat i temor produït pels canvis i esdeveniments de l'època.

Els pintors expressionistes utilitzaven l'art per manifestar les seves emocions, temors i ansietats, i se centraven en l'expressió dels sentiments i les emocions humanes. Els escultors també es van interessar per les capacitats expressives dels materials.

Els pintors expressionistes més coneguts són Edvard Munch, Emil Nolde i Ernst Ludwig Kirchner, i entre els escultors destaquen Brancusi i Giacometti.

Futurisme

Els pintors futuristes s'oposen a tots els valors del passat, i com a principal objectiu propugnen la representació del moviment com a símbol del canvi. Els pintors més coneguts d'aquest corrent artístic són Carlo Carrá i Giacomo Balla.

4 *Retrat d'Ambroise Vollard*, Pablo Picasso, 1909-1910. Moscou, Museu Pushkin.
5 *Metròpoli*, George Grosz, 1916-1917. Nova York, Museu d'Art Modern.
6 *Ballarina blava*, Gino Severini, 1912. Col·lecció particular.
7 *El vol de les orenetes*, Giacomo Balla, 1913. Milà, Galleria d'Art Moderna.
8 *Tensió calma*, Vasili Kandinski, 1924. París, col·lecció particular.

Art abstracte

L'art abstracte prescindeix dels elements figuratius i trenca tot vincle amb la realitat per concentrar-se en les formes i els colors. L'**abstracció** va néixer a Europa, però es va estendre ràpidament als Estats Units, ja que, a causa de la Segona Guerra Mundial, molts pintors van haver d'emigrar a aquest país.

Els principals representants de l'art abstracte són els pintors Vasili Kandinski, Paul Klee, Piet Mondrian, Jackson Pollock i Willem de Kooning, i els escultors Eduardo Chillida i Henry Moore.

Dadaisme

El dadaisme va ser un moviment de rebuig i protesta contra l'ordre establert. Aquesta actitud rupturista va suposar un canvi important en l'evolució de l'art del segle XX. En els anomenats *ready made* s'utilitzaven objectes produïts industrialment i es presentaven com a obres artístiques. Alguns dels artistes més destacats d'aquest moviment són Marcel Duchamp, George Grosz i Jean Arp.

Surrealisme

El surrealisme està influenciat per les tesis de la psicoanàlisi. La intenció dels seus autors era representar allò que hi ha en el subconscient, com ara el món dels somnis.

Alguns dels pintors més representatius d'aquest corrent artístic són Joan Miró, Salvador Dalí i René Magritte.

Racionalisme

El racionalisme va ser un moviment arquitectònic que defensava la simplicitat de les formes, el retorn als volums simples i el rebuig de l'ornamentació innecessària. Va sorgir en oposició amb les propostes del modernisme. També és conegut amb el nom de *arquitectura funcionalista i moderna*. Alguns dels arquitectes racionalistes més destacats són Le Corbusier, Mies van der Rohe i Walter Gropius.

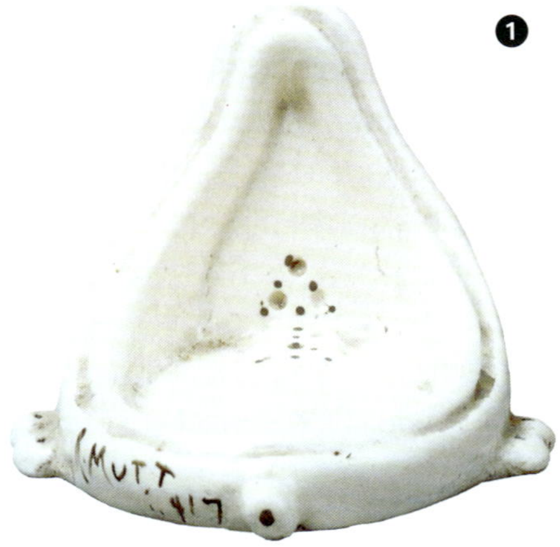

❶ *La font*, Marcel Duchamp, 1917, porcellana. Tòquio, Galeria Tokoro.

❷ *Els pilars de la societat*, George Grosz, 1926. Berlín, National Galerie.

❸ *Girafa en flames*, Salvador Dalí, 1946. Basilea, Kunstmuseum Basel, Emanuel-Hoffmann-Stiftung.

❹ Casa doble de Raoul La Roche, *Le Corbusier*, 1923. Auteuil (França).

Art pop

Estil que es va desenvolupar als Estats Units a la segona meitat del segle XX. Utilitza imatges generades pels mitjans de comunicació de massa amb la intenció d'obtenir una nova estètica i, alhora, fer una crítica de la societat de consum. Aquest corrent artístic fa servir imatges de la cultura urbana (cartells, etiquetes comercials i còmics), materials nous (làtex i plàstic) i tècniques noves, com ara la serigrafia. Els pintors més significatius d'aquest corrent són Roy Liechtenstein i Andy Warhol.

5 *Cent llaunes de sopa Campbell*, Andy Warhol, 1962. Nova York, Leo Castelli Gallery.

Informalisme

Aquest corrent artístic va representar una ruptura radical amb la tècnica plàstica tradicional. Els pintors experimenten amb tota mena de materials, com ara sorra, làtex, cartons, guix i molts altres, per donar a la tela una textura tridimensional pròpia de l'escultura. Per això també són coneguts com a **matèrics**. Alguns dels artistes més destacats d'aquest corrent artístic són Antoni Tàpies, Antonio Saura i Joan Josep Tharrats.

Postmodernisme

El postmodernisme es va desenvolupar a la dècada de 1980 i es caracteritza per la diversitat, ja que cada artista presenta uns trets expressius personals. Aquest corrent artístic té algunes referències als estils històrics, recull detalls d'obres anteriors i recicla tècniques, ideologies i temàtiques d'altres moviments, però els dóna un tractament estètic dels anys vuitanta. L'ús de l'ornamentació en l'arquitectura, en contra dels postulats racionalistes, l'apropa al modernisme.

Entre els pintors destacats d'aquest moviment artístic hi ha Miquel Barceló, Julian Schnabel, Jean-Michel Basquiat, Keith Haring, i entre els arquitectes, Robert Venturi i Ricard Bofill.

6 *Bastidor*, Antoni Tàpies, 1962. Barcelona, col·lecció particular.

Què recordo?

1. Quina era la voluntat de creació de l'art grec?
2. En quina disciplina artística va destacar més l'art romà?
3. Què eren les catacumbes?
4. Per què no hi ha representacions de persones i animals en l'art islàmic?
5. Quines són les principals construccions de l'art romànic?
6. Per què es construeixen grans finestrals amb vidrieres a les catedrals gòtiques?
7. Quins descobriments importants per a l'art són molt utilitzats en el Renaixement?
8. Per quina tècnica substituiran el clarobscur els impressionistes?
9. Quina és la font d'inspiració del modernisme?
10. Amb quin nom es coneixen també els artistes de l'informalisme i per què?

Procediments i tècniques graficoplàstics

ANNEX 2

1 Procediments secs
2 Procediments aquosos
3 Suports
4 Estris

Per crear imatges graficoplàstiques cal utilitzar, segons el cas, unes tècniques específiques. Un **procediment** és el conjunt d'utensilis i materials emprats. S'entén per **tècnica** l'habilitat o manera d'actuar amb aquest procediment.

❶ *Després del bany*, Edgar Degas, 1895. Dibuix al pastel. Londres, Courtauld Institute of Art.

A sota pots observar dues mostres elaborades amb el procediment del pastel. En cada cas, però, s'han fet servir tècniques diferents: en el primer cas s'ha fet un ratllat i en el segon s'han difuminat els colors.

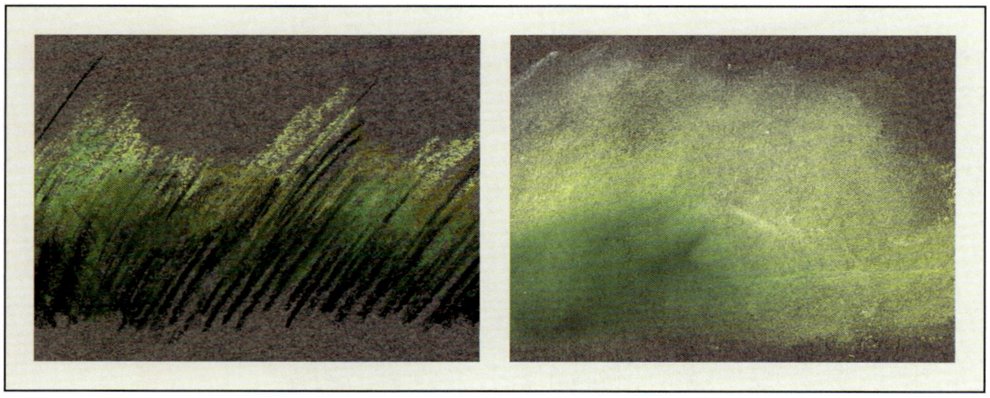

Hi ha diferents maneres d'agrupar les tècniques graficoplàstiques; nosaltres les classificarem d'acord amb els procediments emprats. Les **tècniques dels procediments secs** no fan servir cap diluent, les **tècniques dels procediments aquosos** usen aigua o bé altres líquids com a diluent, i les **tècniques dels procediments grassos** utilitzen un diluent gras.

1. Procediments secs

1 El llapis de grafit

L'any 1400, a Baviera, es va descobrir el mineral de grafit. El 1504 es comença a utilitzar comercialment a les mines de Borrowdale (Anglaterra), tot i que no es va fer servir per a la fabricació de llapis fins al 1662. El 1790 el francès Conté va idear l'antecessor del llapis que coneixem actualment. Es tractava d'una barreja de grafit i argila que s'enduria després de coure-la al forn i, posteriorment, s'introduïa en solcs tallats a la fusta.

El grafit que fem servir per dibuixar es fabrica en forma de barretes de diferent gruix i duresa, anomenades *mines*.

De vegades el grafit s'utilitza revestit de fusta, com en el cas del llapis que tothom coneix. També es fan servir directament les barretes o mines amb un portamines adequat al gruix de la mina que utilitzem.

La duresa d'un llapis ve determinada pel grau de cocció del grafit i el percentatge dels seus components. Els llapis de grafit es classifiquen, segons una graduació, en dues categories: **H** i **B**.

❷ Sèries de llapis de diferent graduació.

Els llapis de la **categoria B** —la B prové de la paraula anglesa *black*— són llapis tous que s'esmussen sovint i dibuixen línies gruixudes d'un to negre fosc; com més tous, més fosc serà el negre. La numeració (2B, 3B...) n'indica la tovor: un llapis 6B serà molt més tou que un llapis 2B.

Els llapis de la **categoria H** —la H prové de la paraula anglesa *hard*— són llapis més durs, que mantenen més temps la punta i dibuixen línies d'un to gris clar; com més durs, més clar serà el color del traç obtingut.

Els llapis **HB** tenen una duresa mitjana que es troba entre els dos grups anteriors. Són els llapis d'ús més comú. Quan comprem un llapis en qualsevol comerç, si no especifiquem que el volem d'un tipus concret, probablement ens donaran un HB.

Tècnica amb llapis de grafit

En general, els llapis de graduació B són adequats per fer ombrejats, ja que, combinant-los i fent més o menys pressió sobre el paper, podem obtenir una àmplia gamma de grisos.

Quan treballem amb llapis de grafit, hem de procurar no excedir-nos, ja que l'excés de grafit impedeix que s'adhereixi al paper. Quan passa això, les mans se'ns embruten fàcilment i és probable que taquem el dibuix.

1 *Parella de vells, vistos per darrere*, Vincent van Gogh, 1882. Amsterdam, Museu Nacional Vincent van Gogh.

Els llapis de graduació H són els més adequats per al dibuix tècnic, ja que no embruten tant i se n'obté un traç suau que permet una bona visió del resultat. Hem de treballar sense prémer massa amb el llapis per evitar crear solcs al paper que després no podrem eliminar.

Com que les línies obtingudes són d'un to clar, caldrà treballar amb una llum adequada i de manera que no ens fem ombra amb la mà.

Tot i que el grafit es pot difuminar, no convé fer-ho, ja que s'obtenen grisos bruts i el resultat no sol ser satisfactori. Si el que volem és obtenir escales suaus de grisos, haurem d'utilitzar un llapis de diferent duresa i dibuixar traçats suaument alhora que anem variant la pressió que fem amb el llapis.

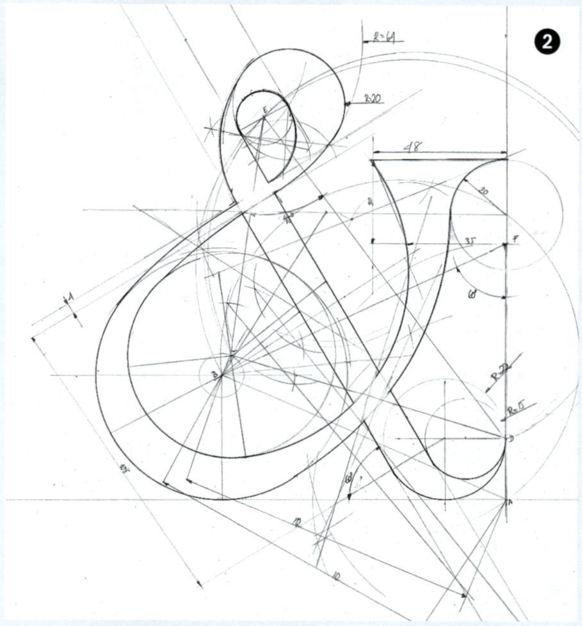

❷ Dibuix tècnic realitzat amb llapis dur.

2 Les sanguines

La sanguina es compon d'una barreja d'argila i mineral de ferro, el qual li dóna un color vermellós. La sanguina també pot tenir un color terrós si la barreja conté menys ferro. És força més tova que el grafit i es comercialitza en forma de llapis i de barretes.

Tècnica amb sanguina

La tècnica per treballar amb sanguina és la mateixa que la que s'utilitza amb el grafit tou. La sanguina, però, a causa del seu to vermellós, permet obtenir un traç més suau i dóna molt bons resultats si es difumina.

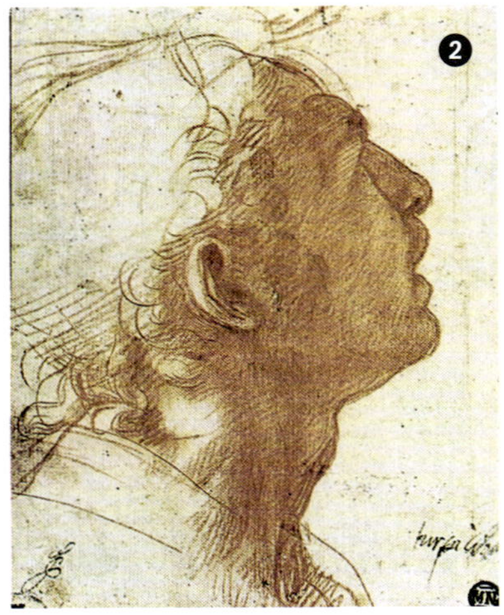

❶ Dibuix fet amb sanguina, Andrea del Sarto.
❷ Dibuix fet amb sanguina, Il Correggio. París, Museu del Louvre.
❸ Estudi per a *El Sant Sopar*, Leonardo da Vinci.

3 El carbonet

El carbonet s'obté de la combustió lenta de bastonets de fusta i és possible que hagi estat el primer procediment pictòric de la història. El carbonet s'utilitza, bàsicament, per fer apunts i esbossos, ja que es pot esborrar amb facilitat.

Es comercialitza en forma de llapis i de barretes de formes tan irregulars com les branques de la vinya, la fusta més utilitzada per fabricar-lo.

Tècnica amb carbonet

El carbonet es fa servir d'una manera semblant a com s'utilitzen els llapis de grafit i la sanguina, però s'esborra més fàcilment.

❹ *Dona asseguda en una butaca*, Ramon Casas, 1903. Col·lecció particular.
En aquesta imatge podem adonar-nos del gran domini que tenia Casas de la tècnica del carbó.

4 Els llapis de colors

Els llapis de colors es fabriquen de la mateixa manera que els de grafit. Les barretes o mines, revestides de fusta, es componen de pigment en pols i un aglutinant (caolí). També es classifiquen segons la seva duresa.

Tècnica amb llapis de colors

La tècnica més emprada per treballar amb aquest procediment és fer ratllades suaus, de manera semblant a com es fa amb el llapis de grafit. No s'ha de fer gaire pressió, ja que costa molt esborrar els traços i, a més, se'ns trencaria de seguida la punta del llapis.

Els llapis de colors han d'estar sempre molt ben afilats. S'ha de procurar que no caiguin a terra ni rebin cops, perquè, si es trenca la mina, quan es fa punta al llapis aquesta es va desfent en fragments petits.

5 Il·lustració per a un conte infantil feta amb llapis de colors.

5 Pastel

El pastel es compon de pigments en pols i es comercialitza en forma de barretes. Aquests pigments són substàncies minerals, vegetals, orgàniques o sintètiques de diversos colors.

Tècnica amb pastel

Per treballar amb pastel, cal escollir un paper de superfície porosa, ja que reté el pigment.

Per obtenir diferents gammes de color, es pot escampar o difuminar el pigment que s'ha dipositat sobre el paper amb un tros de cotó o amb els dits, ja que el seu greix natural ajudarà a fixar el pigment en pols. Quan es treballa amb pastel, cal fer-ho amb decisió i seguretat en el traç, perquè el retoc és molt dificultós.

❶ *Ballarina basculant*, Edgar Degas (1877-1879). Madrid, Museu Thyssen-Bornemisza. Pastel sobre paper.

2. Procediments aquosos

Les pintures d'aigua, la tinta xinesa i el fresc es troben dins el grup dels procediments aquosos. Aquests procediments es caracteritzen pel fet d'utilitzar l'aigua com a diluent.

La pintura està formada per tres components bàsics: els pigments, els aglutinants i el diluent.

- El **pigment** pot ser natural o fabricat industrialment; és pols dels diferents colors.
- Els **aglutinants** són els elements que actuen com a adherents.
- El **diluent** és l'element que alleugereix la pintura i li dóna fluïdesa.

1 Aquarel·la

Es fabrica amb pigments molt ben mòlts i utilitzant la goma aràbiga com a aglutinant. La goma aràbiga és una substància que s'obté de diferents tipus d'acàcies i d'alguns tipus d'arbres fruiters, com ara el cirerer. Es dissol molt bé en aigua i s'adhereix molt bé al paper. A més, actua com un vernís clar i fi, que dóna brillantor i lluminositat al color.

- **Suport:** el paper és el suport més adequat per a l'aquarel·la. Hi ha una gran varietat de papers per pintar a l'aquarel·la, que es poden agrupar en tres tipus bàsics: paper premsat en calent, paper premsat en fred i paper aspre.
- **Tècnica:** l'aquarel·la s'aplica amb pinzell, diluint el pigment amb més o menys aigua segons la densitat de color que es vulgui obtenir. L'aquarel·la és una pintura transparent i s'ha d'aplicar amb molta cura. Cal començar pels tons més clars i acabar pels més foscos perquè, com que no és una pintura opaca, quan es pinta mai no es cobreix totalment la pintura que hi ha a sota.

2

3

Aquestes dues obres van ser fetes amb aquarel·la, un procediment que permet obtenir resultats d'una gran transparència i lluminositat.

2 *Föhn al jardí de Franz Marc*, Paul Klee, 1915. Munic, Stätische Galerie im Lenbachhaus.

3 *San Giorgio Maggiore: al matí*, Joseph M. W. Turner, 1819. Londres, Tate Gallery.

2 Tremp

La pintura al tremp és el procediment pictòric que s'utilitzava més abans que es comencés a utilitzar la pintura a l'oli. El pigment del tremp és més fi que el de l'aquarel·la. Hi ha diverses varietats de pintura al tremp, segons el tipus d'aglutinant.

- **Tipus de pintura al tremp**
  - **Tremp d'ou:** l'aglutinant és una barreja d'ou de gallina i aigua. És un dels procediments més antics i un dels que han estat més utilitzats.
  - **Tremp de cola:** l'aglutinant pot ser cola de conill, caseïna o coles cel·lulòsiques.
- **Suport:** generalment es fan servir taules de fusta, tela, alguns tipus de papers i taulers preparats.
- **Tècnica:** el tremp és una pintura opaca i sòlida, i això permet pintar amb colors clars damunt de superfícies fosques.

1 *El naixement de Venus*, Sandro Botticelli, 1486. Florència, Galleria degli Uffizi. Pintura al tremp aplicada sobre tela.

3 Pintura acrílica o plàstica

La pintura acrílica té com a aglutinant la resina sintètica. Quan s'asseca, forma una pel·lícula plàstica resistent a l'aigua.

- **Suport:** la pintura acrílica s'adhereix a tota mena de superfícies.
- **Tècnica:** es pot aplicar en forma de pintura densa, creant veladures, o bé com a pasta, aplicant-la amb espàtules o directament amb el tub.

❷ *Autoretrat a l'estudi*, André Françoise, 1979. Aquesta obra ha estat realitzada amb pintura acrílica aplicada sobre fusta.

4 Guaix

És un procediment pictòric en què s'utilitza l'aigua com a diluent i la goma aràbiga com a aglutinant. A diferència de l'aquarel·la, l'aglutinant està barrejat amb pigment blanc, i per això la pintura és opaca.

- **Suport:** paper i tela.
- **Tècnica:** es poden fer empastaments i, com que és una pintura opaca, es pot aplicar el color clar sobre una superfície de color fosc.

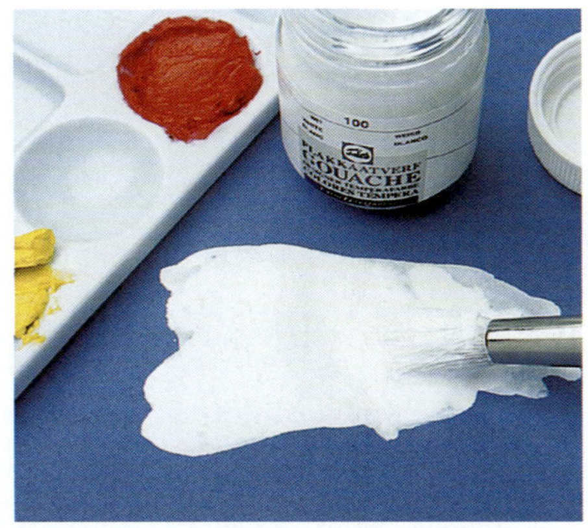

5 Tinta xinesa

És una suspensió de pigments en medis diferents. Es diferencia de la pintura per la manera en què el pigment es barreja amb l'aglutinant.

La tinta xinesa s'utilitza des de fa més de dos mil anys. L'instrument més habitual per treballar amb la tinta ha estat la ploma, que ha anat evolucionant al llarg dels anys. Els antics egipcis, els grecs i els romans ja feien servir plomes de canya per dibuixar i escriure sobre papir i pergamí. Els romans van començar a fer servir plomes de bronze. A partir del segle VII, a Europa es van començar a utilitzar plomes d'au fins que es va inventar el plomí d'acer, ja en el segle XIX.

- **Suport:** normalment, s'utilitza paper amb superfícies més aviat llises i amb poca porositat o gens, per tal que la tinta no s'escorri.
- **Tècnica:** per dibuixar amb tinta xinesa es poden fer servir estris molt diversos: plomes i plomins, pinzells, tiralínies, estilògrafs... Segons la densitat de la tinta i els estris que s'usin, s'utilitzarà una tècnica o una altra. S'ha de tenir en compte que s'asseca molt ràpidament, sobretot quan es treballa sobre suports poc absorbents.

❸ *Finca envoltada d'arbres*, Rembrandt Harmensz van Rijn, 1641. Dresden, Staatliche Kunstammlungen.

6 Pintura al fresc

És una tècnica molt utilitzada des de l'antiguitat en les pintures murals. L'aglutinant és la calç o el carbonat de calci, i els estris, els suports i les tècniques són bastant diferents dels que es fan servir en els altres procediments pictòrics.

- **Suport:** mur o paret arrebossada amb calç humida.

- **Tècnica:** s'arrebossa el mur amb una preparació de calç humida i sorra. Abans que aquesta preparació estigui seca, s'hi apliquen els pigments, que prèviament s'han deixat en aigua durant molta estona perquè quedin ben dissolts. Quan s'evapora l'aigua, el pigment queda fixat al mur i esdevé totalment insoluble en aigua.

❶ *La creació d'Adam*, Miquel Àngel, 1508-1512. Sostre de la Capella Sixtina.
La pintura al fresc proporciona una qualitat mat molt agradable i una gran intensitat cromàtica.

❷ *Fresc dels Dofins*, Palau de Cnossos, Heraklion (Creta).
❸ Pintures murals romàniques procedents de l'absis de l'església de Sant Climent de Taüll (Lleida). Barcelona, Museu Nacional d'Art de Catalunya.
Aquest pantocràtor va ser pintat directament sobre el mur amb pintura al fresc. Aquest procediment aquós, conegut des de l'antiguitat, es va utilitzar sobretot en les pintures murals.

3. Suports

Les imatges graficoplàstiques es creen sobre superfícies que reben el nom de **suports**. Abans d'elaborar una imatge, hem d'escollir el suport més adequat en funció dels procediments i tècniques que vulguem utilitzar. Per exemple, si volem treballar amb llapis, no podrem escollir el vidre com a suport, ja que no hi podrem dibuixar.

1 El paper

El suport més utilitzat per treballar amb procediments secs i amb alguns tipus de pintures a l'aigua és el paper. Per això és important conèixer els diferents tipus de paper que hi ha i les seves característiques.

4 Papers amb varietat de colors i textures.
5 Fabricació de paper en el segle XVIII. Art xinès.
6 Fabricació industrial de paper continu.

El paper és un full de gruix variable, compost de fibres de cel·lulosa sobreposades i premsades. La cel·lulosa que es necessita per fabricar el paper s'extreu d'alguns vegetals (fusta d'arbre, palla, cànem...) o també de draps de lli o cotó. Amb aquestes fibres vegetals es forma una pasta, a la qual s'afegeix aigua i diferents components, com ara pigments, resines, etc., en més o menys quantitat, segons el tipus de paper que es vulgui aconseguir.

Un cop obtinguda la pasta, aquesta s'estén sobre un tamís de dimensions variables –segons la mida del paper que es vulgui obtenir–, el qual permetrà que s'escorri l'aigua. Finalment, es premsa i es deixa assecar.

Actualment, el procés de fabricació del paper és industrial. A les fàbriques es produeixen bobines de paper continu que posteriorment es talla a la mida que es vol. Només es fabriquen manualment i de forma artesana alguns tipus de paper destinats a treballs artístics o de decoració.

El paper es classifica segons el **gramatge** o pes en grams per metre quadrat. El paper ordinari d'escriure –el que es fa servir per fer fotocòpies o per a la impressora de l'ordinador– sol tenir un gramatge de 70 g/m^2. Les làmines utilitzades per dibuixar són d'uns 130 g/m^2 i les cartolines solen tenir un gramatge d'entre 150 i 250 g/m^2.

El paper té una determinada textura i més o menys capacitat d'absorbir aigua. A l'hora de treballar amb procediments secs, es fan servir papers de textura no excessivament rugosa i amb poca capacitat d'absorció d'aigua.

La forma més habitual de paper que se sol comprar en els comerços és la rectangular, i la seva grandària està regulada per una normativa industrial alemanya de fabricació de paper, anomenada DIN (*Deutsche Industrie Norm*), que s'aplica a tot Europa. La majoria de papers que es troben al mercat pertanyen a la sèrie A i estan tallats segons les mides que estableix aquesta norma.

La sèrie A de les normes DIN determina que la forma rectangular del paper es construeix amb el costat d'un quadrat i la diagonal d'aquest.

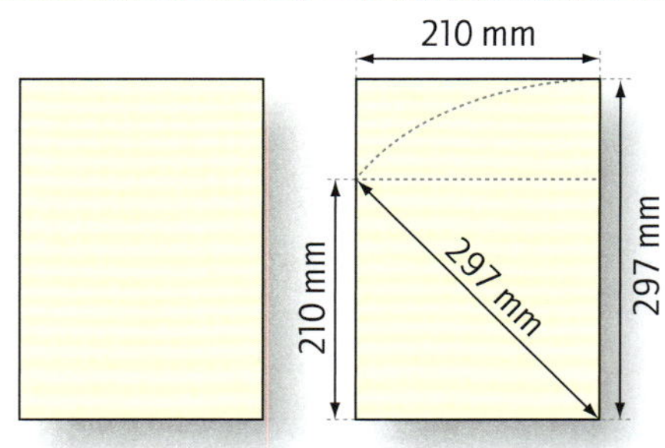

Formats de paper de la sèrie A:

A0	841 × 1189 mm
A1	594 × 841 mm
A2	420 × 594 mm
A3	297 × 420 mm
A4	210 × 297 mm
A5	148 × 210 mm
A6	105 × 148 mm
A7	74 × 105 mm
A8	52 × 74 mm
A9	37 × 52 mm
A10	26 × 37 mm

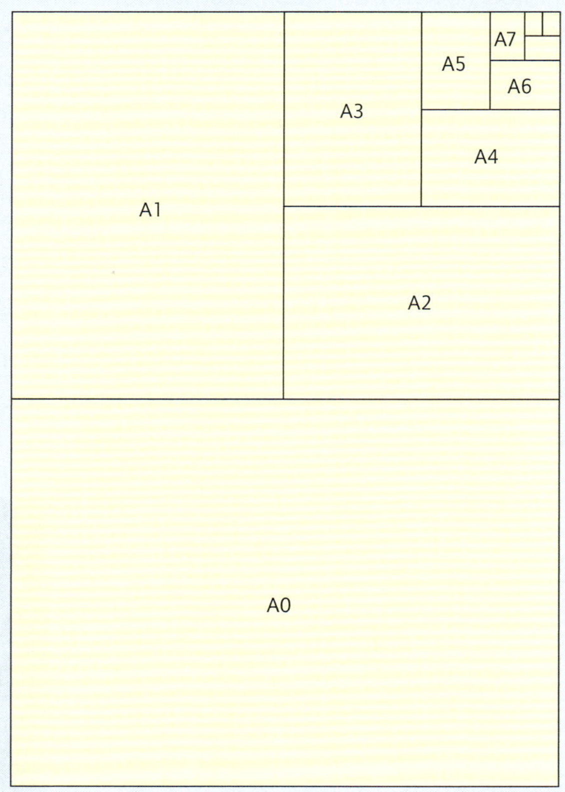

2 La tela sobre bastidor i les taules de fusta

Un dels suports de la pintura és la tela muntada sobre un bastidor o marc de fusta. Aquests bastidors solen tenir una forma rectangular, i els seus costats estan fets amb llistons acoblats. Aquests acoblaments són mòbils i no estan encolats; d'aquesta manera és fàcil ampliar el marc i tensar la tela amb unes petites falques de fusta.

El teixit de les teles sol ser de lli o de cànem i s'ha de preparar adequadament per tal que la pintura s'hi adhereixi correctament.

Se sap que des de fa més de 4000 anys, a l'antic Egipte, ja s'utilitzava la tela com a suport per a la pintura. També hi ha un escrit, datat dels volts de l'any 60 dC, en què Plini el Vell explica el procediment utilitzat per crear una tela de 40 m de llarg per a l'emperador Neró.

A l'edat mitjana es va començar a utilitzar la fusta com a suport de la pintura. Tot i així, també es feien servir les teles. Hi ha un manuscrit del segle XII en què s'expliquen les tècniques per preparar les teles abans de pintar-hi i la manera de tensar-les.

Al llarg del segle XV, es va anar estenent la utilització de la tela com a suport per a la pintura i a finals de segle a Venècia ja es començà a usar la tela sobre bastidor.

3 El collage

El collage és un procediment que consisteix a ajuntar i encolar sobre un suport bidimensional diversos materials com ara paper, tela, etc.

Per fer una composició amb aquest procediment, cal tenir presents els diversos tipus de coles existents i fer servir les més adequades, seguint les instruccions dels fabricants.

La tècnica de l'encolatge requereix que les superfícies que s'han d'unir estiguin ben netes, sense restes de greix. L'adhesiu s'acostuma a aplicar amb un pinzell quan és líquid o pastós, com la cola blanca, o directament, en el cas de les barres sòlides.

Segons l'adhesiu que s'utilitzi, caldrà aplicar-lo en una de les dues superfícies que s'han d'unir o en totes dues. També segons l'adhesiu, caldrà pressionar les dues peces enganxades una estona més o menys llarga, i després esperar un temps fins que s'assequi.

❶ Teles muntades sobre bastidors.
❷ Les taules de fusta i els cartrons preparats també s'utilitzen com a suport per a la pintura.

Chagall, per dur a terme aquestes obres, va emprar el mateix procediment però un suport diferent:
❸ *El jueu vermell*, Marc Chagall, 1915. Sant Petersburg, Museu Nacional de Rússia. Oli sobre cartró.
❹ *El violinista verd*, Marc Chagall, 1923-1924. Nova York, Solomon R. Guggenheim. Oli sobre tela.

4. Estris

Per pintar i dibuixar es fan servir una gran quantitat d'estris. Ara en coneixeràs alguns dels més habituals.

1 Pinzells

Se'n fabriquen de mides i qualitats diferents. El pèl d'un pinzell pot ser d'esquirol, ós, cavall, bou, porc, marta... Els pinzells de pèl de marta són els més apreciats i també els més cars. Segons la forma del pèl, els pinzells reben un nom o un altre: rodó, pla, de llengua de gat, etc.

Normes per a la cura i neteja dels pinzells

1. Per aconseguir que els pinzells tinguin una durada llarga i donin un bon resultat, cal tenir-ne bona cura i rentar-los correctament un cop utilitzats.

2. Quan s'ha acabat de fer servir un pinzell, s'ha de netejar bé amb aigua. A continuació, s'ha de fregar amb una pastilla de sabó per tal d'eliminar-ne les restes de pigment i, finalment, s'ha d'esbandir bé amb aigua.

3. Un cop tinguem el pinzell net, cal sacsejar-lo una estona per eliminar-ne l'excés d'aigua i, amb els dits, se li ha de donar la forma original. Els pinzells s'han de desar en un pot amb el pèl de cara amunt.

4. És molt important no deixar mai el pinzell dins del pot d'aigua mentre pintem, perquè si bé, d'una banda, deixant-lo en remull evitem que la pintura s'assequi, de l'altra, el pinzell es deforma i deixa de ser útil per pintar, sobretot en el cas dels pinzells de pèl fi, que van bé per pintar detalls. Mentre es treballa s'han d'aclarir els pinzells amb aigua i deixar-los plans sobre la taula.

2 Plomes i plomins

Les plomes i els plomins poden tenir diferents tipus de puntes, que permeten traçar línies de gruixos variables. A més, segons la pressió que es fa quan es dibuixa, s'obté un traç més o menys gruixut.

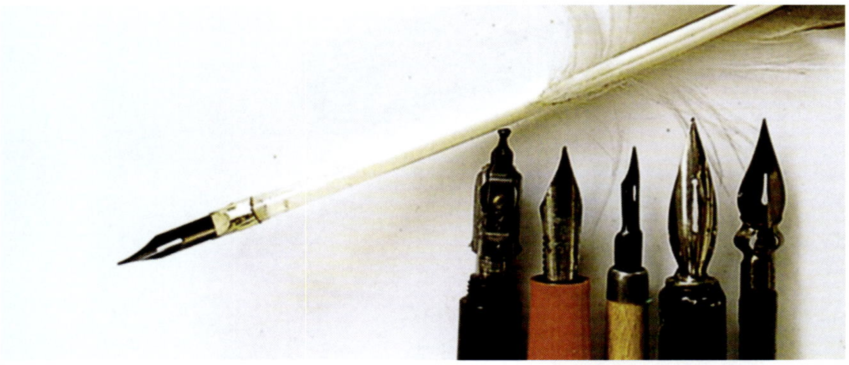

❶ Dibuix amb plomí, Henri Matisse, 1937. Col·lecció particular.

3 Estilògrafs

Tenen un funcionament similar al de la ploma estilogràfica i permeten traçar línies de tinta d'un gruix constant.

Els estilògrafs estan formats per un mànec, on se situa el dipòsit de tinta; el cos, format per un èmbol que impedeix que la tinta ragi contínuament, i la punta, que és un cilindre metàl·lic.

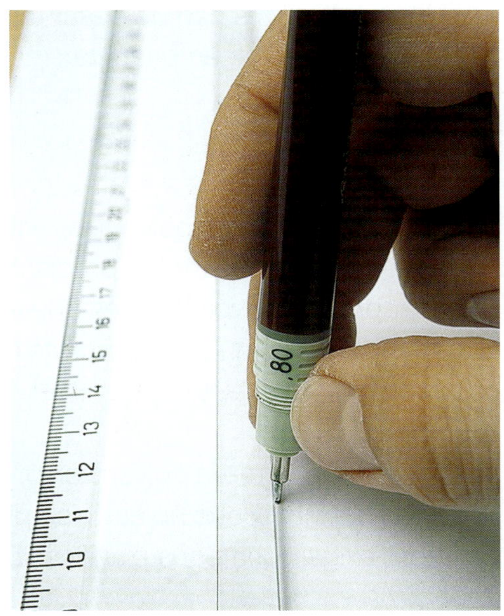

El diàmetre de la punta determina el gruix del traç de l'estilògraf. Hi ha puntes de gruixos diversos, que permeten fer línies de 0,10 mm, 0,20 mm, etc.

Per dibuixar, s'ha de mantenir l'estilògraf perpendicular al paper o lleugerament inclinat en el sentit del traç o de la línia, i s'ha de desplaçar molt lentament, exercint una pressió molt suau.

4 Bolígrafs

Permeten fer una línia de tinta de gruix constant i tenen un dipòsit per a la tinta, igual que els estilògrafs. La punta dels bolígrafs, però, és diferent de la dels estilògrafs: té una petita bola d'acer que actua com una vàlvula. Quan escrivim, fem rodar aquesta vàlvula, que va deixant anar tinta sobre el paper.

5 Retoladors

Es diferencien dels bolígrafs per la punta, que pot ser de feltre, de niló o de fibra. Aquestes puntes queden amarades de la tinta continguda al dipòsit, o bé en un nucli porós impregnat de tinta.

Les puntes dels retoladors poden tenir moltes mides i formes diferents. Es poden fer servir de maneres molt diverses, per la qual cosa podem aconseguir una gran varietat de línies. La tinta dels retoladors pot ser de tipus diferents: a base d'olis, d'aigua o d'alcohol.

S'ha de procurar no prémer la punta del retolador sobre una superfície dura, perquè es podria deformar. Els retoladors s'han de desar tapats, perquè la punta es pot assecar amb facilitat.

6 Aerògraf

És un estri que permet polvoritzar tinta o pintura de poca densitat, amb molta precisió. L'avantatge d'aplicar pintura polvoritzada és que es poden obtenir superfícies amb un color uniforme i gradacions de color i de to molt suaus.

Abans de dur a terme la polvorització, s'han de tapar les zones del dibuix que no es volen pintar. El procés de treball exigeix una bona planificació prèvia.

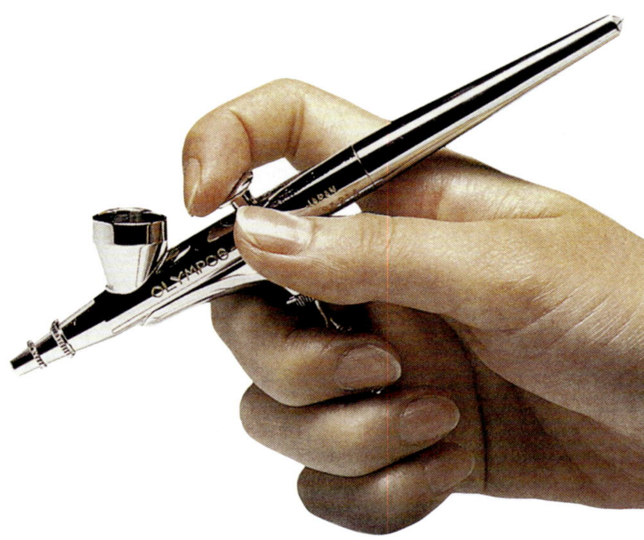

1 Il·lustració sobre els materials i les tècniques de dibuix i de disseny de John Dawson. Directori d'il·lustradors *Graphic Artists Guild's 9*, publicat per Serbin Communications Inc. (Santa Barbara, Califòrnia), 1992.

2 Il·lustració d'anunci de Nick Hawken, del llibre *Contact Illustrators 8*, publicat per Elefande Art publishing Ltd. (Surrey, Anglaterra), 1992.
Hawken s'ha especialitzat en il·lustració tècnica i científica, i per desenvolupar la seva tasca fa servir, bàsicament, l'estilògraf i l'aerògraf. Actualment, aquest tipus d'il·lustració se sol realitzar mitjançant ordinadors.

Què recordo?

1. Quina diferència hi ha entre tècnica i procediment?
2. Quins són els components de la pintura?
3. De què es compon un llapis? Quina és la composició de la mina?
4. Què vol dir que un llapis és del tipus B?
5. Quin és el llapis més adequat per al dibuix tècnic?
6. Què és una sanguina?
7. Com estan fets els carbonets?
8. Quina és la composició de la mina dels llapis de colors?
9. Quina tècnica s'utilitza per aplicar el color quan es treballa amb aquarel·la?
10. Quina és la diferència principal entre la tècnica del guaix i la de l'aquarel·la?
11. Quin és el tipus de suport més adequat per treballar amb pintura acrílica o plàstica?
12. Com s'ha de preparar el mur per pintar al fresc?
13. Què és el suport?
14. Com s'ha de tenir cura d'un pinzell perquè no es faci malbé?
15. Què s'ha de fer si volem que els retoladors durin el màxim de temps possible?
16. En què es diferencia un retolador d'un bolígraf?
17. Quins són els avantatges de l'aerògraf?